国家社会科学基金项目（14CSH040）
河南省高等学校哲学社会科学创新团队支持计划（2018-CXTD-04）
河南省高等学校哲学社会科学应用研究重大项目（2019-YYZD-14）
河南省研究生教育改革与质量提升工程工程项目（YJS2021KC30）

手机媒体对青少年心理健康的影响及引导机制研究

惠秋平　何安明　著

郑州大学出版社

图书在版编目(CIP)数据

手机媒体对青少年心理健康的影响及引导机制研究 / 惠秋平，何安明著. — 郑州 : 郑州大学出版社，2020. 12(2024.6 重印)
ISBN 978-7-5645-7483-3

Ⅰ. ①手… Ⅱ. ①惠…②何… Ⅲ. ①移动电话机 - 传播媒介 - 影响 - 青少年 - 心理健康 - 研究 Ⅳ. ①G206.2②B844.2

中国版本图书馆 CIP 数据核字(2020)第 223017 号

手机媒体对青少年心理健康的影响及引导机制研究
SHOUJI MEITI DUI QINGSHAONIAN XINLI JIANKANG DE YINGXIANG JI YINDAO JIZHI YANJIU

策划编辑	成振珂	封面设计	苏永生
责任编辑	成振珂	版式设计	苏永生
责任校对	樊建伟	责任监制	李瑞卿

出版发行	郑州大学出版社	地　　址	郑州市大学路 40 号(450052)
出 版 人	孙保营	网　　址	http://www.zzup.cn
经　　销	全国新华书店	发行电话	0371-66966070
印　　刷	廊坊市印艺阁数字科技有限公司		
开　　本	710 mm×1 010 mm　1 / 16		
印　　张	17.5	字　　数	279 千字
版　　次	2020 年 12 月第 1 版	印　　次	2024 年 6 月第 2 次印刷

书　　号	ISBN 978-7-5645-7483-3	定　　价	88.00 元

前言

心理健康是社会学、心理学等社会科学的重要研究领域,提高青少年心理健康水平是加强和谐社会建设的任务之一。青少年心理健康不仅指青少年没有心理疾病或变态行为,还指他们在身体上、心理上和社会适应上保持其最高和最佳状态。青少年正处于身心发展的关键期,他们的心理健康状况对其成才和发展至关重要,当代青少年心理健康问题日益成了人们关注的话题。继电视和网络之后,随着手机时代的到来,越来越多的青少年加入手机用户的行列,成为"手机世代"。手机作为新兴的第五大传媒正以前所未有的方式和力量影响着整个世界,影响着青少年;作为一种新出现的社会化因素,手机媒体已经而且将越发深刻地影响着广大青少年的心理健康。如何积极、超前地应对手机媒体对青少年心理健康的影响问题已成为一个不容回避的重大课题。

综观以往研究不难发现,"手机媒体对青少年心理健康的影响及引导机制"迄今尚无针对性的专题研究,属于理论研究领域的"冰点"问题和薄弱环节。已有的相关研究往往是单一性的:或者单论手机，或者独谈青少年心理健康，缺乏把手机作为一种新兴的大众传媒与青少年心理健康有机联系起来的综合性研究。

作为一种新兴的大众传媒，手机具有不同于电视和网络的特点；作为一种新的社会化因素，手机媒体给青少年心理健康及全面发展带来新的影响和冲击。在手机日益普及、功能愈益齐全、对人的影响愈发加深的形势下，本研究着眼手机时代已经到来且日益影响巨大这一时代大背景，立足越来越多的青少年成为“手机世代”的现实，以青少年为研究对象，围绕“手机媒体对青少年心理健康的影响及引导机制”这一研究主题，整个研究框架分为“理论与实证分析”（第一章到第十章）和“教育对策探索”（第十一章）两大部分，理论与实证分析部分沿着“已有研究述评→实证调查→质性讨论分析→研究小结”的基本思路；在研究设计和方法上采用心理学、社会学、教育学等多学科交叉融合的研究视角，将量化和质性、横向与纵向、宏观与微观研究相结合；具体研究过程中综合采用文献分析法、元分析法、问卷法、结构性访谈法、个案法、质性研究法、心理测量法、统计建模法和教育实验法等多种方法，从而比较深入系统地探索了青少年手机使用状况及其与心理健康之间的关系和内在作用机制。

该研究以问卷调查法为主，以观察法和个别访谈等方法为辅收集数据，采用描述性统计、独立样本t检验、方差分析、相关分析、层次回归分析、交叉滞后回归分析、结构方程模型等技术对研究所得数据进行横向和纵向分析，考查了青少年手机使用行为、手机依赖、手机使用动机、手机行为控制、心理健康、学业倦怠、生活事件、心理资本、社会支持、应对方式、情绪智力等的基本状况及其在人口统计学变量上的差异；从纵横两方面分析了青少年手机使用行为、手机依赖、手机使用动机、手机行为控制与心理健康、孤独、焦虑、抑郁、学业倦怠、生活事件、生活满意度、心理资本、社会支持、应对方式、情绪智力、感恩之间的相关关系、内在作用机制和准因果关系；在此基础上，运用理论联系实践的研究范式，制定手机时代大背景下青少年心理健康的教育训练方案，明确引导机制和培育路径。主要研究结论如下：

1. 心理健康整体方面：青少年整体不存在严重的心理健康问题，但其中强迫症状问题比较突出。手机作为新兴的第五大传媒已经而且将越发深刻地影响着广大青少年的心理健康，影响着广大青少年身心的全面发展。手机媒体对青少年心理健康既具有正向影响，也具有负向作用。青少年心理健康在年级、父母教养方式上存在显著差异，其中高二学生心理健康问题最为严重，大四学生心理健康状况较好；性别、生源地、独生与否、父母文化程度对青少年心理健康没有显著的影响作用。

2. 在手机依赖方面：青少年存在着一定程度的手机依赖，但是他们的手机依赖程度并不是十分严重，大学生手机依赖程度明显高于中学生；青少年手机依赖存在性别、生源地、独生与否、干部与否、年级、学校类别、父母教养方式、父母职业、父母文化程度等人口统计学指标上的显著差异。

3. 青少年学业倦怠、社会支持、手机依赖和心理健康关系方面的横向研究表明：青少年学业倦怠、手机依赖与心理健康呈显著负相关，社会支持与心理健康呈显著正相关，学业倦怠与社会支持呈显著负相关，学业倦怠与手机依赖呈显著正相关，社会支持与手机依赖之间的相关不显著；青少年社会支持在学业倦怠与心理健康之间发挥着部分中介作用，手机依赖既在学业倦怠影响青少年心理健康的直接效应中发挥调节作用，也在中介过程的后半路径发挥调节作用。纵向研究表明：学业倦怠与心理健康、社会支持与心理健康、学业倦怠与社会支持之间互为因果、相互预测。

4. 在青少年手机依赖、应对方式、学业倦怠和心理健康关系方面的横向研究表明：手机依赖不仅可以直接预测青少年心理健康，还可以通过学业倦怠间接预测青少年心理健康，消极应对方式调节了手机依赖通过学业倦怠影响青少年心理健康的直接路径和中介过程的后半段路径，手机依赖对心理健康的影响在高消极应对个体中反映得更明显。纵向研究表明：手机依赖与消极应对方式之间互为因果、相互预测，学业倦怠可以负向预测积极应对方式。

5. 在青少年手机依赖、生活事件、学业倦怠和心理健康关系方面的横向研究表明：生活事件、学业倦怠与心理健康三个量表得分之间呈显著正相关，学业倦怠在生活事件和心理健康间起部分中介作用，生活事件既可以直接作用于青少年手机依赖者的心理健康，也可以通过学业倦怠间接作用于其心理健康。纵向研究表明：生活事件与心理健康之间互为因果，相互预测，生活事件对学业倦怠具有显著的预测作用，生活事件显著预测手机依赖，手机依赖对生活事件也具有一定的预测作用。

6. 在中学生手机使用行为、心理资本与心理健康关系方面的横向研究表明：中学生心理健康与手机使用行为、心理资本关系密切，心理资本部分中介中学生心理健康与手机使用行为之间的关系，手机的合理使用和心理资本水平的提高，有助于提高中学生的心理健康水平。纵向研究表明：手机使用行为和心理资本在一定时期内存在较明显的发展变化，心理资本中的自我效能、希望因子对手机使用行为具有一定的预测作用，中学生心理资本能够预测心理健康。

7. 在中学生手机行为控制、学业倦怠与心理健康关系方面的横向研究表明：中学生的心理健康、手机行为控制和学业倦怠三者之间关系密切，心理健康不仅直接影响中学生的手机行为控制，而且部分地通过学业倦怠来影响手机行为控制。纵向研究表明：手机行为控制和学业倦怠在一定时期内存在较明显的发展变化，心理健康在一定程度上可以预测手机行为控制，学业倦怠与心理健康之间存在相互预测关系。

8. 在大学生手机依赖、生活满意度与心理健康关系方面的横向研究表明：手机依赖与生活满意度之间呈显著负相关，心理健康与生活满意度之间呈显著正相关。纵向研究表明：手机依赖在一定时期内存在较明显的发展变化，心理健康和生活满意度均具有相对稳定性，手机依赖能够负向预测生活满意度，心理健康能够正向预测生活满意度。

9. 在青少年心理资本与手机使用动机关系方面的横向研究表明：青少年心理资本与手机使用动机呈显著正相关；纵向研究表明：心理资本与手机使用动机之间存在着单向因果关系，心理资本可以预测手机使用动机。

10. 在大学生情绪智力、手机依赖、手机使用动机、社会支持与心理健康关系方面：情绪智力、手机使用动机、社会支持、心理健康四个变量之间两两相关，手机依赖与心理健康存在显著的正相关，手机依赖与情绪智力、社会支持的相关都不显著；情绪智力对心理健康的影响显著，社会支持在其中起部分中介作用，即情绪智力既可以直接影响心理健康，还可以通过社会支持的中介作用间接影响心理健康，手机依赖调节了情绪智力通过社会支持影响大学生心理健康的中介过程的后半路径，相对于低手机依赖的大学生，高手机依赖大学生的社会支持对心理健康的影响更为显著。社会支持和手机使用动机在情绪智力与心理健康之间起多重中介作用，即情绪智力既可以直接影响心理健康，也可以通过社会支持、手机使用动机各自独立的中介作用和社会支持、手机使用动机的链式中介作用影响大学生心理健康。

11. 在青少年心理健康教育方面：青少年正处于身心发展的关键期，他们的心理健康状况对其成才和发展至关重要。心理健康教育虽然不是青少年心理健康发展的全部内容，也不是唯一途径，但是，科学、合理、富有时代性和针对性的心理健康教育对青少年身心尤其是心理健康发展却是至关重要的；学校在青少年心理健康教育方面发挥着关键作用。

在手机对青少年影响日益加深的时代大背景下，手机媒体条件下的青少年心理健康教育形势逼人、意义重大。开展手机时代的青少年心理健康教育，要在遵循青少年身心发展特点和规律的基础上，与时俱进、紧跟时代，既要继承以往青少年心理健康教育的优秀传统和成功做法，又要开拓创新，针对手机移动互联和网络的各种特点，不断思考、创新、完善青少年心理健康教育的形式、方法和内容，使手机时代的青少年心理健康教育真正落到实处、教出特色、育出实效。项目组从青少年心理健康概述、手机时代青少年心理健康现状及开展青少年心理健康教育工作的困境、手机时代青少年心理健康教育基本原则及主要目标、以学校教育为重点的青少年心理健康教育体系的构建、手机时代青少年心理健康教育实施策略等五大方面提出实施手机时代青少年心理健康教育的策略体系。

本书立足越来越多的青少年成为"手机世代"的现实，针对现有研究的不足，把手机媒体与青少年心理健康有机联系起来，把现状、问题与解决统合起来，以心理学、社会学、教育学等多学科交叉融合的视角开展深入系统的综合性研究，无疑具有积极的理论和现实意义。在理论上，本书在实证研究中首次专题探讨了手机媒体对青少年心理健康的影响作用，有助于弥补现有研究的不足，开辟新的研究课题，丰富和扩展青少年心理健康的研究视角和领域，具有一定的理论前瞻性；在实践上，有助于加深我们对手机这一新兴媒体及其对青少年心理健康影响的认识，有助于对青少年使用手机进行科学管理，控制手机的负面影响，充分发挥手机对青少年心理健康积极的促进作用，有助于引导、教育“手机世代”合理使用手机媒体，有助于手机时代青少年建立和谐、科学、健康的学习和生活方式，提高生活质量，促进心理健康和身心全面发展，服务于社会和谐、健康、持续发展的大局。

作　者

2020 年 12 月

目录

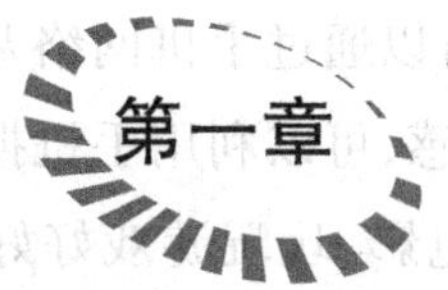

第一章

基于人口统计学变量的青少年手机依赖状况研究

随着信息技术的快速发展，手机以其快速、便捷、功能多样化等特点迅速在广大人群中普及，成为人们生活的必需品。手机在给人们生活、工作和学习带来方便的同时，也带来了潜在的风险，如手机依赖等问题也日益成为困扰人们的难题。依据《精神障碍诊断与统计手册》第4版（DSM-IV）中关于成瘾行为的诊断标准，把手机依赖定义为：过度沉迷使用手机，每天使用手机时长5个小时及以上，对个体生活、学习、社会交往造成消极影响的一种成瘾行为。当接触不到手机时，手机依赖者会产生戒断性的情绪反应（Alavi et al.，2016）。中国互联网络信息中心（CNNIC）发布的第43次《中国互联网络发展状况统计报告》显示，截至2018年12月，我国网民数量为8.29亿人，其中手机网民8.17亿人，占比高达98.6%。大量证据表明，越来越多的人离不开手机，智能手机已经成为人们生活的重要组成部分。

当前，青少年已是手机重要的使用群体，越来越多的青少年拥有并使用手机，成为名副其实的“手机世代”。《2016中国未成年人互联网及手机运用状况调查报告》显示：手机既是当前未成年人主要的通信工具，也是他们最主要的上网工具，他们的手机拥有率高达96.6%，手机上网率75%以上，80.0%以上的未成年人有使用手机上网的经历，使用手机上网主要用于听音乐、看电影、QQ聊天、玩游戏、搜信息、微博、微信等活动（何安明，惠秋平，2015）。大学生对手机的使用与依赖就更加普遍。大学生使用手机发信息、打电话的基本功能逐渐被取而代之，主要用于微博、微信、抖音、手机游戏、音乐、电影、查资料、在线视频课程等。手机功能的多样性、新颖性，加上手机上网速度的不断加快，使很多大学生沉溺于其中，对大学生心理社会适应产生了重要影响。

手机是科技进步、社会发展的必然产物，我们一方面要看到手机对青少年积极的促进作用:青少年可以通过手机网络及时关注时事热点,可以通过手机聊天增进朋友之间的情感,可以利用手机搜索学习资源,也可以在繁重的学习之余听听音乐、看看电影、玩玩游戏好好放松。另一方面,我们也要看到手机的过度使用带来的消极影响:手机依赖或成瘾不仅影响青少年的生理健康,如颈肩部疼痛、视力下降、手指酸痛麻木等生理问题,同时还会导致部分社会功能丧失、厌学、孤独、自闭等心理问题的产生。研究显示,过度的手机依赖还会导致高度的焦虑、失眠和抑郁症状(张玥,张冬静,熊琳,谷传华,2018)。因此,青少年要以自身发展为目的,合理规划时间,科学、正确地使用手机,避免手机依赖或手机成瘾,在享受手机使用给生活和学习带来便利的同时,警惕其潜在的消极影响,做到趋利避害。

第一节　研究方法和描述性统计结果

一、方法与工具

(一)研究对象

采用整群随机取样法抽取河南省、江西省、黑龙江省、山东省及天津市的8所高校和4所中学的部分在校学生为研究对象,其中中学生有效样本570人,大学生有效样本621人。

中学生样本的基本特征:重点中学278人(占48.8%),普通中学292人(占51.2%);男生272人(占47.7%),女生298人(占52.3%);年龄范围11~19岁,平均年龄(15±2)岁;高中生306人(高一129人、高二92人、高三85人,占53.7%),初中生264人(初一92人、初二101人、初三71人,占46.3%);农村175人(占30.7%),城镇395人(占69.3%);独生子女181人(占31.8%),非独生子女389人(占68.2%);普通学生388人(占68.1%),学生干部182人(占31.9%);父母教养方式权威型(或民主)的382人(占67.0%),专断型的106人(占18.6%),放任型的75人(占13.2%),忽视型的7人(占1.2%);父母职业为农民的68人(占11.9%),党政机关事业单位的51人(占8.9%),工人的139人(占24.4%),个体经营者 141 人(占 24.7%),其他职业 171 人(占 30.0%);父母文化程度硕士及以上的 8 人(占 1.4%),本科的 98 人(占 17.2%),高中或大中专的 215 人(占 37.7%),初中及以下的 249 人(占 43.7%)。

大学生样本的基本特征:一本院校 162 人(占 26.1%),二本院校 175 人(占 28.2%),三本院校 162 人(占 26.1%),专科院校 122 人(占 19.6%);男生 330 人(占 53.1%),女生 291 人(占 46.9%);年龄范围 15-25 岁,平均年龄(20±2)岁;大一 221 人(占 35.6%),大二 127 人(占 20.5%),大三 172 人(占 27.7%),大四 101 人(占 16.3%);文史财经类 202 人(占 32.5%),理工农医类 339 人(占 54.6%),艺术体育类 80 人(占 12.9%);城镇 292 人(占 47.0%),农村 329 人(占 53.0%);独生子女 230 人(占 37.0%),非独生子女 391 人(占 63.0%);普通学生 390 人(占 62.8%),学生干部 231 人(占 37.2%);父母教养方式权威(或民主)型的 339 人(占 54.6%),专断型的 63 人(占 10.1%),放任型的 206 人(占33.2%),忽视型的 13 人(占 2.1%);父母职业为农民的 270 人(占43.5%),党政机关事业单位的 64 人(占 10.3%),工人的 130 人(占 20.9%),个体经营者 77 人(占 12.4%),其他职业 80 人(占 12.9%);父母文化程度硕士及以上的 7 人(占 1.1%),大专或本科的 112 人(占 18.0%),高中或中专的 214 人(占 34.5%),初中及以下的 288 人(占 46.4%)。

(二)研究工具

采用香港梁永炽(Leung,2008)编制的手机依赖指数量表(MPAI)。该量表共 17 个条目,包括失控性(手机使用者因缺乏自控力而不能够控制手机使用时间的行为)、戒断性(手机使用者在不使用手机时,因不习惯或不适应而出现一系列消极的情绪体验)、逃避性(手机使用者沉溺在手机世界中以逃避现实压力的行为)和低效性(手机使用者因其不合理使用而影响学习和工作的效率的行为)4 个维度。该量表采取 1 ~ 5 的 5 点式计分,"1"表示"几乎没有","5"表示"总是",量表中若有 8 个项目选"5"(总是),即总分达到 40 分,就可以判定被试为手机依赖者,量表总分越高表示手机依赖程度越强,编制时的信效度良好。本研究中,中学生样本总量表的 Cronbach's α 系数为 0.888,大学生样本总量表的 Cronbach's α 系数为 0.881。

（三）统计方法

运用 SPSS21.0 进行数据处理，采用描述性分析对青少年手机依赖的总体状况进行分析、采用独立样本 t 检验和方差分析法分析人口统计学变量的影响。

二、描述性统计结果

（一）中学生手机依赖的总体状况

对中学生手机依赖问卷调查的数据从整体上进行描述性统计分析，结果如表 1-1 所示。从统计结果可以看出，中学生手机依赖总分的平均分为 41.38，最高分为 84，最低分为 17。手机依赖总分高于 40，可判定为具有一定的手机依赖。从统计结果可以看出，中学生的手机依赖程度并不是十分严重。

表 1-1 中学生手机依赖的总体状况

量表	N	Min	Max	*M*	*SD*
手机依赖	570	17	84	41.38	13.413
失控性	570	7	35	17.12	6.168
戒断性	570	4	20	7.35	3.705
逃避性	570	3	15	8.15	3.687
低效性	570	3	15	8.76	3.221

（二）大学生手机依赖的总体状况

对大学生手机依赖问卷调查的数据从整体上进行描述性统计分析，结果如表 1-2 所示。从统计结果可以看出，大学生手机依赖总分的平均分为 45.94，最高分为 84，最低分为 17。手机依赖总分高于 40，可判定为具有手机依赖。从统计结果可以看出，大学生虽存在手机依赖，但依赖程度并不是十分严重。

表 1–2 大学生手机依赖的总体状况

量表	N	Min	Max	*M*	*SD*
手机依赖	621	17	75	45.94	11.915
失控性	621	7	32	17.64	5.290
戒断性	621	4	20	10.18	3.820
逃避性	621	3	15	9.12	2.904
低效性	621	3	15	9.01	2.838

三、讨论

从统计结果不难看出,青少年手机依赖总分的平均分大于40(中学生手机依赖总分的平均分为41.38,大学生手机依赖总分的平均分为45.94)。这表明,青少年对手机存在着一定的依赖,但是整体上他们的手机依赖程度并不是很严重,该结果与已有研究结果一致(Parasuraman et al.,2017;黄园园,谌丁艳,周丽,2017;张凌瑞,朱天民,张晨辰,代宇,朱鑫,2018)。青少年普遍存在手机依赖问题,可能是因为青少年在外求学,经常需要通过手机与家人、朋友进行交流沟通;此外,青少年处于学习的关键时期,往往需要面对各种各样的学习压力,在学习和生活中他们缺乏娱乐和放松,从而渴望通过使用手机上的社交、娱乐、游戏等软件满足自己的需求(Babadi et al.,2014)。

对大、中学生的比较发现:大学生手机依赖总分与四个分维度得分均明显高于中学生,这一研究结果与以往研究一致(何安明,惠秋平,2015)。这表明,大学生明显比中学生更多地使用手机、依赖手机。大学生成为手机依赖的主要群体的原因主要有:第一,大学生群体的特征使得他们容易成为手机依赖者。大学生思维活跃、酷爱时尚,喜欢互相攀比、标新立异、彰显个性等,这些心理特点成为大学生手机使用和依赖的原动力。第二,手机功能的新颖、时尚和便捷,开辟了社会认知的新途径、满足了其快速探索未知领域的愿望,为大学生个性解放提供了便利的平台,这对于大学生这样一个年轻、乐于接受新鲜事物的群体而言,是非常具有吸引力的。同时,在学习上大学生要了解和掌握自己专业领域的最新知识,手机在很大程度上能替代电脑帮助大学生完成学习任务。第三,与中学阶段相比,大学生学习压力小,可自由支配的时间相对较多,而手机功能多样,可以丰富大学生的课余生活。所有这些都使得手机越来越多地出现在大学生的学习和生活中,大学生频繁地、经常性地使用手机,尤其是智能手机,使得他们对手机的依赖程度高于其他群体。

四、小结

综上所述,本部分研究得出以下结论:青少年群体存在一定的手机依赖,但手机依赖程度并不是十分严重,大学生手机依赖程度明显高于中学生。

第二节　人口统计学变量对青少年手机依赖的影响

采用独立样本 t 检验和方差分析技术,系统考查性别、生源地、独生子女与否、学生干部与否、年级、学校类别、父母教养方式、父母职业、父母文化程度等人口统计学因素对青少年手机依赖状况及手机失控性、戒断性、逃避性、低效性四个维度的影响。

一、人口统计学变量对青少年手机依赖的影响

(一)人口统计学变量对中学生手机依赖的影响

1. 中学生手机依赖在性别上的差异检验

采用独立样本 t 检验分析中学生手机依赖在性别上的差异。结果发现,中学生戒断性和逃避性两个维度得分、手机依赖总分的性别差异均达到统计学上的显著水平($p<0.05$),男生的戒断性、逃避性维度得分及手机依赖总分显著高于女生;中学生失控性、低效性两个维度的性别差异不显著($p>0.05$)(见表1-3)。

表 1-3 中学生手机依赖在性别上的差异检验

量表	得分		t	p
	男(272)	女(298)		
手机依赖	42.63±13.348	40.24±13.392	2.132	0.033*
失控性	17.57±6.388	16.72±5.942	1.635	0.103
戒断性	7.69±3.665	7.04±3.720	2.113	0.035*
逃避性	8.48±3.808	7.84±3.552	2.074	0.039*
低效性	8.89±3.146	8.64±3.288	0.933	0.351

注：* $p<0.1$，* $p<0.05$，** $p<0.01$，*** $p<0.001$，下同。

2. 中学生手机依赖在生源地上的差异检验

采用独立样本 t 检验分析中学生手机依赖在生源地上的差异。结果发现，中学生手机依赖总分及失控性、戒断性、逃避性、低效性四个维度在生源地因素上的差异均未达到显著水平($p>0.05$)(见表 1-4)。

表 1-4 中学生手机依赖在生源地上的差异检验

量表	得分		t	p
	城镇(395)	农村(175)		
手机依赖	41.50±13.249	41.11±13.809	0.324	0.746
失控性	17.15±6.066	17.06±6.409	0.174	0.862
戒断性	7.38±3.742	7.29±3.629	0.262	0.793
逃避性	8.25±3.685	7.93±3.694	0.955	0.340
低效性	8.72±3.163	8.83±3.356	−0.377	0.707

3. 中学生手机依赖在独生子女与否上的差异检验

采用独立样本 t 检验分析中学生手机依赖在独生子女与否上的差异检验。结果发现，中学生手机依赖总分及失控性、戒断性、逃避性、低效性四个维度在独生与否因素上的差异均未达到显著水平($p>0.05$)(见表 1-5)。

表 1-5 中学生手机依赖在独生子女与否上的差异检验

量表	得分		t	p
	独生(181)	非独生(389)		
手机依赖	40.59±13.824	41.75±13.219	-0.961	0.337
失控性	16.77±6.089	17.29±6.206	-0.927	0.354
戒断性	7.45±3.849	7.31±3.640	0.417	0.677
逃避性	7.87±3.770	8.28±3.645	-1.237	0.217
低效性	8.50±3.177	8.88±3.238	-1.291	-0.374

4. 中学生手机依赖在学生干部与否上的差异检验

采用独立样本 t 检验分析中学生手机依赖在学生干部与否上的差异检验。结果发现，中学生手机依赖总分在干部与否因素上的差异达到边缘显著水平，在失控性、戒断性、逃避性、低效性四个维度在干部与否上的差异均未达到显著水平($p>0.05$)(见表 1-6)。

表 1-6 中学生手机依赖在学生干部与否上的差异检验

量表	得分		t	p
	学生干部(182)	普通学生(388)		
手机依赖	42.77±13.839	40.73±13.176	1.693	0.091*
失控性	17.65±6.157	16.88±6.166	1.390	0.165
戒断性	7.63±3.950	7.22±3.582	1.209	0.227
逃避性	8.49±3.819	7.99±3.618	1.517	0.130
低效性	9.01±3.258	8.64±3.201	1.258	0.209

5. 中学生手机依赖在年级上的差异检验

采用单因素方差分析方法，分析中学生手机依赖在年级上的差异情况。结果发现，中学生手机依赖总分及失控性、戒断性两个维度的得分在年级上均存在显著差异($p<0.05$)，低效性维度在年级上的差异达到边缘显著水平。进行多重比较显示，中学生手机依赖总分及失控性维度上的得分初一学生

与初二、初三、高一、高二、高三之间的得分差异极其显著($p<0.01$),初二、初三、高一、高二、高三之间的得分差异没有达到显著水平($p>0.05$)。在戒断性维度上,初一、高一学生的得分与高二、高三学生的得分之间差异极其显著($p<0.05$),初二学生的得分略低于高二、高三学生的得分,初三学生的得分与初一、初二、高一、高二、高三之间的差异未达到显著水平($p>0.05$)。在逃避性维度上,各年级之间的得分没有显著差异。在低效性维度上,初一学生与初二、初三、高一、高二之间的差异极其显著,初一学生在低效性维度上的得分显著低于初二、初三、高一、高二学生的得分;高三学生与初一、初二、初三、高一、高二之间的得分差异未达到显著水平(见表 1-7)。

表 1-7　中学生手机依赖在年级上的差异检验

变异来源	*SS*	*df*	*MS*	*F*	*p*	事后检验
手机依赖	2724.418	5	544.884	3.084	0.009**	1<2,3,4,5,6
失控性	1008.512	5	201.702	5.512	0.000***	1<2,3,4,5,6 6<5
戒断性	178.655	5	35.731	2.641	0.023**	1,2,4<5,6
逃避性	38.141	5	7.628	0.559	0.732	
低效性	113.052	5	22.610	2.203	0.053*	1<2,3,4,5

注:1 代表初一,2 代表初二,3 代表初三,4 代表高一,5 代表高二,6 代表高三。

6. 中学生手机依赖在学校类别上的差异检验

采用独立样本 t 检验分析中学生手机依赖在学校类别上的差异检验。结果发现,手机依赖总分在学校类别上的差异显著($p<0.01$),普通中学学生的手机依赖总分显著高于重点中学学生。中学生手机失控性、戒断性两个维度的得分在学校类别上的差异显著($p<0.05$),普通中学学生在手机失控性、戒断性两个维度上的得分高于重点中学学生的得分。中学生手机逃避性、低效性两个维度的得分在学校类别因素上的差异达到边缘显著水平(见表 1-8)。

表 1-8　中学生手机依赖在学校类别上的差异检验

量表	得分		t	p
	重点(278)	普通(292)		
手机依赖	39.83±12.649	42.86±13.963	−2.710	0.007**
失控性	16.47±5.937	17.75±6.328	−2.479	0.013*
戒断性	6.97±3.386	7.72±3.955	−2.431	0.015*
逃避性	7.88±3.600	8.40±3.757	−1.684	0.093*
低效性	8.51±3.148	8.99±3.276	−1.791	0.074*

7. 中学生手机依赖在父母教养方式上的差异检验

采用单因素方差分析,探究中学生手机依赖在父母教养方式上的差异情况。结果发现,中学生手机依赖总分及失控、戒断性、逃避性、低效性四个维度的得分在父母教养方式因素上均存在显著差异($p<0.05$)。父母教养方式为权威型的中学生在手机依赖总分及失控、戒断性、逃避性、低效性四个维度的得分均为最低,父母教养方式忽视型的得分高于父母教养方式专断型,父母教养方式放任型的得分最高(见表1-9)。

表 1-9　中学生手机依赖在父母教养方式上的差异检验

变异来源	SS	df	MS	F	p	事后检验
手机依赖	3226.706	3	1075.569	6.141	0.000***	1<2,3
失控性	605.926	3	201.975	5.433	0.001***	1<2,3
戒断性	210.611	3	70.204	5.229	0.001***	1<2,3
逃避性	159.045	3	53.015	3.960	0.008**	1,3<2
低效性	88.754	3	36.455	3.562	0.014*	1,2<3

注:1 代表权威型,2 代表专断型,3 代表放任型,4 代表忽视型,下同。

8. 中学生手机依赖在父母职业上的差异检验

采用单因素方差分析,考察中学生手机依赖在父母职业上的差异。结果发现,中学生手机依赖总分及失控性、戒断性两个维度的得分在父母职业因素上的差异达到边缘显著水平。进一步多重事后比较结果显示,父母职业为农民的中学生手机依赖量表总分显著低于父母职业为工人、党政机关事业团体、个体经营者及其他的中学生。在失控性维度上,父母职业为农民的中学生的得分显著低于父母职业为个体经营者的中学生,稍低于父母职业为工人、党政机关事业团体及其他的中学生。在戒断性维度上,父母职业为农民的中学生的得分显著低于父母职业为党政机关事业团体、个体经营者的中学生,稍低于父母职业为工人的中学生。在逃避性、低效性两个维度上,中学生的得分在父母职业上的差异未达到显著水平(见表 1-10)。

表 1-10 中学生手机依赖在父母职业上的差异检验

变异来源	*SS*	*df*	*MS*	*F*	*p*	事后检验
手机依赖	1676.852	4	419.213	2.352	0.053*	1<2,3,4,5
失控性	321.201	4	80.300	2.127	0.076*	1<2,3,4,5
戒断性	128.035	4	32.009	2.354	0.053*	1<2,3,4,3>5
逃避性	89.848	4	22.462	1.660	0.158	
低效性	35.286	4	8.821	0.849	0.494	

注:1 代表农民,2 代表工人,3 代表党政机关事业团体,4 代表个体经营者,5 代表其他,下同。

9. 中学生手机依赖在父母文化程度上的差异检验

采用单因素方差分析,探究中学生手机依赖在父母文化程度上的差异状况。结果显示,中学生手机依赖总分及失控性、戒断性、逃避性、低效性四个维度的得分在父母文化程度因素上均未达到显著水平($p>0.05$)(见表 1-11)。

表 1-11 中学生手机依赖在父母文化程度上的差异检验

变异来源	*SS*	*df*	*MS*	*F*	*p*	事后检验
手机依赖	216.395	3	71.132	0.400	0.753	
失控性	87.331	3	29.110	0.764	0.514	
戒断性	25.943	3	8.648	0.629	0.597	

续表 1-11

变异来源	*SS*	*df*	*MS*	*F*	*p*	事后检验
逃避性	26.009	3	8.670	0.636	0.592	
低效性	25.660	3	8.553	0.824	0.481	

注:1 代表初中及以下,2 代表高中或专科,3 代表本科,4 代表硕士及以上,下同。

(二)人口统计学变量对大学生手机依赖的影响

1. 大学生手机依赖在性别上的差异检验

采用独立样本 t 检验,分析性别对大学生手机依赖的影响。结果发现,大学生手机依赖总分及失控性、戒断性两个维度在性别上的差异均达到显著水平($p<0.05$),男生在手机依赖总分及失控性、戒断性两个维度上的得分显著高于女生。逃避性、低效性两个维度上,大学生手机依赖在性别上不存在显著差异($p>0.05$)(见表 1-12)。

表 1-12　大学生手机依赖在性别上的差异检验

量表	得分		t	p
	男(330)	女(291)		
手机依赖	46.88±11.930	44.89±11.829	2.082	0.038*
失控性	18.28±5.256	16.91±5.242	3.256	0.001***
戒断性	10.61±3.784	9.69±3.809	3.020	0.003**
逃避性	8.98±2.851	9.27±2.960	-1.228	0.220
低效性	9.00±2.721	9.02±2.969	-0.089	0.930

2. 大学生手机依赖在生源地上的差异检验

采用独立样本 t 检验,分析生源地对大学生手机依赖的影响,结果发现,大学生手机依赖总分及手机戒断性、逃避性两个维度得分在生源地上存在显著差异($p<0.05$),城镇大学生在手机依赖总分及戒断性、逃避性两个维度上得分显著高于农村大学生;失控性维度上的得分在生源地因素上的差异达到边缘显著水平,城镇大学生的得分略高于农村大学生;低效性维度上的

得分在生源地因素上的差异未达到显著水平(p>0.05)(见表1-13)。

表1-13 大学生手机依赖在生源地上的差异检验

量表	得分		t	p
	城镇(292)	农村(329)		
手机依赖	47.07±11.982	44.95±11.784	2.217	0.027*
失控性	18.06±5.357	17.27±5.209	1.856	0.064*
戒断性	10.56±3.810	9.84±3.803	2.372	0.018*
逃避性	9.41±2.966	8.86±2.828	3.340	0.020*
低效性	9.04±2.820	8.98±2.857	0.258	0.796

3.大学生手机依赖在独生与否上的差异检验

采用独立样本t检验,分析独生与否因素对大学生手机依赖的影响。结果显示,大学生手机失控性、戒断性两个维度在独生与否上差异显著(p<0.05),独生子女大学生在失控性、戒断性两维度上得分显著高于非独生子女;大学生手机依赖总分在独生与否上的差异达到边缘显著水平;逃避性、低效性个两维度上的得分在独生与否上的差异均未达到显著水平(p>0.05)(见表1-14)。

表1-14 大学生手机依赖在独生与否上的差异检验

量表	得分		t	p
	独生(230)	非独生(391)		
手机依赖	47.03±12.006	45.30±11.830	1.746	0.081*
失控性	18.26±5.350	17.28±5.227	2.232	0.026*
戒断性	10.58±3.804	9.94±3.814	2.034	0.042*
逃避性	9.20±2.914	9.07±2.901	0.503	0.615
低效性	9.00±2.725	9.01±2.905	-0.73	0.942

4. 大学生手机依赖在学生干部与否上的差异检验

采用独立样本 t 检验,分析学生干部与否因素对大学生手机依赖的影响,结果显示,大学生手机依赖总分及失控性、戒断性、逃避性、低效性四个维度得分在干部与否上的差异均未达到显著水平($p>0.05$)(见表 1-15)。

表 1-15 大学生手机依赖在学生干部与否上的差异检验

量表	得分		t	p
	学生干部(231)	普通学生(390)		
手机依赖	46.06±11.649	45.87±12.084	0.188	0.851
失控性	17.67±5.309	17.63±5.285	0.093	0.926
戒断性	10.34±3.711	10.08±3.885	0.827	0.408
逃避性	9.19±2.855	9.08±2.936	0.442	0.659
低效性	8.87±2.824	9.09±2.846	-0.951	0.342

5. 大学生手机依赖在年级上的差异检验

采用单因素方差分析,考查大学生手机依赖在年级上的差异。结果显示:大学生手机依赖总分及失控性、戒断性两个维度的得分在年级上的差异均达到显著水平($p<0.05$)。进行多重比较发现,大一学生手机依赖总分显著低于大三、大四学生,大二学生手机依赖总分与大一、大三、大四不存在显著差异;在失控性维度上,大一学生的得分显著低于大三、大四学生、略低于大二学生,大二、大三、大四学生在失控性维度上的得分没有显著差异;在戒断性维度上,大一学生的得分显著低于大三、大四学生,大一学生的得分与大二学生没有显著差异(大二学生略低于大四学生);逃避性、低效性两个维度上的得分在年级上均未达到显著水平($p>0.05$)(见表 1-16)。

表 1-16 大学生手机依赖在年级上的差异检验

变异来源	SS	df	MS	F	p	事后检验
手机依赖	1388.468	3	462.823	3.296	0.020**	1<3,4
失控性	430.830	3	143.610	5.238	0.001***	1<2,3,4

续表 1-16

变异来源	*SS*	*df*	*MS*	*F*	*p*	事后检验
戒断性	163.544	3	54.515	3.786	0.010**	1<3,4,2<4
逃避性	21.038	3	7.013	0.831	0.477	
低效性	18.354	3	6.118	0.759	0.517	

注:1 代表大一,2 代表大二,3 代表大三,4 代表大四。

6. 大学生手机依赖在学校类别上的差异检验

采用独立样本 *t* 检验,分析大学生手机依赖在学校类别上的差异。结果显示,大学生手机依赖低效性维度上的得分在学校类别上的差异达到边缘显著水平,本科院校学生的得分稍高于高职高专院校学生。手机依赖总分及失控性、戒断性、逃避性三个维度上的得分在学校类别上的差异均不显著(p>0.05)(见表 1-17)。

表 1-17 大学生手机依赖在学校类别上的差异检验

量表	得分		*t*	*p*
	本科院校(502)	高职高专(119)		
手机依赖	46.05±11.833	45.50±12.295	0.456	0.649
失控性	17.65±5.272	17.62±5.385	0.044	0.965
戒断性	10.23±3.814	9.97±3.855	0.669	0.504
逃避性	9.08±2.862	9.30±3.080	-0.766	0.444
低效性	9.10±2.803	8.61±2.958	1.719	0.086*

7. 大学生手机依赖在专业上的差异检验

采用单因素方差分析,考查大学生手机依赖在专业上的差异情况。结果显示:大学生手机逃避性维度上的得分在专业上的差异达到边缘显著水平,进行多重比较发现,文史财经类大学生的得分显著高于理工农医类大学生、略高于艺术体育类大学生;手机依赖总分及失控性、戒断性、逃避性三个维度上的得分在专业因素上的差异均不显著(p>0.05)(见表 1-18)。

表 1-18 大学生手机依赖在专业上的差异检验

变异来源	*SS*	*df*	*MS*	*F*	*p*	事后检验
手机依赖	96.760	2	48.380	0.340	0.712	
失控性	43.006	2	21.503	0.768	0.464	
戒断性	39.967	2	19.984	1.371	0.255	
逃避性	43.298	2	21.649	2.580	0.077*	2,3<1
低效性	17.167	2	7.084	0.879	0.879	

注:1 代表文史财经类,2 代表理工农医类,3 代表艺术体育类。

8. 大学生手机依赖在父母教养方式上的差异检验

采用单因素方差分析,考查大学生手机依赖在父母教养方式上的差异状况。结果显示,大学生手机量表低效性维度上的得分在父母教养方式上的差异达到边缘显著水平,进行多重比较发现,父母教养方式为权威(或民主)型的大学生在低效性维度上的得分显著低于父母教养方式为专断型的大学生,略低于父母教养方式为放任型的大学生;父母教养方式为忽视型的大学生在低效性维度上的得分与父母教养方式为权威(或民主)型、专断型、放任型的大学生的得分没有显著差异;大学生手机依赖总分及失控性、戒断性、逃避性三个维度的得分在父母教养方式上的差异均未达到显著水平($p>0.05$)(见表 1-19)。

表 1-19 大学生手机依赖在父母教养方式上的差异检验

变异来源	*SS*	*df*	*MS*	*F*	*p*	事后检验
手机依赖	461.162	3	153.721	1.083	0.356	
失控性	109.981	3	36.660	1.312	0.269	
戒断性	54.404	3	18.135	1.244	0.293	
逃避性	19.399	3	6.466	0.766	0.513	
低效性	56.590	3	18.863	2.358	0.071*	1<2,3

9. 大学生手机依赖在父母职业上的差异检验

采用单因素方差分析，考查大学生手机依赖在父母职业上的差异。结果显示，大学生手机戒断性维度上的得分在父母职业上的差异达到边缘显著水平，进行多重比较发现，父母为农民的大学生手机戒断性维度上的得分显著低于父母为工人的大学生，略低于父母为党政机关事业团体的大学生；大学生手机依赖总分及失控性、逃避性、低效性三个维度的得分在父母职业上的差异均未达到显著水平($p>0.05$)（见表1-20）。

表1-20 大学生手机依赖在父母职业上的差异检验

变异来源	*SS*	*df*	*MS*	*F*	*p*	事后检验
手机依赖	978.081	4	244.520	1.731	0.142	
失控性	104.595	4	26.149	0.934	0.444	
戒断性	136.904	4	34.266	2.366	0.052*	1<2,3
逃避性	31.672	4	7.981	0.938	0.441	
低效性	35.163	4	8.791	1.092	0.359	

10. 大学生手机依赖在父母文化程度上的差异检验

采用单因素方差分析，考查大学生手机依赖在父母文化程度上的差异。结果显示，大学生手机依赖总分及失控性、戒断性、逃避性、低效性四个维度的得分在父母文化程度上的差异均未达到显著水平($p>0.05$)（见表1-21）。

表1-21 大学生手机依赖在父母文化程度上的差异检验

变异来源	*SS*	*df*	*MS*	*F*	*p*	事后检验
手机依赖	290.789	3	96.930	0.682	0.563	
失控性	64.509	3	21.503	0.768	0.512	
戒断性	14.689	3	4.896	0.334	0.800	
逃避性	19.272	3	6.424	0.761	0.516	
低效性	37.889	3	12.630	1.573	0.195	

二、讨论

(一)中学生手机依赖的特点分析

从上述数据分析可知,中学生手机依赖在性别上差异显著,男生手机依赖得分显著高于女生,这与以往研究结果一致(何安明,惠秋平,2015)。这可能是因为,中学阶段学生处在青春期,相对女生而言,男生更倾向于一个安全、隐私的环境,更愿意通过手机抒发自己内心的情感、寻求朋友的关心安慰;此外,男生圈子中热捧的游戏也成为男生在课余生活中谈论的重要话题,很多男生多用手机游戏缓解自己的学习、情绪压力。

中学生手机依赖在年级上差异显著,初一学生和其他年级学生手机依赖得分差异显著,并且初一学生手机依赖得分显著低于其他年级学生得分。这可能是因为中学禁止学生在学校使用手机,初一学生拥有手机的人较少,在家里受父母管束,玩手机的时间有限,不易产生手机依赖。

中学生手机依赖在学校类别上差异显著,普通中学学生手机依赖总分显著高于重点中学学生的得分。这可能是因为,与普通中学相比,重点中学学校管理严格、课程设置紧凑、学生上进心强、学习成绩较好,加上重点中学的学生大多数家长与孩子沟通交流多、对孩子的教育投入较多,所有这些都有助于中学生合理科学使用手机。这一结果与以往研究结果不完全一致(王小辉,2011;房香莲,2013)。房香莲(2013)在研究青少年手机依赖时发现,来自城镇的、重点学校的中学生在手机依赖突显性这一维度上的分数高于来自农村的、普通学校的学生,差异显著。造成结果不一致的原因可能是,本研究取样的大多数农村地区没有初中和高中学校,中学都设在城镇、县城或市,这些取样结果可能造成与房香莲(2013)的研究结果不完全一致。

中学生手机依赖在父母教养方式上差异显著,权威(或民主)型和专断型、放任型差异显著,并且父母教养方式为权威(或民主)型的中学生手机依赖得分显著低于父母教养方式为专断型、放任型中学生的得分。邓兆杰等(2015)研究指出,父母教养方式是影响手机依赖的重要因素,在不同教养方式下成长的中学生,其手机依赖程度也不同,父母教养方式为放任型的中学生,其手机依赖程度显著高于父母教养方式为民主型和专制型的中学生。

中学生生活在权威(或民主)型的教养方式中,更容易感受到尊重和理解,生活也更自由,有利于中学生采取更加积极的生活方式,遇到问题会选择和父母沟通,较少借助网络的虚拟世界来获得支持,从而手机依赖程度较低。

中学生手机依赖在生源地、独生子女与否、学生干部与否、年级、父母职业、父母文化程度上的差异均未达到显著水平。

(二)大学生手机依赖的特点分析

大学生手机依赖在性别上差异显著,男生手机依赖得分显著高于女生,这与以往研究结果不完全一致(邓兆杰,黄海,桂娅菲,牛露颖,周春燕,2015)。邓兆杰等人(2015)认为,在大学生群体中,女生较男生更常用手机来建立和维持社交关系,使用手机频率更高。产生这一结果可能是因为随着手机功能的丰富,尤其是手机游戏的出现,对男生吸引较大,使男生对手机的依赖较严重。

大学生手机依赖在生源地上差异显著,城镇大学生在手机依赖总分及戒断性、逃避性、失控性三个维度上得分显著高于农村大学生,这与以往研究结果一致(崔玉玲,彭美,韩玉莹,黄敏侠,2015)。这可能是因为,城镇大学生的家庭经济状况普遍好于农村大学生,手机拥有率也往往较高,且多为高档智能手机,除了必备的通信功能外,还具备媒体功能,能上网、看电影、打游戏、听音乐等多种娱乐,所以他们在享受智能机带来了各种便利的同时,对手机的依赖程度也越高。

大学生手机依赖在独生与否上差异显著,独生子女大学生在失控性、戒断性两个维度上得分显著高于非独生子女,手机依赖总分在独生与否上的差异达到边缘显著水平,这与以往研究结果一致(张娜,2016;蒋研,2017)。独生子女大学生社交增益和戒断性两个维度得分均显著高于非独生子女大学生。这可能是因为在成长过程中独生子女没有兄弟姐妹,易养成自我为中心、不顾他人感受的性格特点;同伴交往的经验也不如非独生子女丰富,长大后人际方面更容易遇到交往冲突。所以,很多独生子女更倾向于选择手机,通过手机丰富和发展人际关系。

大学生手机依赖在年级上差异显著,大一和大三、大四在年级上差异显著,并且大一学生手机依赖得分显著低于大三、大四学生得分,且自控能力显著高于大三、大四学生，这与以往研究结果一致（韦耀阳,2013）。这可能是因为在大一阶段往往有较多课程，大一学生学业负担较重，且在学习之余还要参加学校、学院、社团等组织的各项活动，因此大一学生没有更多时间过度使用手机；大三大四学生很少热衷参与学校及社团的活动，课程负担相对较少，有更多的空余时间，加上大四的学生面临升学及就业压力，为找工作不停忙碌、焦虑，所以更容易对手机产生依赖。

大学生手机依赖在学生干部与否、专业、父母教养方式、父母职业、父母文化程度上差异均未达到显著水平。

三、小结

综上所述，本部分研究得出以下结论：青少年手机依赖存在性别、生源地、独生与否、干部与否、年级、学校类别、父母教养方式、父母职业、父母文化程度等人口统计学指标上的差异。

第二章 青少年心理健康、学业倦怠和社会支持的现状及其在人口学变量上的差异

探讨青少年心理健康、学业倦怠、社会支持的现状及特点，并考查三个变量在人口学变量（性别、年级、家庭所在地、独生子女与否、父母文化程度、父母教养方式）上的差异。

研究假设：

H1：青少年存在一定的心理健康和学业倦怠问题。

H2：青少年社会支持程度较高。

H3：青少年心理健康、学业倦怠、社会支持在人口学变量上差异显著。

第一节　研究方法和描述性统计结果

一、研究方法

（一）研究对象

选取黑龙江、天津、山东、河南、江西共8所大学的在校大学生，以及河南4所中学生为被试，共发放问卷1500份，回收有效问卷1191份，其中大学生问卷621份，中学生问卷570份，平均年龄17.38±3.07岁。被试基本情况如表2-1所示。

表 2-1 被试基本情况（N=1191）

基本项目	类别	人数	百分百
性别	男	602	50.5
	女	589	49.5
年级	初一	92	7.7
	初二	101	8.5
	初三	71	6.0
	高一	129	10.8
	高二	92	7.7
	高三	85	7.1
	大一	221	18.6
	大二	127	10.7
	大三	172	14.4
	大四	101	8.5
家庭所在地	农村	504	42.3
	城镇	687	57.7
独生子女	是	411	34.5
	否	780	65.5
父母文化程度	初中及以下	537	45.1
	高中或中专	429	36.0
	大专或本科	210	17.6
	硕士及以上	15	1.3
父母教养方式	权威(或民主)型	721	60.5
	专断型	169	14.2
	放任型	281	23.6
	忽视型	20	1.7

（二）研究工具

本研究采用青少年学习倦怠量表、青少年社会支持量表、心理症状自评量表进行问卷调查。

1. 青少年学习倦怠量表

该量表由吴艳和戴晓阳(2007)编制,包括身心耗竭、学业疏离和低成就感3个维度,共16个条目。采用五点评分方法,即“很不符合”计1分,“非常符合”计5分,部分条目反向记分。编制时已经证明该量表具有良好的信效度,其中总量表的 Cronbach's α 系数为0.89,3个维度身心耗竭、学业疏离和低成就感的 Cronbach's α 系数分别是0.79、0.77和0.76;效标效度、结构效度和区分效度均达到统计学上的显著水平。在本研究中量表的 Cronbach's α 系数为0.73。

2. 社会支持问卷

该量表以肖水源的社会支持理论模型为基础,由叶悦妹等人(2008)编制。该量表共17个条目,包括主观支持、客观支持和支持利用度3个维度。采用5点评分法,即“不符合”记1分,“符合”记5分。所有17个条目得分之和即为该量表的总分,反映了被测者社会支持的总体状况,被试得分越高,表示其社会支持水平越高。该量表在编制时就被证明有良好的信效度,其 Cronbach's α 系数为0.91。在本研究中量表的 Cronbach's α 系数为0.94。

3. 心理症状自评量表(SCL-90)

该量表由 Derogatis 编制,由王征宇(1984)翻译成中文。一直以来该量表在国内外对心理健康水平的实证研究中应用广泛。该量表共90个题目,10个维度,通过维度分数可以了解症状分布的特点。10个维度分别是:躯体化、强迫症状、人际关系敏感、抑郁、焦虑、敌对、恐怖、偏执、精神病性和睡眠饮食。该量表采取五级评分,“1”代表“没有”,“5”代表“严重”,各条目得分相加即为该量表总分,被试得分越高,表示其心理健康程度越低,若总分超过160分,或任一因子分超过2分,则表示心理健康状况较差(戴晓阳等,2010)。在本研究中量表的 Cronbach's α 系数为0.98。

(三)数据处理

运用SPSS20.0进行数据处理,统计学分析采用描述性分析、独立样本t检验、方差分析等。

二、研究结果

(一)共同方法偏差控制与检验

本研究在测量过程中采用不记名方法、一些条目使用反向计分方式等进行控制。在收集数据之后,采用 Harman 单因子检验法进行共同方法偏差检验。检验结果表明,未经旋转得到特征根大于 1 的因子一共有 24 个,第一个因子所解释的变异量为 26.02%(<40%),这表明在本研究中不存在明显的共同方法偏差。

(二)青少年心理健康、学业倦怠、社会支持的总体状况

1. 青少年心理健康总体状况

对青少年心理健康状况进行描述性分析发现(见表 2-2),心理健康总分的均值为 156.55,在各维度的平均得分中,强迫症状均值高于其他维度。根据国内学者按照我国的常模对其建立参考标准,认为总分超过 160 分,或任一维度分超过 2 分,可考虑筛查阳性。因此可知,青少年整体不存在严重的心理健康问题,但其中强迫症状问题比较突出。

由表 2-3 可知,总分超过 160 分的有 446 人,占总人数的 37.4%;各维度平均分≥2 的人数最多的是强迫症状维度,共 591 人,占总人数的 49.6%,最少的是躯体化维度,共 225 人,占总人数的 18.9%。

表 2-2 青少年心理健康总体状况

	均值(*M*)	量表中点值	标准差(*SD*)	条目数	各条目均值
SCL-90 总分	156.55	270	57.70	90	1.74
躯体化	18.18	36	7.50	12	1.51
强迫症状	20.82	30	7.51	10	2.08
人际关系敏感	16.77	27	7.13	9	1.86
抑郁	22.73	39	9.70	13	1.75
焦虑	17.18	30	7.16	10	1.72
敌对	10.59	18	4.67	6	1.77
恐怖	11.47	21	5.14	7	1.64

续表 2-2

	均值(*M*)	量表中点值	标准差(*SD*)	条目数	各条目均值
偏执	10.21	18	4.33	6	1.70
精神病性	16.78	30	6.83	10	1.68
睡眠及饮食	11.83	21	4.81	7	1.69

表 2-3　心理健康得分≥160 及各维度平均分≥2 的人数统计结果

	心理健康	躯体化	强迫症状	人际关系敏感	抑郁	焦虑	敌对	恐怖	偏执	精神病性	睡眠及饮食
人数	446	225	591	447	354	350	387	324	346	331	331
百分比(%)	37.4	18.9	49.6	37.5	29.7	29.4	32.5	27.2	29.1	27.8	27.8

2. 青少年学业倦怠总体状况

对青少年学业倦怠总体状况分析发现,学业倦怠总分及其身心耗竭维度、学业疏离的得分均低于各自量表的中点值,低成就感维度的得分略高于量表中点值(见表 2-4)。

对青少年学业倦怠各维度平均分≥3 的人数进行统计发现,学业倦怠程度较高的青少年人数为 321 人,占总人数的 27%;低成就感维度平均分≥3 的人数较多,占总人数的 57.1%;学业疏离维度平均分≥3 的人数最少,占总人数的 17%。具体情况见表 2-5。

表 2-4　青少年学业倦怠总体状况

	均值(*M*)	量表中点值	标准差(*SD*)	条目数	各条目均值
学业倦怠总分	42.41	48	8.26	16	2.65
身心耗竭	11.19	12	3.55	4	2.80
学业疏离	10.05	15	4.23	5	2.01
低成就感	21.17	21	4.28	7	3.02

表2-5　学业倦怠及各因子平均分≥3 的人数统计结果

	学业倦怠	身心耗竭	学业疏离	低成就感
人数	321	563	202	680
百分比	27.0%	47.3%	17.0%	57.1%

3. 青少年社会支持总体状况

对青少年社会支持总体状况分析发现,社会支持及其三个维度(主观支持、客观支持、支持利用度)的得分均高于各自量表中点值(见表2-6)。对青少年社会支持及各因子平均分≥3 的人数统计结果发现,社会支持得分较高的青少年共有951 人,占总人数的79.8%;主观支持、客观支持、支持利用度平均分≥3 的青少年占比分别为80.1%、84.3%、71.9%(见表2-7)。

表2-6　青少年社会支持总体状况

	均值(M)	量表中点值	标准差(SD)	条目数	各条目均值
社会支持总分	61.33	51	13.50	17	3.61
主观支持	18.06	15	4.39	5	3.61
客观支持	22.72	18	5.32	6	3.79
支持利用度	20.55	18	5.60	6	3.43

表2-7　社会支持及各因子平均分≥3 的人数统计结果

	社会支持	主观支持	客观支持	支持利用度
人数	951	954	1004	856
百分比	79.8%	80.1%	84.3%	71.9%

三、讨论

(一)青少年心理健康的现状

青少年心理健康总体状况分析发现:心理健康总分的均值为156.55,没有超过我国常模标准160,有37.4%的青少年心理健康得分高于160分,这表明青少年心理健康水平整体较好,有部分学生存在一定的心理健康问题。在对心理健康进行元分析时发现,1986—2010年这25年间,我国青少年心理健康水平呈上升趋势(辛自强,张梅,何琳,2012),孙小云(2017)的研究结果也显示,青少年心理健康整体水平比较好,有80%的青少年心理健康水平处于“比较健康”之上。出现这一结果可能得益于国家对全民心理健康的关注及相应政策的出台和推进。无论是2016年国家卫生计生委等22部委联合发布的《关于加强心理健康服务的指导意见》,2018年中共教育部党组印发的《高等学校学生心理健康教育指导纲要》,还是在十九大提出的“加强社会心理服务体系建设,培养自尊自信、理性和平、积极向上的社会心态”的要求的基础上国家卫生健康委等10部委于2018年联合发布的《关于印发全国社会心理服务体系建设试点工作方案的通知》,都表现出国家对全民心理健康的重视,促进了中学、高校心理咨询中心的建立、心理健康课程的推进,进而青少年心理健康水平得到了整体的提升。虽然青少年心理健康水平整体较好,但在各维度的平均得分中,强迫症状维度中各条目均值为2.08分,超过我国常模维度标准分,这表明青少年强迫症状问题比较突出。

(二)青少年学业倦怠的现状

青少年学业倦怠总体状况分析发现:学业倦怠总分及其身心耗竭维度、学业疏离的得分均低于各自量表的中点值,低成就感维度的得分略高于量表中点值。有27%的青少年其学业倦怠程度较高;57.1%的青少年在低成就感维度上得分较高,这表明青少年学业倦怠问题整体不严重,但较多学生存在低成就感问题。田国秀和于琨(2009)在研究中学生学业倦怠问题时,基于美国人本主义心理学家Rollo May提出的权利理论指出,青少年学业倦怠问题的产生是由于青少年在同教育者的权力互动关系中,权力发展受阻,在学习生活中处于消极应对状态,从而陷入消极境地,具体表现为对学习缺乏主动性,容易疲倦等。另外,根据Erikson人格发展八阶段理论可知,青少年正处于自我同一性对角色混乱时期,他们会更加注意将别人对他们的评价与他们自己的感觉相比较,他们渴望成熟与自由,认为自己是具有独特性的个体(林崇德,2018)。但在这个时期,青少年的主要任务是学习,父母受传统观念"望子成龙,望女成凤"的影响,对孩子的期望普遍较高(方晨晨,2018),会给青少年施加较多的压力。青少年长期处于这种不良权力关系主导的权力网络中,使其对权力的需求不能得到满足,成长动力也得不到内化(田国秀,于琨,2009)。但这个时期的学习动力本该主要来自青少年自身,而现实情况却与之相反,使青少年无法发挥自身内在动力的作用,导致学业倦怠的出现,产生低成就感问题。

(三)青少年社会支持的现状

青少年社会支持总体状况分析发现:社会支持及其三个维度的得分均高于各自量表中点值,其中,客观支持的得分高于其他维度得分,有79.8%的青少年社会支持总分较高,表明青少年社会支持总体状况较好,研究假设成立,这一结果与已有研究结果一致(王保健,2017;李相南,李志勇,张丽,2017)。客观支持是指物质上的直接援助以及个体在社会网络关系中的存在和参与,这类支持是独立于个体的主观感受而客观存在的(肖水源,1994)。随着时代的发展与进步,我国经济建设取得重大成就,人民生活不断改善,家庭经济条件普遍提高,这使得青少年生活、学习的环境得到大大改善,父母在平时也会将自己的精力更多地投入到孩子身上,给予他们更充足的精神及物质上的支持(韩箫剑,2017)。另外,我国教育事业不断进步,随着素质教育的推进和教师团队综合素养的提高,学生更容易与教师建立良好的师生关系,这有利于青少年在学校获得更多的来自学校、老师给予的支持,从而使得青少年社会支持水平得到提高(庞海芍,郇秀红,2015)。

四、小结

通过上面的数据分析得出三点结论:①青少年整体不存在严重的心理健康问题,但其中强迫症状问题比较突出;②青少年学业倦怠问题不严重;③青少年社会支持总体状况较好,获得的客观支持较多。

第二节　青少年心理健康、学业倦怠、社会支持在人口学变量上的差异

一、研究目的

为了考察青少年心理健康、学业倦怠、社会支持在性别、年级、家庭所在地、独生子女与否、父母文化程度、父母教养方式等人口学变量上的差异，采用独立样本 t 检验、方差分析对调查所得数据进行统计处理。

二、研究结果

（一）青少年心理健康、学业倦怠、社会支持在性别上的差异

青少年心理健康、学业倦怠、社会支持在性别上进行差异比较发现，青少年性别变量在心理健康、学业倦怠总分上的 t 检验均未达到显著水平（$p>0.05$），在社会支持总分上差异显著（见表 2-8）。

表 2-8　青少年心理健康、学业倦怠、社会支持在性别上的差异检验

检验变量		均值（M）	标准差（SD）	t	p
心理健康	男	157.31	58.31	0.46	0.649
	女	155.78	57.11		
学业倦怠	男	42.69	8.59	1.18	0.239
	女	42.13	7.91		
社会支持	男	59.59	13.13	−4.54	0.000***
	女	63.11	13.65		

（二）青少年心理健康、学业倦怠、社会支持在年级上的差异检验

以年级为自变量，心理健康、学业倦怠、社会支持为因变量进行单因素方差分析，结果发现，青少年心理健康、社会支持在年级上存在显著差异，然

后进行多重比较显示：

就“心理健康”因变量而言，高二和高一、大一、大二、大三、大四年级差异显著（$p<0.01$），并且高二学生的心理健康总分显著高于高一、大一、大二、大三、大四学生得分；高三和高一、大一、大二、大三、大四年级差异显著（$p<0.01$），并且高三学生心理健康总分显著高于高一、大一、大二、大三、大四学生得分；大四和初二年级差异显著（$p<0.05$），并且大四学生心理健康总分低于初二学生得分。而心理健康总分越高的学生，其心理健康水平越低，由此可知，高二、高三学生心理健康水平显著低于高一、大一、大二、大三、大四学生；大四学生心理健康水平显著高于初二学生。具体情况见表2-9。

就“社会支持”因变量而言，初一和初三、高一、高二、大一、大二、大三年级差异显著（$p<0.05$），并且初一学生社会支持总分显著低于初三、高一、高二、大一、大二、大三学生得分；高一和初二、高三、大四年级差异显著（$p<0.05$），并且高一学生社会支持总分显著高于初二、高三、大四学生得分；大三和初二、高三、大四年级差异显著（$p<0.05$），并且大三学生社会支持总分显著高于初二、高三、大四学生得分。具体情况见表2-9。

就“学业倦怠”因变量而言，学业倦怠在年级上不存在显著差异（$F=1.57$，$p>0.05$），因此无需进行多重比较。具体情况见表2-10。

表2-9 青少年心理健康、社会支持在年级上的差异检验

检验变量		均值（M）	标准差（SD）	F	事后比较
心理健康	初一（A）	161.03	50.65	3.53***	E>D、E>G、E>H、E>I、E>J、F>D、F>G、F>H、F>I、F>J、B>J
	初二（B）	163.38	55.50		
	初三（C）	164.15	70.29		
	高一（D）	150.29	50.85		
	高二（E）	177.05	60.78		
	高三（F）	172.40	59.34		
	大一（G）	150.96	58.29		
	大二（H）	151.17	56.31		
	大三（I）	149.74	57.86		
	大四（J）	146.91	53.73		

续表 2-9

检验变量		均值(*M*)	标准差(*SD*)	*F*	事后比较
社会支持	初一(A)	56.83	14.53	2.89**	G>A、H>A、I>A、C>A、D>A、E>A、D>B、D>F、D>J、I>B、I>F、I>J
	初二(B)	59.59	14.54		
	初三(C)	61.68	13.90		
	高一(D)	63.32	13.05		
	高二(E)	61.66	12.66		
	高三(F)	59.25	14.60		
	大一(G)	62.01	12.82		
	大二(H)	61.24	13.30		
	大三(I)	64.04	12.46		
	大四(J)	59.81	13.79		

表 2-10 青少年学业倦怠在年级上的差异检验

检验变量		均值(*M*)	标准差(*SD*)	*F*	*p*
学业倦怠	初一(A)	40.60	8.59	1.57	0.118
	初二(B)	41.71	9.00		
	初三(C)	43.55	8.28		
	高一(D)	42.50	8.24		
	高二(E)	43.11	9.29		
	高三(F)	43.26	8.02		
	大一(G)	41.56	7.59		
	大二(H)	43.78	7.55		
	大三(I)	42.33	8.34		
	大四(J)	42.77	8.32		

(三)青少年心理健康、学业倦怠、社会支持在生源地上的差异检验

青少年心理健康、学业倦怠、社会支持在不同生源地上的差异比较发

现，青少年学业倦怠在生源地上的t检验达到显著水平（p<0.05），心理健康、社会支持在生源地上未达到显著水平（$p>0.05$），表示不同生源地青少年在学业倦怠上具有显著差异，在心理健康、社会支持上没有显著差异。具体情况见表2-11。

表2-11　青少年心理健康、学业倦怠、社会支持在生源地上的差异检验

检验变量		均值(*M*)	标准差(*SD*)	*t*	*p*
心理健康	城镇	156.78	57.49	0.16	0.873
	农村	156.24	58.05		
学业倦怠	城镇	42.91	8.39	2.45	0.014*
	农村	41.73	8.03		
社会支持	城镇	61.95	13.63	1.86	0.063
	农村	60.48	13.29		

（四）青少年心理健康、学业倦怠、社会支持在独生子女与否上的差异检验

青少年心理健康、学业倦怠、社会支持在独生子女与否上的差异比较发现，青少年独生子女与否变量在心理健康、学业倦怠、社会支持上的*t*检验均未达到显著水平（$p>0.05$），表示独生子女青少年和非独生子女青少年在心理健康、学业倦怠、社会支持上没有显著差异。具体情况见表2-12。

表2-12　青少年心理健康、学业倦怠、社会支持在独生子女与否上的差异检验

检验变量		均值(*M*)	标准差(*SD*)	*t*	*p*
心理健康	独生子女	156.72	60.57	0.07	0.942
	非独生子女	156.47	56.17		
学业倦怠	独生子女	42.91	8.07	1.52	0.128
	非独生子女	42.15	8.35		
社会支持	独生子女	61.44	13.41	0.20	0.839
	非独生子女	61.27	13.55		

(五)青少年心理健康、学业倦怠、社会支持在父母文化程度上的差异检验

以父母文化程度为自变量,青少年心理健康、学业倦怠、社会支持为因变量,进行单因素方差分析,结果发现:青少年心理健康、学业倦怠均未达到显著水平(p>0.05),表示父母文化程度不同的青少年在心理健康、学业倦怠上不存在显著差异,因此无需进行多重比较(见表2-13)。青少年社会支持达到显著水平(p<0.001),表示父母文化程度不同的青少年在社会支持上存在显著差异,进一步进行多重比较发现,就"社会支持"因变量而言,父母文化程度为高中或中专和父母文化程度为初中及以下、大专或本科差异显著(p<0.05),并且父母文化程度为高中或中专的青少年,社会支持得分显著高于父母文化程度为初中及以下、大专或本科的青少年得分。具体情况见表2-14。

表2-13 青少年心理健康、学业倦怠在父母文化程度上的差异检验

检验变量		均值(M)	标准差(SD)	F	p
心理健康	初中及以下	157.79	57.10	0.99	0.396
	高中或中专	153.41	56.09		
	大专或本科	158.68	61.23		
	硕士及以上	172.67	72.88		
学业倦怠	初中及以下	42.28	8.23	0.11	0.956
	高中或中专	42.58	8.43		
	大专或本科	42.43	7.96		
	硕士及以上	42.27	9.23		

表2-14 青少年社会支持在父母文化程度上的差异检验

检验变量		均值(M)	标准差(SD)	F	多重比较
社会支持	初中及以下(A)	59.74	13.21	6.02***	B>A、B>C
	高中或中专(B)	63.32	13.13		
	大专或本科(C)	61.06	14.50		
	硕士及以上(D)	64.87	12.69		

(六)青少年心理健康、学业倦怠、社会支持在父母教养方式上的差异检验

以父母教养方式为自变量,心理健康、学业倦怠、社会支持为因变量进行单因素方差分析,结果发现:青少年心理健康、学业倦怠、社会支持在父母教养方式上存在显著差异(见表2-15),然后进行多重比较显示:

就"心理健康"因变量而言,权威(或民主)型和专断型、放任型、忽视型差异显著($p<0.05$),并且父母教养方式为权威(或民主)型的青少年心理健康得分显著低于父母教养方式为专断型、放任型、忽视型的青少年得分。

就"学业倦怠"因变量而言,权威(或民主)型和专断型、放任型、忽视型差异显著($p<0.01$),并且父母教养方式为权威(或民主)型的青少年学业倦怠得分显著低于父母教养方式为专断型、放任型、忽视型的青少年得分;放任型和专断型、忽视型差异显著($p<0.01$),并且父母教养方式为放任型的青少年学业倦怠得分显著低于父母教养方式为专断型、忽视型的青少年得分。

就"社会支持"因变量而言,权威(或民主)型和专断型、放任型、忽视型差异显著($p<0.01$),并且父母教养方式为权威(或民主)型的青少年社会支持得分显著高于父母教养方式为专断型、放任型、忽视型的青少年得分;忽视型和专断型、放任型差异显著($p<0.05$),并且父母教养方式为忽视型的青少年社会支持得分显著低于父母教养方式为专断型、放任型的青少年得分。

表2-15 青少年心理健康、学业倦怠、社会支持在父母教养方式上的差异检验

检验变量		均值(M)	标准差(SD)	F	多重比较
心理健康	权威(或民主)型(A)	151.34	55.43	6.73***	B>A、C>A、D>A
	专断型(B)	169.66	59.06		
	放任型(C)	160.19	60.18		
	忽视型(D)	182.90	66.39		

续表 2-15

检验变量		均值(*M*)	标准差(*SD*)	*F*	多重比较
学业倦怠	权威(或民主)型(A)	41.32	8.34	16.23***	B>A、C>A、D>A、B>C、D>C
	专断型(B)	45.38	7.56		
	放任型(C)	42.99	7.94		
	忽视型(D)	48.55	6.22		
社会支持	权威(或民主)型(A)	62.72	13.78	8.40***	A>B、A>B、A>D、B>D、C>D
	专断型(B)	59.58	12.72		
	放任型(C)	59.43	12.58		
	忽视型(D)	52.45	14.72		

三、讨论

(一)青少年心理健康在人口学变量上的差异

心理健康在人口统计学变量上的差异分析结果表明:青少年心理健康在性别、生源地、独生子女与否、父母文化程度上差异不显著,这一研究结果与以往研究并不完全一致(Glozah & Pevalin,2016;戴贤伟,2017;辛自强,张梅,何琳,2012),例如韩佳红(2016)在研究青少年心理健康时发现,青少年心理健康在性别上差异显著,男生心理健康问题多于女生。出现这一结果一方面可能是因为社会、学校、家庭对青少年心理健康问题的重视,以及"男女平等"思想的推进,使得心理健康水平的高低不受性别、生源地等因素的影响,显示出社会的进步性。另一方面也可能是因为本研究只考虑了心理健康的整体情况,缺乏对各因子在人口统计学上的差异分析,不排除各因子在人口学变量上存在差异。青少年心理健康在年级上差异显著,进一步分析可知,高二、高三学生的心理健康总分显著高于其他年级学生得分;大四学生心理健康总分低于其他年级得分。而心理健康总分越高的学生,其心理健康水平越低,这表明高二、高三学生心理健康水平较低;大四学生心理健康水平较好。有研究认为,在个体发展环境系统中,学校是一个重要的微观系统,是学生直接接触的环境系统,它对个体发展具有过滤器功能(辛自强,张梅,何琳,2012)。虽然中学与大学一样是个体成长的微观系统,但由于大学的基础设施、学校环境、教育质量、心理健康教育工作的重视等方面远优于中学,所以大学环境这一微观系统较中学对青少年心理健康更具保护作用,大学各年级学生心理健康水平都好于中学生。另外,大多高校开展心理健康教育活动都是针对大一大二学生开展的,然而,这些辅导工作的成效往往会在学生处在较高年级时“延时”体现出来,这可能也是大四学生心理健康水平优于其他年级学生的原因之一。青少年心理健康在父母教养方式上差异显著,进一步分析可知,权威(或民主)型和专断型、放任型、忽视型教养方式差异显著,父母教养方式为权威(或民主)型的青少年心理健康得分显著低于父母教养方式为专断型、放任型、忽视型的青少年得分,这表明父母教养方式为权威(或民主)型的青少年,其心理健康水平较好。诸多研究表明,家庭教养方式对青少年心理健康影响显著(蒋小娟,赵利云,程灶火,刘新民,杨碧秀,2013;刘建榕,刘金花,2000),积极教养方式对心理健康具有保护作用,消极教养方式损害心理健康。权威(或民主)型的父母能给青少年自由发展的空间,给予青少年足够的尊重和信任,并能与他们沟通,交流各自的看法,也为他们的发展提出建议,理性地指导他们成长,有利于青少年“自我同一性”的发展,从而促进青少年心理健康。

(二)青少年学业倦怠在人口学变量上的差异

学业倦怠在人口统计学变量上的差异分析结果表明:青少年学业倦怠在性别、年级、独生子女与否、父母文化程度上差异不显著。青少年学业倦怠的生源地差异显著,城镇学生学业倦怠程度明显高于农村学生,这与李洁红(2018)的研究结果较为一致。可能是因为城镇学生处在城市快速发展的大背景之中,极易受“优胜劣汰”思想的影响,学习竞争激烈,所面对的压力源也较多,从而较农村学生更容易产生学业倦怠问题。学业倦怠在父母教养方式上差异显著,权威(或民主)型和专断型、放任型、忽视型差异显著,并且父母教养方式为权威(或民主)型的青少年学业倦怠得分显著低于父母教养方式为放任型、专断型、忽视型的青少年得分;放任型和专断型、忽视型差异显著,并且父母教养方式为放任型的青少年学业倦怠得分显著低于父母教养方式为专断型、忽视型的青少年得分。有研究表明,青少年父母教养方式与学业倦怠相关显著(罗云,陈爱红,王振宏,2016)。问题行为理论认为,个体知觉到的环境系统会对其行为产生非常大的影响(Jessor & Jesso,1987),父母作为青少年成长过程中的重要他人,是影响青少年行为环境系统的重要组成部分。积极、温柔、和谐的教养方式会促使青少年更加积极的自我成长,对学习有较高热忱,学业压力与课程任务均呈现良好的一面,从而减少了学业倦怠情绪。

(三)青少年社会支持在人口学变量上的差异

社会支持在人口统计学变量上的差异分析结果表明:青少年社会支持在性别上差异显著,女生社会支持得分显著高于男生,这与肖雯、侯金芹(2017)的研究结果一致。产生这一结果可能是因为,受中国传统儒家思想的影响,人们大多鼓励男生刚强坚韧,对女生则赋予文雅娴静的期望,这使得在性格及行为表现上,男生乐于自我表现、主导支配,而女生更多的是顺从、易于求助。相对于男生,女生作为社会的一个弱势群体,更容易从外界获取帮助和支持;而女生在感情上又比较敏感和丰富,这也使她们更能给予他人支持。而父母、老师等对男生的角色定位往往是坚强、独立、内敛等,当遇到困难时,外界更多的是期望男生通过自己的努力去克服困难,而不是寻求他人的帮助。青少年社会支持在年级上差异显著,初一和其他年级差异显著,并且初一学生社会支持总分显著低于其他年级学生得分,这与以往研究结果并不完全一致,以往研究大多认为初一学生社会支持得分显著高于其他年级学生得分(黄小敏,2018;曹光海,赵洁,2017)。这可能是由于本研究在施测时正处在初一学生刚入学阶段,他们刚刚从小学进入中学,对周围同学、老师还较为陌生,而中学课程与小学又有很大差别,在学习中遇到困难会感到束手无策,这使得其社会支持水平较低。大三和大四年级差异显著,并且大三学生社会支持总分显著高于大四学生得分,这与李少欣(2018)研究结果较为一致。究其原因可能是因为大四学生处在考研、求职阶段,往往会遇到较之前更为难以解决的问题和考验,可能会更多感受不被理解、不被尊重的消极情感体验,因此相较于大三学生的社会支持水平较低。社会支持在生源地、独生子女与否上差异不显著。社会支持在父母文化程度上的差异显著,父母文化程度为高中或中专的青少年,社会支持得分显著高于父母文化程度为初中及以下、大专或本科的青少年得分。在父母教养方式上差异显著,父母教养方式为权威(或民主)型的青少年社会支持得分显著高于其他青少年得分;并且父母教养方式为忽视型的青少年社会支持得分显著低于其他青少年得分。这与以往研究一致。可能是因为父母教养方式为权威(或民主)型青少年无论在精神层面上还是物质层面上,在家庭中都会得到较多的关爱、尊重和帮助,得到较多的社会支持。而教养方式为忽视型的家长对青少年的成长缺乏关注,在青少年面对困难时不能及时伸出援手给予帮助,使青少年产生不被重视的消极情绪,感知较少的社会支持。

四、小结

通过上面的数据分析,得出以下几个结论:

(1)青少年心理健康在年级、父母教养方式上存在显著差异,其中高二学生心理健康问题最为严重,大四学生心理健康状况较好;

(2)青少年在学业倦怠、生源地、父母教养方式上差异显著,其中城镇学生学业倦怠显著高于农村学生,父母教养方式为权威(或民主)型的青少年学业倦怠得分显著低于父母教养方式为放任型、专断型、忽视型的青少年得分;

(3)青少年社会支持在性别、年级、父母文化程度、父母教养方式上存在显著差异。

第三章 青少年学业倦怠、社会支持、手机依赖和心理健康之间的关系

第一节 青少年学业倦怠、社会支持、手机依赖和心理健康之间的关系以及作用机制

一、引言

心理健康是影响青少年完成学业、适应社会、人格发展的重要因素。在激烈社会竞争的影响下，青少年往往要面对来自学业、父母、人际等多方面压力的挑战，但由于青少年正处在身心发展逐渐走向成熟的阶段，缺乏为人处世的经验，在日常学习与人际相处中极易产生心理健康问题。心理健康的二因素模型认为，个体心理健康受两方面因素的影响，即消极影响因素（如抑郁、倦怠等）的减弱或消失和积极影响因素（如社会支持、主观幸福感等）的增强，关注青少年心理健康问题应该从消极因素和积极因素共同入手。

有研究表明，学业倦怠是衡量青少年心理健康的重要指标之一，青少年对学习的倦怠情绪会引发抑郁、焦躁、烦闷等心理问题，并容易产生不良行为反应（朱政光，张大均，吴佳禾，刘广增，张李斌，2018）。Ríos 等人（2016）的研究表明，学业倦怠与心理健康关系密切，随着学业倦怠水平的提高，青少年心理症状显著增多，而拥有较高心理健康水平的青少年，他们在学习中能够保持健康积极的学习心理，从而促进学习效率的提高和学业倦怠水平的降低。通过文献梳理发现，以往研究大多关注学业倦怠与心理健康两变量间的相关关系（Lin & Huang，2014；李茂平，2015），缺乏关于其他因素（如社会支持、手机依赖等)在学业倦怠影响心理健康过程的内在作用机制的研究。

社会支持是个体生活有需要时,他人提供的如情感、物质等资源支持,这种资源支持可以帮助个体应对生活中的危机与挑战,缓冲压力事件对心理健康的消极影响,保护个体心理健康(李燕平,马玉娜,文思君,高雅娟,2019)。社会支持在缓解心理焦虑、减少负面情绪、增进身心健康等方面发挥积极作用。社会支持与学业倦怠、心理健康关系密切,学业倦怠可能会通过影响社会支持,进而影响青少年心理健康。由此,本研究将社会支持作为中介变量,探讨社会支持在学业倦怠影响心理健康中是否发挥中介作用。

虽然学业倦怠可能会通过社会支持影响心理健康,但这种影响在不同个体身上所发挥的作用可能不同。青少年在生理上正处于发育期和活跃期,心理上好奇心强,行为上控制力相对较弱,容易产生手机依赖问题(Bhise,Ghatule,& Ghatule,2014;贺金波,陈昌润,鲍远纯,雷玉菊,2012)。研究结果也表明,青少年群体中存在一定的手机依赖问题,有21.2%的青少年为手机依赖者,低效性和逃避性维度得分较高的人数较多。个体的手机依赖程度不仅直接影响其心理健康状况,而且可能与其他因素交互作用共同影响其心理健康。青少年手机依赖程度因人而异,手机依赖的高低可能会在学业倦怠与心理健康之间发挥不同的作用。有研究认为,大量使用手机的人不会那么孤独,会更多的与他人联系,社会支持水平较高,从而利于改善个体的心理健康(Kim,Seo,& David,2015)。本研究将手机依赖作为调节变量,考查手机依赖对“学业倦怠→社会支持→心理健康”这一中介路径的调节作用,有助于揭示学业倦怠影响心理健康环境机制的个体差异。

二、研究目的和假设

(一)研究目的

目前关于学业倦怠、社会支持、手机依赖和心理健康的实证研究,或仅是单一变量的现状及其在人口学变量上的差异研究,或局限于某两个变量间直接关系的分析研究,缺乏对变量间作用机制的进一步探讨。鉴于已有研究分别表明学业倦怠、社会支持、手机依赖与心理健康关系密切,根据生态系统理论、缓冲效应模型、"失补偿"假说等理论研究,有必要把四个变量联系起来进行研究。本研究以社会支持和手机依赖为切入点,试图通过引入中介变量和调节变量更加清晰地考查变量间的关系,深入探讨社会支持和手机依赖在学业倦怠与心理健康之间的作用机制。

(二)研究假设

本研究的假设模型图见图 3-1。

H1:社会支持在学业倦怠与心理健康之间发挥中介作用。

H2:手机依赖在"学业倦怠→社会支持→心理健康"这一中介路径中发挥调节作用。

图 3-1 研究假设模型图

三、研究方法

(一)研究对象

同第二章。

(二)研究工具

同第二章。

(三)数据处理方式

运用 SPSS20.0 进行数据整理及处理,统计学分析采用相关分析、回归分析等。

四、结果

(一)青少年学业倦怠、社会支持、手机依赖、心理健康的相关矩阵

相关分析表明,在青少年学业倦怠、社会支持、手机依赖、心理健康四个变量两两之间的相关中,除了社会支持和手机依赖之间的相关不显著外(p>0.05),其他变量两两之间均相关显著(p<0.001,见表3-1)。该相关分析结果符合调节效应检验的条件,因此适合进一步做有调节的中介效应分析。

表3-1 青少年学业倦怠、社会支持、手机依赖、心理健康的相关矩阵

变量	*M*	*SD*	1	2	3	4	5	6
1. 性别	0.49	0.50	1					
2. 年级	4.76	2.98	0.04	1				
3. 学业倦怠	42.41	8.26	-0.03	0.03	1			
4. 心理健康	156.55	57.70	-0.01	0.12***	0.45***	1		
5. 社会支持	61.33	13.50	0.13***	-0.03	-0.21***	-0.27***	1	
6. 手机依赖	43.76	12.85	-0.09**	-0.11***	0.41***	0.38***	-0.04	1

注:*M* 为平均数,*SD* 为标准差。性别为虚拟变量,男生=0,女生=1,下同。

(二)有调节的中介模型检验

以学业倦怠(X)为自变量,心理健康(Y)为因变量,社会支持(W)为中介变量,手机依赖(U)为调节变量,建立有调节的中介模型(见图3-1)。按照温忠麟等(2014)建议方法,首先对学业倦怠、心理健康、社会支持、手机依赖得分做标准化处理,然后将手机依赖与学业倦怠相乘(UX),社会支持与手机依赖相乘(UW),分别作为交互作用的分数。为了检验学业倦怠对心理健康的直接效应是否受到手机依赖的调节,在做中介效应分析之前,需要先建立方程1:$Y=c_0+c_1X+c_2U+c_3UX+e_1$,检验系数 c_1、c_3是否显著。结果表明,在控制了性别和年级后,学业倦怠对心理健康的影响显著($c_1=0.34$, $p<0.001$);手机依赖对心理健康的影响显著($c_2=0.25$, $p<0.001$),手机依赖

与学业倦怠的交互作用项(UX)对心理健康的影响显著($c_3=0.07,p<0.01$),说明学业倦怠与心理健康的直接效应受到了手机依赖的调节。然后,建立有调节的中介模型,检验方程 $W=a_0+a_1X+a_2U+a_3UX+e_2$(方程 2)和 $Y=c'_0+c'_1X+c'_2U+c'_3UX+b_1W+b_2UW+e_3$(方程 3)。方程 2 检验结果表明,学业倦怠对社会支持的影响极其显著($a_1=-0.23,p<0.001$),手机依赖对社会支持的影响显著($a_2=0.07,p<0.05$),手机依赖与学业倦怠的交互作用项对社会支持的影响不显著($a_3=-0.02,p>0.05$),即社会支持中介作用的前半路径没有受到手机依赖的调节。方程 3 的检验结果表明,学业倦怠对心理健康的影响显著($c'_1=0.29,p<0.001$);手机依赖对心理健康的影响显著($c'_2=0.26,p<0.001$);手机依赖和学业倦怠的交互作用项(UX)对心理健康影响显著($c'_3=0.05,p<0.05$);社会支持对心理健康的影响显著($b_1=-0.20,p<0.001$),加入社会支持后,学业倦怠对心理健康的影响依然显著,但是回归系数降低($\beta=0.34$ 降低为 $\beta=0.29$),说明社会支持在学业倦怠与心理健康之间起部分中介作用,中介效应占总效应的比例为 13.53%;手机依赖和社会支持的交互作用项对心理健康的影响显著($b_2=-0.07,p<0.01$),说明手机依赖在中介路径的后半段起着调节作用(见表 3-2)。

表 3-2　学业倦怠、社会支持、手机依赖与心理健康间的回归分析

变量	方程 1 (效标:心理健康)		方程 2 (效标:社会支持)		方程 3 (效标:心理健康)	
	β	t	β	t	β	t
性别	0.02	0.72	0.13	4.60***	0.04	1.68
年级	0.13	5.10***	-0.02	-0.69	0.12	5.03***
学业倦怠	0.34	12.28***	-0.23	-7.44***	0.29	10.64***
手机依赖	0.25	9.08***	0.07	2.27*	0.26	9.75***
手机依赖×学业倦怠	0.07	2.94**	-0.02	-0.54	0.05	2.14*
社会支持					-0.20	-7.97***

续表 3-2

变量	方程 1（效标：心理健康）		方程 2（效标：社会支持）		方程 3（效标：心理健康）	
	β	t	β	t	β	t
社会支持×手机依赖					-0.07	-2.98**
R^2	0.27		0.06		0.31	
F	86.32***		15.99***		95.20***	

综合以上结果，学业倦怠、社会支持、手机依赖、心理健康四个变量之间构成了一个有调节的中介模型，手机依赖既调节了学业倦怠与心理健康的直接效应，又调节了中介路径的后半段路径。为了进一步揭示调节作用的实质，将被试分组，高于平均数一个标准差为高手机依赖组，低于平均数一个标准差为低手机依赖组。

首先，考查手机依赖对学业倦怠与心理健康直接效应的调节作用，相应的简单效应分析见图 3-2。简单效应分析均采用标准化回归系数，检验发现，对于高手机依赖的青少年来说，随着学业倦怠水平的提高，青少年心理健康症状极其显著增多（$\beta=0.36$，$t=8.06$，$p<0.001$）；对低手机依赖的青少年来说，随着学业倦怠水平的提高，青少年心理健康症状依然增多，但是速度变缓（$\beta=0.25$，$t=5.46$，$p<0.001$；$\beta=0.36$ 减弱为 $\beta=0.25$）。

其次，考查在不同程度手机依赖水平上社会支持对心理健康的影响，相应的简单效应分析见图 3-3。检验发现，对高手机依赖的青少年来说，随着社会支持水平的提高，青少年心理健康症状极其显著降低（$\beta=-0.27$，$t=-5.87$，$p<0.001$）；对低手机依赖的青少年来说，随着社会支持水平的提高，青少年心理健康症状依然降低，但是降低速度变缓（$\beta=-0.13$，$t=-2.84$，$p<0.01$；$\beta=-0.27$ 减弱为 $\beta=-0.13$）。

图 3-2 手机依赖对学业倦怠与心理健康直接效应的调节作用

图 3-3 手机依赖对社会支持与心理健康之间关系的调节作用

五、讨论

(一)变量间的相关性

相关分析表明,在青少年学业倦怠、社会支持、手机依赖、心理健康四个变量两两之间的相关中,除了社会支持和手机依赖之间的相关不显著外,其他变量两两之间均相关显著。变量间关系的分析结果与已有研究结果不完全一致(马雪梅,范斌,2019;孙玮玮,胡瑜,2018),以往有研究认为社会支持与手机依赖呈显著负相关关系(郭英,何相材,2017;姜永志,白晓丽,2014),而本研究认为社会支持与手机依赖相关不显著,即社会支持水平的高低与个体手机依赖程度无关。这可能是由于随着网络的发展、手机功能的丰富,手机在生活的方方面面都给青少年带来便捷,青少年使用手机不再单单是进行人际交流,获得社会支持,而是通过手机进行如娱乐、学习、购物等活动,从而丰富了自己的生活。

变量间关系的分析结果符合温忠麟等(2012;2014)关于有调节的中介模型的条件,说明本研究以学业倦怠为自变量,心理健康为因变量,社会支持为中介变量,手机依赖为调节变量,通过构建一个有调节的中介模型,检验四个变量之间的关系和内在作用机制既是合理的,也是可行的。

(二)有调节的中介模型

1. 社会支持的中介作用

研究结果与假设一致,本研究发现社会支持在学业倦怠与心理健康之间具有中介效应。即学业倦怠不仅对心理健康有直接影响,也通过社会支持对其产生间接影响。具体来说,学业倦怠作为个体的一种消极学习心理,学业倦怠问题的增多会使个体自信心、成就感以及自我效能感降低(王建坤,陈剑,郝秀娟,张平,2018),既直接阻碍个体心理健康发展,也会通过抑制积极心理资源,使其感知的外界支持减少,也不能很好地给予他人支持,从而降低个体心理健康水平。社会支持的中介作用在许多研究中都得到证实(Dehghani,2018;Zeidner & Matthews,2016;肖雯,侯金芹,2017),如社会支持在学业倦怠与生活满意度之间发挥中介作用(王建坤,陈剑,郝秀娟,张平,2018)。阶段环境匹配理论指出,青少年的发展需要与他们所处的社会环境所提供的机会匹配时，有利于其积极心理的发展(Eccles et al.,1993;张永欣，周宗奎，丁倩，魏华，2018)。根据自我决定理论(Self-Determination Theory,SDT)的观点，支持性的人际环境能够满足青少年的安全感、亲密关系、归属感等心理需求；而破坏性的人际环境使青少年的心理需求受到阻碍(Ryan & Deci,2000)，从而可能产生消极情绪或不良行为(张永欣，周宗奎，丁倩，魏华，2018)。社会支持是个人成长环境中的一部分，属于情境系统，良好的社会支持可以在一定程度上反映个体与各微观系统之间的和谐关系，必然会促进个体认知的发展、个性的形成以及良好的社会适应，由此提升个体的心理健康(张大均，朱政光，刘广增，李阳，2019)。可见，社会支持在学业倦怠和心理健康之间起着桥梁作用，能够减少心理健康症状的出现。本研究中社会支持的中介作用显著说明个体心理健康水平的高低不仅与青少年个人(如学业倦怠)有关，也与外部环境(如社会支持)的影响有关，这与个体—环境交互作用理论吻合。

2. 手机依赖的调节作用

本研究构建了一个有调节的中介模型，对手机依赖在学业倦怠与社会支持及心理健康之间关系中的调节作用进行了考查。结果发现，手机依赖既能调节学业倦怠影响心理健康的直接效应，也能够对“学业倦怠→社会支持→心理健康”这一中介链条起调节作用。一方面，对于高手机依赖的青少年来说，随着学业倦怠水平的提高，青少年心理健康症状极其显著增多；对低手机依赖的青少年来说，随着学业倦怠水平的提高，青少年心理健康症状依然增多，但是增加速度变缓。根据图式的成瘾理论和内隐认知理论可知，成瘾是一种自发的、无意识的、无法控制的、难以中断的潜在认知行为(Stacy & Wiers,2010;Tiffany & Conklin,2000)，因此，手机依赖者更容易注意到与手机、网络相关的信息，并且这种认知加工过程会趋于无意识化，导致个体难以集中注意力，难以避开这些干扰刺激(Kalivas & Volkow,2005)，从而可能会影响学习效率，导致学业倦怠问题出现(刘思佳，金灿灿，2018)。相较于低手机依赖的青少年来说，高手机依赖的青少年更难以将注意力集中在学习上，容易产生学业倦怠，在倦怠这一消极情绪的影响下，对学习成绩的提高感到“有心无力”，从而使其心理健康受到极大影响。

另一方面，手机依赖显著调节中介路径的后半段，与低手机依赖个体相比,社会支持更容易对高手机依赖个体的心理健康产生积极影响。这一研究结果与以往研究并不相符,以往研究大多认为手机依赖给个体生理、心理带来极大的负面影响(Walsh,White & Cox,2011;姜永志,白晓丽,2014),手机依赖会导致个体心理和社会功能受损。但在本研究中高手机依赖没有减弱反而增强了社会支持对青少年心理健康的影响。这可能是因为虽然学业倦怠程度较低的青少年在日常生活中往往能更多的获得并感受到来自外界的支持,从而更加积极地面对生活,促进个体的心理健康。但是本次选取的研究对象大多是寄宿式学校的学生,他们独自求学在外,与家人、朋友相隔甚远,他们往往难以在日常生活中获得足够的社会支持(刘文俐,蔡太生,2015)。而在手机时代,青少年可以更多地借助手机这一工具,通过微信、QQ、微博等网络社交平台感受来自同伴、家人的支持,增强积极情感,从而使获得的社会支持更好地发挥作用,促进个人心理健康的良好发展。社会支持一直是个体对生活是否满意和健康与否的关键,但获得社会支持的方式正随着新通讯工具的发展而变化(Oh,Ozkaya,& Larose,2014)。众多研究均显示,手机增加了人与人之间交流的频率,并为扩大人际关系提供了机会,手机已经成为青少年不可或缺的交流工具,在他们日常生活、学习和交往中扮演着愈发重要的角色(Bakker & Rickard,2018;Toda et al.,2006;张凌瑞等,2018)。手机依赖的利弊正随着时代的变化而变化,我们应该合理看待手机使用和依赖问题,积极发挥手机对青少年生活及个人发展的促进作用。

六、小结

通过上面的数据分析,获得以下几点结论。

(1)青少年学业倦怠、手机依赖与心理健康呈显著负相关,社会支持与心理健康呈显著正相关,学业倦怠与社会支持呈显著负相关,学业倦怠与手机依赖呈显著正相关,社会支持与手机依赖之间的相关不显著;

(2)青少年社会支持在学业倦怠与心理健康之间发挥部分中介作用,中介效应占总效应的比例为13.53%;

(3)一方面,手机依赖调节了学业倦怠影响心理健康的直接效应,与低手机依赖的青少年相比,学业倦怠对青少年心理健康的影响在手机依赖水平高的个体中更加显著。另一方面,手机依赖调节了学业倦怠通过社会支持影响心理健康的中介过程的后半段路径，与低手机依赖个体相比，社会支持更容易对高手机依赖个体的心理健康产生积极影响。

第二节　学业倦怠、社会支持和心理健康之间的交叉滞后分析

一、引言

在上一节的横向数据分析中，以学业倦怠为自变量，社会支持为中介变量，手机依赖为调节变量，心理健康为因变量，构建并检验了一个有调节的中介模型，研究结果虽然证实了学业倦怠与心理健康之间的内在作用机制，但仅仅是从横断研究层面进行探讨，并不能准确得出变量间的因果关系。

有研究表明，学业倦怠得分高的个体比学业倦怠得分低的个体报告出更多的抑郁症状和睡眠障碍，学业倦怠对心理健康的预测作用显著（Gerber et al.，2015），本研究也可得出，学业倦怠与心理健康、社会支持与心理健康、手机依赖与心理健康、学业倦怠与社会支持、学业倦怠和手机依赖之间关系密切。通过文献梳理发现，迄今为止，现有学业倦怠、社会支持、手机依赖、心理健康之间关系的研究几乎均属于横向研究，缺乏纵向研究设计。

综上所述，本研究基于横向研究的结果，采用交叉滞后设计，重点考察学业倦怠与心理健康、社会支持与心理健康、学业倦怠与社会支持之间的准因果关系，进一步支持并验证横向研究中变量间的关系及作用机制。

二、研究目的与假设

（一）研究目的

目前关于青少年学业倦怠、社会支持、心理健康之间关系的研究大多局限于在横向研究中探寻变量间的相关关系和作用机制，不能准确把握变量间的准因果关系。因此，为弥补以往研究的不足，本研究采用交叉滞后设计，考查变量间蕴含的某些准因果关系。

（二）研究假设

H1：在控制了前测的心理健康后，前测的学业倦怠能显著预测后测的心

理健康。

H2:在控制了前测的心理健康后,前测的社会支持能显著预测后测的心理健康。

H3:在控制了前测的社会支持后,前测的学业倦怠能显著预测后测的社会支持。

三、研究方法

(一)研究对象

采用方便取样法抽取被试进行追踪研究,研究测查分两次进行,中间间隔六个月,第一次施测在 2017 年 10 月中旬,第二次施测在 2018 年 4 月下旬。前测及后测均测查被试的学业倦怠、社会支持、心理健康,随后将前测后测问卷对照,剔除问卷中有缺失值、不认真作答,以及只有前测数据或只有后测数据的被试,最终回收有效问卷 602 份,其中,大学生问卷 243 份,中学生问卷 359 份,平均年龄 17.07±3.07 岁。

(二)研究工具

本研究采用的量表与上节一致。在前后两次测量中,青少年学习倦怠量表的 Cronbach's α 系数分别为 0.75、0.66;社会支持问卷的 Cronbach's α 系数分别为 0.92、0.95;心理症状自评量表的 Cronbach's α 系数均为 0.98。

(三)数据处理

调查所得数据均在 SPSS20.0 上进行录入和统计分析,具体分析思路如下:①采用 Pearson 相关分析探讨前后测学业倦怠、社会支持、心理健康之间的相关关系;②采用交叉滞后回归分析考查变量之间的准因果关系。

四、研究结果

(一)共同方法偏差控制与检验

本研究在测量过程中采用不记名方法,一些条目使用反向计分方式等进行控制。在收集数据之后,采用 Harman 单因子检验法对共同方法偏差进行检验(周浩,龙立荣,2004)。结果显示,在前后两次测量中分别有 25、21

个因子的特征根大于1，前测第一个因子解释了27.67%（<40%）的变异量，后测第一个因子解释了31.47%（<40%）的变异量，说明共同方法偏差不会对研究结果造成显著影响。

（二）前后测青少年学业倦怠、社会支持、心理健康的相关矩阵

表3-3 前后测青少年学业倦怠、社会支持、心理健康的相关矩阵

变量	1	2	3	4	5	6
1. 学业倦怠 T1	1					
2. 社会支持 T1	-0.22***	1				
3. 心理健康 T1	0.43***	-0.28***	1			
4. 学业倦怠 T2	0.41***	-0.19***	0.28***	1		
5. 社会支持 T2	-0.18***	0.43***	-0.19***	-0.20***	1	
6. 心理健康 T2	0.30***	-0.21***	0.51***	0.51***	-0.26***	1

注：T1代表前测，T2代表后测，下同。

（三）青少年学业倦怠、社会支持、心理健康的交叉滞后回归分析

1. 青少年学业倦怠与心理健康的交叉滞后回归分析

由相关分析可知，前测学业倦怠与后测学业倦怠相关显著（$p<0.001$），前测心理健康与后测心理健康相关显著（$p<0.001$），前测学业倦怠与心理健康以及后测学业倦怠与心理健康之间均相关显著（$p<0.001$），这表明前后测的稳定性相关和同步性相关一致，适合进一步做交叉滞后回归分析。

采用Enter法进行二元回归分析，并在图3-4中用两条交叉斜线表示，交叉斜线上的数据为标准化偏回归系数β（下同）。结果表明，在前测心理健康的影响被控制之后，前测的学业倦怠能显著预测后测的心理健康（$\triangle R^2=0.27, \beta=0.11, p<0.01$）；控制了前测的学业倦怠后，前测的心理健康也能显著预测后测的学业倦怠（$\triangle R^2=0.18, \beta=0.13, p<0.01$）。

图 3–4　青少年学业倦怠与心理健康的交叉滞后回归分析图

2. 青少年社会支持与心理健康的交叉滞后回归分析

由相关分析可知，前测社会支持与后测社会支持相关显著（$p<0.001$），前测心理健康与后测心理健康相关显著（$p<0.001$），前测社会支持与心理健康以及后测社会支持与心理健康之间均相关显著（$p<0.001$），这表明前后测的同步性相关和稳定性相关一致，适合进一步做交叉滞后回归分析。

在前测心理健康的影响被控制之后，前测社会支持对后测心理健康的预测作用达到边缘显著（$\triangle R^2=0.26$，$\beta=-0.07$，$p=0.05<0.1$）；在控制了前测的社会支持后，前测的心理健康对后测社会支持的预测作用显著（$\triangle R^2=0.19$，$\beta=-0.08$，$p<0.05$）（见图 3–5）。

图 3–5　青少年社会支持与心理健康的交叉滞后回归分析图

3. 青少年学业倦怠与社会支持的交叉滞后回归分析

由相关分析可知,前测学业倦怠与后测学业倦怠相关显著($p<0.001$),前测社会支持与后测社会支持相关显著($p<0.001$),前测学业倦怠与社会支持以及后测学业倦怠与社会支持之间均相关显著($p<0.01$),这表明前后测的同步性相关和稳定性相关一致,适合进一步做交叉滞后回归分析。

在控制了前测的社会支持后,前测的学业倦怠对后测社会支持的预测作用显著($\triangle R^2=0.19, \beta=-0.09, p<0.05$);在前测学业倦怠的影响被控制之后,前测的社会支持能显著预测后测的学业倦怠($\triangle R^2=0.18, \beta=-0.11, p<0.01$)(见图3-6)。

图3-6 青少年学业倦怠与社会支持的交叉滞后回归分析

五、讨论

(一)青少年学业倦怠与心理健康的关系

相关分析结果表明,学业倦怠和心理健康在6个月的两阶段追踪调查中均表现出一定程度的跨时间的稳定性。两变量的同步性相关一致,学业倦怠得分与心理症状得分呈显著的正相关关系。即个体心理症状随着学业倦怠问题的增多而增多,而心理健康水平的提高也会促进学业倦怠问题的减少,这与以往研究结果一致(Ríos et al.,2016;李茂平,2015)。有学业倦怠问题的青少年往往会对学习抱有消极的玩世不恭的态度,容易产生低效能感以及因学习压力而感到精疲力竭,对成功的期望值减少,导致完成学业的意愿降低,其心理症状也会随之增多(Ríos et al.,2016)。

交叉滞后回归分析的结果表明，在控制了前测心理健康之后，前测学业倦怠与后测心理健康之间进行回归的标准化偏回归系数显著；在控制了前测学业倦怠之后，前测心理健康与后测学业倦怠之间进行回归的标准化偏回归系数显著。有研究者认为，当一个变量对另一个变量进行预测时，若它们的递增效度$\triangle R \geqslant 0.15$即表明预测变量的贡献是有效的（Hunsley & Meyer，2003；惠秋平，何安明，李倩璞，2018）。在本研究中前测学业倦怠预测后测心理健康的标准化偏回归系数$\beta=0.11$，预测效度$\triangle R^2=0.27$（递增效度$\triangle R=0.52>0.15$），这表明学业倦怠可以预测社会支持，另外，前测心理健康预测后测学业倦怠的标准化偏回归系数$\beta=0.13$，预测效度$\triangle R^2=0.18$（递增效度$\triangle R=0.42>0.15$），这表明心理健康也可以预测学业倦怠。因此，青少年学业倦怠与心理健康互为因果，相互预测。青少年课业繁重，在面对因升学压力而伴随着的内外压力时，难免遇到困难或挫折，加之部分青少年学业水平低下，在学习中的动力不足，认为学习只是为家长而学，心理上产生厌学情绪，最终导致了身体、情绪、态度等方面的衰退，产生心理健康问题。而心理健康水平较低的青少年，其心理状态往往较差，消极对待身边的人和物，自信心不高，从而影响对学习的积极态度，学习效率下降，丧失学习目标，对学习产生倦怠情绪。

（二）青少年社会支持与心理健康的关系

相关分析结果表明，社会支持和心理健康在6个月的两阶段追踪调查中均表现出一定程度的跨时间的稳定性。两变量之间的同步性相关一致，社会支持得分与心理症状得分呈显著的负相关关系，这与以往研究结果一致（李相南，李志勇，张丽，2017），即增加对个体的社会支持有益于其心理健康。社会支持与心理健康关系密切，主效应模型认为，无论是否有压力事件的干扰，社会支持都会对心理健康带来积极影响。而有心理困扰和情绪焦虑等问题的青少年往往预示或伴随着太多或太少的睡眠、食欲，或过多的吸烟、饮酒，家人、朋友可能会观察到这种行为的变化，并进行干预，给予较多的关注（Thoits，2011）。

交叉滞后回归分析的结果表明，在控制了前测心理健康之后，前测社会支持与后测心理健康之间进行回归的标准化偏回归系数呈边缘显著

($\beta=-0.07, p=0.05<0.1$)，预测效度$\triangle R^2=0.26$(递增效度$\triangle R=0.51>0.15$)，这表明社会支持可以显著预测心理健康；在控制了前测社会支持之后，前测心理健康与后测社会支持之间进行回归的标准化偏回归系数显著($\beta=-0.08, p<0.05$)，预测效度$\triangle R^2=0.19$(递增效度$\triangle R=0.44>0.15$)，这表明心理健康也可以显著预测社会支持。因此青少年社会支持与心理健康互为因果，相互预测。阶段环境匹配理论指出，青少年的发展需要与他们所处的社会环境所提供的机会相匹配时，有利于其积极心理的发展(Eccles et al.,1993；张永欣，周宗奎，丁倩，魏华，2018)。Hakulinen 等(2016)研究指出，社会支持在社会关系中存在潜能，它可以作为更好的身心健康的预测指标。青少年在完成学业的过程中难免会遇到各种问题和挫折，急需来自家长、朋友、老师的鼓励和帮助，足够的社会支持会在青少年日常生活中发挥积极作用，促进个体认知及社会适应的发展，从而推动个体健康心理的产生。而心理健康较好的青少年，对待生活往往保持乐观的态度，自信心较强，擅于处理人际关系，能很好地感知他人给予的帮助，并能主动帮助他人，进而影响个体的社会支持水平。

(三)青少年学业倦怠与社会支持的关系

相关分析结果表明，学业倦怠和社会支持在6个月的两阶段追踪调查中均表现出一定程度的跨时间的稳定性，这表明青少年可以感知并利用一定的社会支持，但学业倦怠问题依然存在，应引起学校、教师、家长的重视。两变量之间的同步性相关一致，学业倦怠与社会支持呈显著的负相关关系，这与已有研究结果一致(Karimi, Bashirpur, Khabbaz & Hedayati, 2014；陈维，等，2016；于格，任文静，李海君，卢晓灵，2016)，例如顾倩等人(2017)在对高中生群体进行研究时发现，社会支持作为重要的环境因素与青少年学业倦怠关系密切，社会支持及其各维度得分越高，学业倦怠得分越低，良好的社会支持可以降低学生的学业倦怠水平。

交叉滞后回归分析的结果表明，在控制了前测社会支持之后，前测学业倦怠与后测社会支持之间进行回归的标准化偏回归系数显著($\beta=-0.09$, $p<0.05$)，预测效度$\triangle R^2=0.19$(递增效度$\triangle R=0.44>0.15$)，这表明学业倦怠可以显著预测社会支持；在控制了前测学业倦怠之后，前测社会支持与后测学业倦怠之间进行回归的标准化偏回归系数显著($\beta=-0.11, p<0.01$),预测效度$\Delta R^2=0.18$(递增效度$\Delta R=0.42>0.15$),这表明社会支持也可以显著预测学业倦怠。因此,青少年学业倦怠与社会支持互为因果、相互预测。本研究结果再次为社会支持的动态效应模型提供实证支撑,即社会支持与学业倦怠是相互影响、相互作用的。青少年正处于人生发展进步的关键时期,由于其自尊心强、对人对事敏感、渴望被人认可但又惧怕失败等特点(顾倩,程乐森,张婧雅,王娜,2017),在学习成长过程中遭受挫折打击以及感受到较低的社会支持后容易出现情绪困扰及学习问题,产生学业倦怠。而中国父母往往有“望子成龙,望女成凤”的想法,对孩子的期望都普遍较高(方晨晨,2018),在青少年学习中不能做到理解、共情,使得青少年在严重的压力及学业倦怠中出现逆反心理,表现出不愿意和周围人沟通、逃避学习等行为,进一步阻碍其社会支持的发展。

六、小结

通过上述分析,得出以下几点结论。

(1)前测的学业倦怠能显著预测后测的心理健康,前测的心理健康也能显著预测后测的学业倦怠;

(2)前测的社会支持对后测的心理健康的预测作用达到边缘显著,前测的心理健康能显著预测后测的社会支持;

(3)前测的学业倦怠能显著预测后测的社会支持,前测的社会支持也能显著预测后测的学业倦怠。

青少年手机依赖、应对方式、学业倦怠和心理健康之间的关系

第一节　手机依赖对青少年心理健康的影响：一个有调节的中介模型

一、引言

随着社会的发展进步，心理健康问题引起了全社会的重视。“少年强则国强”，青少年是社会中一个重要而特殊的群体，他们的心理健康问题受到了更多关注，但现实情况不容乐观：统计数据显示全世界10%～20%的儿童和青少年患有心理健康问题，心理健康问题占全球疾病负担的很大一部分(Kieling,2011)。心理健康问题不仅会损害青少年自身成长，还会危及其社会发展、生活品质等。因此影响青少年心理健康的因素得到了研究者的关注(高猛,2017；张志龙,2011；姜永志,2014；张镇,2016)，其中成瘾行为被普遍重视。有研究表明，成瘾行为对青少年心理健康的危害显著，如物质成瘾、行为成瘾等(Alavi, Ferdosi, Jannatifard, Eslami, Alaghemandan, & Setare, 2012)。

作为一种新型的成瘾行为，手机依赖对青少年的影响颇深。手机依赖不仅影响青少年的身体健康，导致个体出现失眠、焦虑的症状(Jenaro et al., 2007)，同时也危及着青少年的心理健康。大量研究发现手机依赖能显著预测个体的心理健康状况，具体来说，个体对手机的依赖程度越高，心理症状越明显(惠秋平,石伟,何安明,2017；Panova,2016)。黄乔蓉等人(2014)通过问卷调查的方式研究大学生手机互联网依赖的具体表现，发现网络依赖组大学生的强迫症状明显、人际关系敏感、表现出更多的焦虑、抑郁等消极情绪状态。一方面,青少年自控能力差但好奇心重且追求刺激,手机网络中存在的暴力、低俗信息易对青少年产生侵害,危及身心健康;另一方面,尽管手机网络具有方便性、开放性等特点,但仍会阻碍个体人际交往、归属与自我实现需求的满足,不仅会影响社会适应性行为,还会使青少年体验到更多的消极情绪(贾月亮,安龙,贾月明,2019),造成心理负担。尽管如此,目前我国关于手机依赖影响青少年心理健康内在机制的研究还较少,手机依赖"如何影响青少年心理健康"(中介机制)以及"在何种条件下影响青少年心理健康"(调节机制)还有待进一步深入探究。回顾以往研究发现仅有少量研究考查了社会支持(姜永志,白晓丽,2014)等变量在手机依赖与心理健康之间的中介效应,对其他因素(如学业倦怠等自身风险因素)的中介作用关注不够。此外,探讨个体自身防御因素(如应对方式)调节作用的研究也较少。

成瘾的认知加工模型认为成瘾是一系列自动化的进程,刺激与动作反复关联就会产生固定的图式,这种图式一旦启动,阻止自动化行为可能会非常困难。手机依赖的个体在反复使用手机网络时,构建了刺激-动作的自动化联结,个体的注意力不断地被手机网络上的信息吸引,注意力不集中导致学习成绩下降,出现学业倦怠(Lepp,2014)。学业倦怠是指个体在学习压力下产生的一种负性而持久的心理状态,由情绪衰竭、玩世不恭和个人成就感降低三个维度组成,学业倦怠表现为学习积极性下降、学习满意度降低、健康损害等风险(Jacobs et al.,2003)。有研究表明学业倦怠与学生过度使用手机、手机依赖有关(Rosen et al.,2013;曲星羽,等,2017),手机依赖者对于网络的依赖性越强,越多出现早退、逃课等不良行为,学习效率下降,缺乏学习兴趣,获得更多的学习无意义感与挫败感,从而出现学业倦怠(魏萍,2007;Inaba,2015)。因此,手机依赖可以预测学业倦怠。此外,资源保护模型假设当个体感知到对资源的威胁时,就会产生压力和倦怠(Halbesleben & Buckley,2016),危及身心健康。青少年的心理资源有限,在手机网络上投入过多资源,分配给学业的资源便寥寥无几,容易产生学业倦怠,在此过程中,青少年情绪衰竭,在心理上表现出更多的不健康状态。由此可见,学业倦怠对个体的心理健康具有预测作用。部分实证研究也印证了这一点:研究发现学业倦怠能显著正向预测心理健康，并且学业倦怠越严重，心理健康问题越严重（李永鑫，2008；阙晓华，2010）；国外研究者 Cho 和 Kang（2018）通过研究医护生学业倦怠与心理健康的关系，发现学业倦怠的情绪衰竭维度能够很好地预测心理健康。基于上述分析，可以推测：学业倦怠可能作为个体自身风险因素在手机依赖与青少年的心理健康之间起中介作用。

调节变量可以回答变量关系发生的“条件”和“个性”，这是中介作用所望尘莫及的（陈武，等，2015）。学业倦怠作为近端因子，它的中介作用只能解释手机依赖对青少年心理健康产生影响的路径——手机依赖通过学业倦怠影响青少年的心理健康，但学业倦怠的间接作用也有可能受到其他因素的调节，即对于一些个体而言这种间接效应显著，而对于另一些个体而言这种间接效应不明显。

个体的防御机制具有特异性。应对方式作为个体防御机制的显著代表很有可能起调节作用。应对方式（coping style）也称应付方式，是指为应对内外环境要求和相关情绪困扰，人们采取的方式、技巧或计策（梁宝勇，等，1999），包括积极应对方式和消极应对方式。心理健康的素质－应激模型（Monroe & Simons，1991）指出个体面对压力事件和负面体验所选择的应对方法具有差异性，产生的影响及程度也不同。如果将手机依赖、学业倦怠视为压力事件，不同个体选择的应对方式不同，那么心理健康程度可能也不同。具体影响程度如何？风险增强模型（Fergus & Zimmerman，2005）及风险缓冲模型认为（Hollister－Wagner，Foshee，& Jackson，2001）：当两种风险因子共存时，消极影响会加强；当两个因子中存在一个保护因子时，消极影响则可能会削弱或得到缓冲。Loton 等人（2016）的研究发现，网络游戏成瘾的个体往往选择更消极的应对方式，进而其焦虑、抑郁的程度更高；选择积极应对方式者则会一定程度减轻心理健康症状。因此，消极的应对方式可能会放大手机依赖对心理健康的消极影响，而积极的应对方式可能会起到缓冲作用，即应对方式可能会调节手机依赖→心理健康这一直接路径。另一方面，当青少年手机依赖且出现学业倦怠时，其消极的应对方式可能会引发更大程度的焦虑，积极的应对方式则能起到一定的缓冲作用（Singh，Das，& Srivastava，2016），即应对方式可能会调节学业倦怠→心理健康这一中介作用的后半段路径。然而与之相关的实证研究尚比较欠缺。因此，本研究将应对方式作为调节变量，考察其在“手机依赖→学业倦怠→心理健康”这一中介路径中的调节作用。

综上所述，本研究通过大样本问卷调查的方式，针对青少年群体，考查手机依赖影响心理健康的中介（手机依赖怎样起作用）和调节机制（手机依赖何时起作用），探讨学业倦怠在其中的中介作用以及应对方式对直接路径和中介效应后半路径的调节作用。深入探究新媒体时代青少年的心理健康问题，为教育工作者解决青少年网络成瘾问题提供一定启示。

二、研究方法

（一）被试

采用整群随机抽样的方法，在河南省、黑龙江省、江西省、山东省的12所大学和中学抽取1300名青少年完成问卷。剔除无效问卷，得到1191份有效问卷。有效率为91.62%。其中男生602人（50.5%），女生589人（49.5%）；年龄为11～25岁（17.38±3.07）。

（二）工具

1. 手机依赖指数量表

由香港中文大学梁永炽编制（Leung，2008）。量表包括17个题目，该量表采用5点计分法，1表示“几乎没有”，5表示“总是”。总分越高，表示手机依赖程度越高。在本研究中，整个量表的Cronbach's α 系数为0.88。

2. 症状自评量表

采用王征宇（1984）所翻译国外Derogatis编制的SCL-90心理症状自评量表。该量表共90个题目，采用5点计分法，1代表“没有”，5代表“严重”。所得分数越高，表明心理健康状况越糟糕。在本研究中，整个量表的Cronbach's α 系数为0.98。

3. 简易应对方式问卷

选用由解亚宁等人（1998）根据我国人群特点编制的简易应对方式问卷。该问卷的20个题目中，积极应对方式包含12条题目，消极应对方式包含8条题目。问卷采用4点计分法，0代表“不采取”，3代表“经常采取”，积极应对包含12个条目，消极应对包含8个条目，在本研究中，整个量表的

Cronbach's α 系数为 0.814,积极应对方式维度的 Cronbach's α 系数为 0.84,消极应对方式维度的 Cronbach's α 系数为 0.74。

4. 青少年学业倦怠问卷

采用吴艳,戴晓阳,张锦(2007)编制的学业倦怠问卷。该量表共 16 个题目,包括身心耗竭分量表、学业疏离分量表、低成就感分量表,采用 5 点计分法,1 代表"很不符合",5 代表"非常符合"。问卷得分越高,表示被测者的学业倦怠越严重。在本研究中,整个量表的 Cronbach's α 系数为 0.73。

(三)数据处理

所用问卷在统一指导语下进行团体施测,当场回收问卷。采用 SPSS20.0软件进行数据分析。

三、结果

(一)共同方法偏差检验

本研究调查问卷采用匿名、反向计分等方法以减少共同方法偏差。并且在收集数据后,采用 Harman 单因子检验的方法进行检验。结果显示,有 13 个特征根大于 1 的因子,第一个因子解释了总变异的 25.31%,显著低于 40% 的临界值,表明共同方法偏差作用不明显。

(二)手机依赖、学业倦怠、应对方式以及心理健康的相关分析

对手机依赖、心理健康、学业倦怠、应对方式量表得分进行相关分析,结果如表 4-1 所示,手机依赖与心理症状水平、学业倦怠、消极应对方式呈显著正相关,手机依赖与积极应对方式不相关;学业倦怠、消极应对方式与心理症状水平呈显著正相关,积极应对方式与心理症状水平呈显著负相关;学业倦怠与积极应对方式呈显著负相关,与消极应对方式呈显著正相关。

表 4-1 手机依赖、学业倦怠、应对方式与心理健康的相关分析

	M	*SD*	1	2	3	4
1. 手机依赖	43.76	12.85	1			
2. 心理健康	156.55	57.70	0.38***	1		
3. 学业倦怠	42.41	8.26	0.41***	0.45***	1	
4. 积极应对方式	22.10	6.36	0.05	-0.14***	-0.20***	1
5. 消极应对方式	10.00	4.83	0.31***	0.33***	0.30***	0.17***

(三)以消极应对方式为调节变量的有调节的中介效应检验

研究采用手机依赖、学业倦怠、消极应对方式和心理健康构建一个有调节的中介效应模型，估计检验回归方程的参数(温忠麟，叶宝娟，2014)。方程 1 估计在手机依赖与心理健康之间，消极应对方式起到的调节效应；方程 2 估计在手机依赖与学业倦怠之间，消极应对方式发挥的调节效应；方程 3 估计消极应对方式在学业倦怠与心理健康之间关系的调节效应以及手机依赖对心理健康残余效应的调节效应。首先对所有变量进行标准化处理，然后将消极应对方式分别与手机依赖和学业倦怠相乘构建交互项。所有预测变量方差膨胀因子均低于 1.77，不存在多重共线性问题。

表 4-2 的结果表明，方程 1 整体上显著，其中手机依赖对心理健康的影响显著($\beta=0.30, p<0.001$)，手机依赖与消极应对方式的交互项对心理健康的影响显著($\beta=0.07, p<0.01$)，表明消极应对方式调节了手机依赖对心理健康的直接路径。方程 2 的数据显示，手机依赖对学业倦怠具有显著影响($\beta=0.35, p<0.001$)，学业倦怠受到手机依赖与消极应对方的共同作用不显著($\beta=-0.03, p>0.05$)，表明消极应对方式对中介路径的前半路径没有起到调节作用；在方程 3 中学业倦怠对心理健康的影响显著($\beta=0.31$, $p<0.001$)，手机依赖对心理健康的影响显著($\beta=0.20, p<0.001$)，表明学业倦怠在手机依赖和心理健康之间起到部分中介作用，并且学业倦怠与消极应对方式的交互项对心理健康的影响显著($\beta=0.10, p<0.05$)，表明消极应对方式调节了中介路径的后半路径。具体情况见表 4-2。

表 4-2 有调节的中介效应分析(消极应对方式为调节变量)

结果变量	预测变量	R^2	F	β	95% CI
心理健康	手机依赖			0.30***	[0.25,0.36]
	消极应对	0.19	96.66***	0.24***	[0.18,0.29]
	手机依赖×消极应对方式			0.07**	[0.02,0.12]
学业倦怠	手机依赖			0.35***	[0.30,0.40]
	消极应对方式	0.20	101.74***	0.20***	[0.14,0.25]
	手机依赖×消极应对方式			−0.03	[−0.08,0.02]
心理健康	手机依赖			0.20***	[0.14,0.25]
	消极应对方式			0.18***	[0.13,0.23]
	手机依赖×消极应对方式	0.28	93.96***	0.05	[−0.00,0.09]
	学业倦怠			0.31***	[0.25,0.36]
	学业倦怠×消极应对方式			0.10***	[0.04,0.14]

为进一步揭示调节作用的实质,将被试分组,高于平均数一个标准差为高消极应对组,低于平均数一个标准差为低消极应对组,考查不同水平的消极应对方式下,手机依赖对心理健康的影响,相应的简单效应分析见图 4-1 和图 4-2。由图 4-1 可发现,对高消极应对的青少年来说,随着对手机的依赖程度提高,其心理健康症状显著增加($\beta=0.37$, $t=8.34$, $p<0.001$);对于低消极应对的青少年来说,随着对手机依赖程度的提高,其心理健康症状也显著增加($\beta=0.23$, $t=5.16$, $p<0.001$; $\beta=0.37$ 减弱为 $\beta=0.23$),但增加速度减缓。

图4-1 消极应对在手机依赖与心理健康之间的调节效应

由图4-2可以发现，对于高消极应对的青少年来说，随着学业倦怠程度的加深，其心理健康症状显著增加（$\beta=0.48$，$t=10.82$，$p<0.001$）；对于低消极应对的青少年来说，随着学业倦怠的程度加深，其心理健康症状也显著增加（$\beta=0.27$，$t=5.99$，$p<0.001$；$\beta=0.48$减弱为$\beta=0.27$），但增加速度明显变缓。

图4-2 消极应对在学业倦怠与心理健康之间的调节效应

(四)以积极应对方式为调节变量的有调节的中介效应检验

与上述模型检验步骤相同。回归分析数据表明:手机依赖对心理健康的正向预测显著(β=0.39,p<0.001),手机依赖与积极应对的交互项对心理健康的预测作用不显著(β=-0.04,p>0.05),表明积极应对方式在手机依赖影响心理健康的直接路径中的调节作用不显著;手机依赖对学业倦怠的预测作用显著(β=0.42,p<0.001),学业倦怠受到手机依赖与积极应对方式共同作用的影响不显著(β=-0.01,p>0.05),表明积极应对方式没有调节中介效应的前半段;学业倦怠对心理健康的预测作用显著(β=0.33,p<0.001),手机依赖对心理健康的预测作用显著(β=0.25,p<0.001),说明学业倦怠在手机依赖与心理健康之间起到部分中介作用。然而,学业倦怠与积极应对的交互项对心理健康的预测作用不显著(β=-0.02,p>0.05),表明中介过程的后半段路径没有受到积极应对方式的调节作用。由此可见,积极应对方式没有发挥调节作用。具体情况见表4-3。

表4-3 有调节的中介效应分析(积极应对方式为调节变量)

结果变量	预测变量	R^2	F	β	95% CI
心理健康	手机依赖	0.17	79.76***	0.39***	[0.34,0.44]
	积极应对			-0.16***	[-0.21,-0.11]
	手机依赖×积极应对			-0.04	[-0.09,0.01]
学业倦怠	手机依赖	0.21	109.50***	0.42***	[0.37,0.47]
	积极应对			-0.22***	[-0.27,-0.17]
	手机依赖×积极应对			-0.01	[-0.06,0.04]
心理健康	手机依赖	0.25	99.34***	0.25***	[0.19,0.30]
	积极应对			-0.08**	[-0.13,-0.23]
	学业倦怠			0.33***	[0.25,0.36]
	学业倦怠×积极应对			-0.02	[0.04,0.14]

四、讨论

(一)手机依赖、学业倦怠、应对方式、心理健康的关系

相关研究发现,心理健康、学业倦怠量表得分均与消极应对方式呈显著正相关,与积极应对方式呈显著负相关,这与以往的研究结果一致(廖友国,2014;魏萍,2008)。青少年在生活中越是充满“负能量”,面对生活压力消极应对,越容易出现学业倦怠,心理健康水平越低。另外,手机依赖与消极应对方式呈显著正相关,与积极应对方式不相关,这与以往的研究结果一致(Ewa et al. ,2016)。依赖手机的个体通常是为了逃避各种压力或不良情绪,手机网络为他们提供了一个轻松的“避风港”。在这样的一个无限制平台里,采取回避这样消极的应对方式对他们来说是安全的。这是一个恶性的循环网络,青少年更少地投入学习,产生学业倦怠,同时,消极的应对以及学业的打击又会使青少年情绪低迷,心理健康状况糟糕。

可见,手机依赖、学业倦怠、应对方式、心理健康犹如“连锁效应”般,彼此之间存在着紧密的联系,环环相扣。这为进一步验证学业倦怠的中介作用以及应对方式对中介效应的调节作用奠定了研究基础。

(二)学业倦怠的中介作用

经过逐步回归分析可知,学业倦怠在手机依赖与心理健康之间发挥部分中介作用。这表明,手机依赖不仅可以直接影响青少年的心理健康,而且可以通过学业倦怠间接影响青少年的心理健康。青少年时期是个体发展的关键时期,也是身心问题多发的时期。有研究表明手机依赖很容易使个体产生倦怠(Derks & Bakker,2012;魏萍,2007)。当出现学业倦怠,同时面对家长、学校的层层压力时,青少年的情绪状态更易受到影响,甚至可能出现抑郁等严重心理健康问题。

根据资源保护模型和成瘾的认知加工模型(Halbesleben & Buckley,2016;Lepp,2014),我们不难理解学业倦怠在手机依赖和青少年心理健康之间的中介作用:在新媒体时代背景下,在形形色色的网络信息面前,青少年的自制力差,很容易对手机产生依赖,在手机上花费较多时间及精力,一旦形成手机依赖这一自动化的过程,青少年很难将这一局面打破。当手机与

学习共同出现时,青少年更容易自动地选择手机,学习所能分配到的资源少之又少,学习时注意力不易集中,学习成绩下降,学习压力攀升,如果无法直面压力则又会选择陷入手机世界中。如此恶性循环,学生更易产生学业倦怠,情绪低落,导致不良的心理健康状态。可见,学业倦怠作为手机依赖的近端因子,对青少年的心理健康状态的影响不可小觑。引入学业倦怠这个中介变量,对于了解手机依赖对青少年心理健康的影响具有"显微镜"的作用,能够使得整个路径更具现实意义。

(三)应对方式的调节作用

研究结果发现,消极应对方式调节了手机依赖对青少年心理健康影响的直接路径以及中介路径的后半段;而积极应对方式没有起到调节作用。通过中介路径和图4-1、4-2,我们可以清楚地发现,当个体处于高消极应对时,手机依赖对心理健康的预测作用更加显著,学业倦怠对心理健康的预测作用也更加显著,也就是说高消极应对加剧了手机依赖以及学业倦怠对青少年心理健康的消极作用。这与以往的研究结果一致(Ewa et al,2017;Senol & Durak,2015)。本研究结果也符合累积风险模型中的正加速模式(李董平,2016),即风险因素与发展结果之间的联系在其他风险因素同时出现的情况下要更强。应对方式可以通过认知机制、情绪机制、动机机制三个方面对个体压力状态提供调节(黄希庭,2006)。首先,从认知机制来看,高消极应对的个体通过更多的回避学习等现实压力,任凭注意资源放在无限制的手机网络上,在学习时不易集中注意力,更易产生学业倦怠,危害身心健康;其次,从情绪机制方面来看,高消极应对的个体对于学习、生活的情绪状态低迷,充满"负能量",情绪调节能力差,不能很好地调节学习倦怠所带来的情绪困扰。最后,从动机机制来看,依据自我验证理论(Swann & Giesler,1992),依赖手机、学业倦怠这些多重消极的状态会使得个体更倾向于选择处在与这种状态相一致的情况中,对他们而言,消极的应对方式才是安全、不需要多做改变的,这会令青少年长期处于心理的"灰色"地段。因此,高消极应对个体受到手机依赖的负面影响更大,这种消极的影响使之容易产生学业倦怠进而降低其心理健康水平。

本研究结果对家长和教育工作者有一定启发作用:手机依赖不仅能直

接影响心理健康，还可以通过学业倦怠这一中介环节间接影响心理健康。改善青少年心理健康状况，可以从控制手机使用，适当排解压力，摆脱消极应对等多个角度为青少年提供合理可行的意见和帮助，促进其身心健康成长。

五、小结

通过前面的分析，得出以下几个结论。

(1)手机依赖与心理健康呈显著负相关、与学业倦怠、消极应对方式呈显著正相关，积极应对方式与心理健康呈显著正相关、与学业倦怠呈显著负相关、与手机依赖不相关；

(2)手机依赖不仅能直接影响心理健康，还可以通过学业倦怠间接影响心理健康；

(3)相比于低消极应对的个体，手机依赖对心理健康的预测作用以及学业倦怠的中介作用在高消极应对个体中更加明显。

第二节　青少年手机依赖与应对方式的交叉滞后分析

一、问题提出

移动互联网时代，手机与日常生活的联系越来越紧密，大部分青少年都配备了手机。与此同时，越来越多的手机依赖问题引起了社会的关注。作为网络时代的新型压力性事件，手机依赖(Mobile Phone Dependency，MPD)给青少年心理行为发展带来的消极影响备受关注。手机依赖表现为个体对手机过度沉迷并产生强烈而持久的依赖感，导致出现身体、社会、心理功能明显受损的行为(Yen et al.，2009)。手机依赖具有失控性(手机使用者无法控制使用时间)、戒断性(无法使用手机时产生消极情绪体验)、逃避性(利用手机逃避现实压力)和低效性(因长期使用手机而效率低下)的特点。因此，关注手机依赖相关影响因素引起了研究者的重视。除了情绪、学业及人际交往外(Hoffner & Lee，2015；Aleksandar et al，2018；Seo et al，2016)，很多研究发现压力应对行为(如应对方式)与手机依赖是有关系的。因此，探讨青少年手机依赖与应对方式之间的关系，有助于深入了解手机依赖的内在作用机制。

应对方式(coping style)也称应付方式，是指为应对内外环境要求和相关情绪困扰，人们所采取的方式、技巧或计策(梁宝勇，等，1999)。解亚宁(1998)根据不同应对方式的共同特征将应对方式划分成积极应对和消极应对两个部分。心理学家提出了许多应对方式的理论，总体来说主要分为三种不同理论：①人格特征论。该理论认为即便个体面对的压力性事件不同，但采取的应对方式却具有一定的稳定性。②情境论。与人格特征理论不同，该理论认为个体采取的应对方式具有情境性。③相互作用论。该理论兼顾了以上两种观点，认为个体的应对方式既有一定的稳定性，同时也受到环境与情境的影响，强调应对方式的选择由个体和环境共同决定。基于以上三种理论的不同观点，下面探讨手机依赖这一压力性事件与应对方式的关系，也有利于深化对这三种理论的理解。

手机依赖作为网络成瘾的一种变式，与应对方式关系相当密切。健康信念模式(Health Belief Model，HBM)提出，个体健康的意识和信念(即对特定行为所持的态度)影响着个体采取的健康行为(Becker，1975)。采用积极应对的个体往往生活态度积极，其行为也更加的积极、健康，不容易产生手机依赖行为；然而，采用消极应对方式的个体意识与信念消极、不健康，容易产生手机依赖行为。部分实证研究也印证了这一点：我国研究者发现大学生消极应对与手机依赖呈显著正相关，积极应对与网络成瘾呈显著负相关(刘凤娥，张锦涛，周楠，李晓敏，方晓义，2017；何安明，王晨淇，惠秋平，2018)。此外，许多研究者认为个体的应对方式可以预测手机依赖。国外研究者 Brand 等人(2014)的研究发现常采用逃避现实问题和情绪的应对方式的个体，他们更容易陷入网络成瘾的问题中。国内研究者发现应对方式的自责、幻想等维度可以预测高职生的网络成瘾倾向(颜剑雄，程建伟，2017)；祖静等人(2016)的研究也发现幻想和退避两种应对方式可以显著预测大学生手机依赖。

除了应对方式对手机依赖的影响，也有很多反方向的理论与实证研究探讨了手机依赖对应对方式的作用。Wills 和 Shiffman(2001)的“压力—应对”模型指出：当面对巨大压力且缺乏资源以应对时，个体可能会产生消极的、回避的应对态度或方式,以缓解其不良情绪。如果将手机依赖作为压力事件,青少年无法正视这一压力,便有可能采取消极的应对方式。Loton 等人(2016)的研究发现,网络游戏成瘾的个体伴有较高的焦虑、抑郁,往往选择更消极的应对方式。褚朋朋等人(2016)对大学新生网络成瘾与应对方式的交叉滞后分析也发现,网络成瘾可以显著预测消极应对方式。

总结以往的研究可以发现现有关于应对方式的理论观点不同,究竟应对方式是具有稳定性还是发展性,又或者兼具稳定性与发展性?另外,关于手机依赖与应对方式之间的关系也存在争议:到底是青少年的应对方式导致了手机依赖还是手机依赖导致应对方式的不同?由于现有手机依赖与应对方式的研究大多为横向研究,无法准确考查变量间相互预测的关系以及应对方式的特点,为进一步对应对方式的特点及两者间的关系进行验证与探索,本研究采用交叉滞后设计的方法考查青少年手机依赖与应对方式之间的相互作用,以探清两者之间的相互预测或准因果关系,为研究青少年手机依赖和应对方式提供一定参考作用。

二、研究方法

(一)研究对象

采用整群随机抽样的方法,测试前向学生说明测试目的并征得同意。抽取河南省、黑龙江省、江西省、山东省的 8 所大学和 4 所中学的在校学生为研究对象,进行两次测查:第一次测查时间是 2017 年 10 月;第二次测查时间是 2018 年 4 月。将两次施测数据整合后,得到 2 次测试均有效的被试 604 名。其中城镇学生 340 人,农村学生 262 人;男生 268 名,占 44.4%;女生 336 名,占 55.6%;年龄为 11 ~24 岁。

(二)研究工具

1. 手机依赖指数量表

由香港中文大学梁永炽编制(Leung,2008)。量表包括 17 个题目,该量表采用 5 点计分,1 表示“几乎没有”,5 表示“总是”。总分越高,表示手机依赖程度越高。该量表 Cronbach's α 系数为 0.91,显示该量表信度良好。在本研究中,整个量表的前后测 Cronbach's α 系数分别为 0.881、0.895。

2. 简易应对方式问卷

选用由解亚宁等人(1998)根据我国人群特点编制的简易应对方式问卷。该问卷共20个题目,包括积极应对方式和消极应对方式两个维度,4点计分法,“不采取”为0,“偶尔采取”为1,“有时采取”为2,“经常采取”为3,消极应对包含了8个条目,重点反映了个体在遇到应激时采用消极应对方式的特点。在本研究中,整个量表的前后测 Cronbach's α 系数分别为0.814、0.872。

(三)数据处理

所用问卷在统一指导语下进行团体施测,当场回收问卷。采用SPSS20.0软件进行数据分析。采用重复测量的方差分析法分析青少年手机依赖和应对方式的稳定性、采用相关分析的方法分析手机依赖和应对方式的横向和纵向相关、采用回归分析对手机依赖和消极应对方式之间的互相预测关系进行分析。

三、结果

(一)共同方法偏差的控制

本研究采用匿名、正反向计分交叉等方式进行问卷设计,前后测问卷发放间隔六个月,在一定程度上减少了共同方法效应。在收集数据后,Harman单因子方法分析显示,前测时有8个因子的特征根大于1、后测时有7个,前测时第一个因子解释了总变异的18.46%、后测时解释了19.38%,均远远低于40%的临界值,表明共同方法偏差不会显著影响本研究的结果。

(二)青少年应对方式与手机依赖的稳定性

以测查时间(包括前测 T1 和后测 T2)为被试内变量,性别为被试间变量,手机依赖为因变量,进行2×2的重复测量方差分析。结果发现,测查时间的主效应不显著($F_{(1,602)}=0.04$, $p>0.05$),性别的主效应不显著($F_{(1,602)}=1.83$, $p>0.05$),时间和性别的交互作用不显著($F_{(1,602)}=2.97$, $p>0.05$)。

以测查时间(包括前测 T1 和后测 T2)为被试内变量,性别为被试间变量,积极应对方式为因变量,进行2×2的重复测量方差分析。结果发现,测查时间的主效应不显著($F_{(1,602)}=0.17$, $p>0.05$),性别的主效应不显著

($F_{(1,602)}=0.02$, $p>0.05$),时间和性别的交互作用不显著($F_{(1,602)}=3.47$, $p>0.05$)。

以测查时间(包括前测 T1 和后测 T2)为被试内变量,性别为被试间变量,消极应对方式为因变量,进行 2×2 的重复测量方差分析。结果发现,测查时间的主效应显著($F_{(1,602)}=14.73$, $p<0.05$, $\eta_p^2=0.02$),后测的消极应对方式显著高于前测的消极应对方式;性别的主效应显著($F_{(1,602)}=6.03$, $p<0.05$, $\eta_p^2=0.01$),男生的消极应对程度显著高于女生;时间和性别的交互作用不显著($F_{(1,602)}=0.25$, $p<0.05$)。

(三)各研究变量的平均值、标准差及相关矩阵

相关分析结果显示:手机依赖与积极应对方式的同时性相关不显著。前测中除失控性、低效性外,手机依赖及其他维度均与积极应对方式显著相关($r=0.10$、0.16、0.11, $p<0.05$);而后测中除逃避性外,手机依赖及其他维度均与积极应对方式相关不显著($r=0.01$、-0.08、0.08、-0.05, $p>0.05$)。另外,手机依赖与积极应对方式的继时性相关也不显著。后测手机依赖与前测积极应对方式相关显著($r=0.11$, $p<0.05$),前测手机依赖与后测积极应对方式相关不显著。表明手机依赖与积极应对方式可能不存在真正的相关关系,无法做进一步的交叉滞后分析。

手机依赖与消极应对方式的同时性相关显著,前测中手机依赖及其各维度与消极应对方式显著相关($r=0.32$、0.31、0.25、0.20、0.22, $p<0.001$),后测中手机依赖及其各维度与消极应对方式相关显著($r=0.28$、0.20、0.30、0.23、0.17, $p<0.001$)。同时,手机依赖与消极应对方式的继时性相关也是显著的,前测手机依赖与后测消极应对方式相关显著($r=0.19$, $p<0.001$),后测手机依赖与前测消极应对方式相关显著($r=0.28$, $p<0.001$)。表明手机依赖与消极应对方式之间关系密切,适合做进一步的交叉滞后分析。

表 4-4 前测青少年手机依赖与消极应对方式的平均值、标准差及相关矩阵

	M	SD	1	2	3	4	5	6
1. 手机依赖	43.33	12.56	1					
2. 失控性	17.42	5.68	0.85***	1				

续表4-4

	M	SD	1	2	3	4	5	6
3. 戒断性	8.36	3.85	0.76***	0.50***	1			
4. 逃避性	8.61	3.42	0.68***	0.34***	0.45***	1		
5. 低效性	8.94	3.10	0.79***	0.63***	0.43***	0.46***	1	
6. 消极应对方式	9.58	4.63	0.32***	0.31***	0.25***	0.20***	0.22***	1
7. 积极应对方式	21.77	6.50	0.10*	0.01	0.16***	0.11*	0.05	0.21***

表4-5　后测青少年手机依赖与消极应对方式的平均值、标准差及相关矩阵

	M	SD	1	2	3	4	5	6
1. 手机依赖	43.37	12.75	1					
2. 失控性	17.92	5.59	0.88***	1				
3. 戒断性	8.70	4.08	0.79***	0.57***	1			
4. 逃避性	8.79	3.28	0.71***	0.43***	0.48***	1		
5. 低效性	8.97	2.96	0.77***	0.64***	0.44***	0.47***	1	
6. 消极应对方式	10.47	4.98	0.28***	0.20***	0.30***	0.23***	0.17***	1
7. 积极应对方式	21.87	6.94	0.01	−0.08	0.08	0.13*	−0.05	0.36***

(四)青少年应对方式与手机依赖的交叉滞后分析

采用交叉滞后回归分析,考察手机依赖与消极应对方式之间的相互预测关系或准因果关系,见图4-3。

首先,分析手机依赖对消极应对方式的预测作用。以前测手机依赖和前测消极应对方式为自变量,后测消极应对方式为因变量,以强制指定方法进行回归分析,以考察在前测消极应对方式的影响被控制之后,前测手机依赖预测后测消极应对方式的独特作用。结果显示:前测的手机依赖可以显

著正向预测后测消极应对方式(β=0.11,p<0.01);

其次,分析消极应对方式对手机依赖的预测作用。以前测手机依赖和前测消极应对方式为自变量,后测手机依赖为因变量,采用同样的方法进行回归分析,以考察在前测手机依赖的影响被控制之后,前测消极应对方式预测后测手机依赖的独特作用。结果显示:前测消极应对方式对后测手机依赖的正向预测作用显著(β=0.14,p<0.001)。

图4-3 手机依赖与消极应对方式的交叉滞后回归分析

采用上述相同方法,发现在控制了前测的消极应对方式之后,前测的失控性对后测的消极应对方式有显著的预测作用(β=0.08,p<0.05);而控制了前测的失控性之后,前测的消极应对方式对后测的失控性有显著的预测作用(β=0.12,p<0.01)。结果表明,失控性与消极应对方式是相互预测关系(见图4-4)。

图4-4 失控性与消极应对方式的交叉滞后回归分析

在控制了前测的消极应对方式之后，前测的戒断性对后测的消极应对方式有显著的预测作用（$\beta=0.11, p<0.01$）；而控制了前测的戒断性之后，前测的消极应对方式对后测的戒断性有显著的预测作用（$\beta=0.06, p<0.001$）。结果表明，戒断性与消极应对方式是相互预测关系（见图4-5）。

图4-5 戒断性与消极应对方式的交叉滞后回归分析

在控制了前测的消极应对方式之后，前测的逃避性对后测的消极应对方式有显著的预测作用（$\beta=0.09, p<0.05$）；而控制了前测的逃避性之后，前测的消极应对方式对后测的逃避性有显著的预测作用（$\beta=0.08, p<0.05$）。结果表明，逃避性与消极应对方式是相互预测关系（见图4-6）。

图4-6 逃避性与消极应对方式的交叉滞后回归分析图

在控制了前测的消极应对方式之后，前测的低效性对后测的消极应对方式无显著的预测作用（$\beta=0.03, p>0.05$）；而控制了前测的戒断性之后，前测的消极应对方式对后测的低效性有显著的预测作用($\beta=0.13, p<0.01$)。结果表明,消极应对方式可以预测低效性(见图 4-7)。

图 4-7　低效性与消极应对方式的交叉滞后回归分析

四、讨论

(一)青少年手机依赖与应对方式的稳定性及发展

前后测手机依赖的比较表明,后测手机依赖程度略高于前测手机依赖;重复测量的方差分析结果显示,手机依赖的时间主效应不显著,表明手机依赖呈现一定跨时间的稳定性;手机依赖也不存在性别差异。吴祖宏(2014)的研究结果也表明,手机依赖不存在年级和性别差异,这与本研究的结果一致。可能的原因是:随着科技的进步,手机基本可以涵盖生活中的吃、穿、用、行等方方面面,手机不仅可以满足游戏、娱乐等需求,也可以满足情感、交流等需求。根据马斯洛的需要层次理论,手机在一定程度上既可以直接满足个体的低层次需求,也可以间接满足个体情感归属、人际交往、尊重等高层次需求,是个体的一种内在动机,因此具有稳定性和一致性。

消极应对方式的前后测结果比较显示,前测消极应对方式水平明显低于后测消极应对方式。重复测量方差分析结果表明,消极应对方式的时间主效应显著,这表明消极应对方式具有一定发展性。然而,前后测积极应对方式的差异不显著,重复测量方差分析结果也说明积极应对方式的时间主效应不显著,这表明积极应对方式具有一定的稳定性。本研究的结果一定程度上支持了应对方式的相互作用论,即青少年的应对方式既具有一定的稳定性也具有一定的情境性。具体来说，青少年的积极应对方式相对稳定，短时间内不会随着时间、环境等因素的变化而发生明显改变；然而消极应对方式则有一定的发展变化，可能会随时间的推移，其消极应对水平不断升高。此外，研究还发现消极应对方式的性别主效应显著，且男生的消极应对水平要高于女生。可能的原因是：青少年时期，女生比男生的心理整合能力更强，自我意识成熟度也更高（冯正直，等，2003），得到来自父母、老师、同学的支持也会更多（Bokhorst et al.，2010），当出现手机依赖时，她们会以更灵活的转变方式适应压力（董泽松，张大均，2015）。加之，男生不太擅长语言表达和情感沟通，在情绪调节方面更多地选择回避、抑制的策略（Gullone et al.，2010）。因此，男生比女生表现出更多的消极应对方式。

（二）青少年手机依赖与应对方式的相关分析

相关分析结果发现，青少年手机依赖与积极应对方式不相关，手机依赖与消极应对方式显著正相关，这与以往的研究结果相一致（何安明，王晨淇，惠秋平，2018）。可能的原因在于：青少年正处于学习知识的重要时期，过度的依赖手机除了需要应对自身身心变化带来的影响之外，可能还要应对外界父母、老师所施加的压力，在认知上难以从五彩斑斓的信息网络中转向枯燥无味的课本知识上；情绪上，在手机这一自由且无限制的网络世界中可以逃避现实生活中的不安、焦虑；行为上，表现出逃避现实学习，陷入幻想，更多的沉迷手机，学习效率低，难以控制自己使用手机的时间。相关分析只能发现变量间的相关关系，不能衡量变量间的因果及准因果关系。因此，本研究从纵向角度，通过交叉滞后设计进一步探索手机依赖与消极应对方式之间的预测或准因果关系。

（三）青少年手机依赖与消极应对方式的交叉滞后分析

研究结果发现：在前测消极应对方式的作用被控制之后，前测手机依赖对后测消极应对方式的正向预测作用依然显著。这表明青少年手机依赖可以正向预测消极应对方式。此外，失控性、戒断性和逃避性也能预测消极应对方式。职晓燕等人（2013）对网络成瘾青少年的研究发现实验组的自责、幻想、退避得分显著高于对照组，解决问题和求助得分则低于对照组。这表明青少年网络成瘾则会更多采用消极应对方式。根据资源有限理论

（Halbesleben & Buckley,2016），青少年将大量的心理资源放在使用手机上，那么用来应对现实的资源便十分有限甚至不足。青少年除了需要面对沉迷手机带给自身的无形压力外，还要面对现实问题难以解决的情况，在没有充足的支持下，容易出现焦虑、抑郁等不良情绪（Selye,1976），依照自我防卫机制理论的观点（Freud,2002；Diehl et al. ,2014），为了保持内心平衡，当个体出现不良情绪时，倾向于选择消极的应对方式。

另一方面，在控制了前测的手机依赖之后，前测的消极应对方式可以显著正向预测后测的手机依赖，这表明消极应对方式可以显著正向预测手机依赖，且消极应对方式可预测失控、戒断、逃避和低效性。Senol-Durak 和 Durak（2017）的研究发现，大学生问题性网络使用受不良应对策略（如逃避、自责）的影响。叶宝娟和郑清（2016）的研究也发现消极应对方式会增加大学生网络成瘾的可能性，而积极应对方式则会减少这一可能。Vaish 等人（2014）提出网络成瘾的"减少紧张假说"，并发现问题性网络使用与应对现实压力有重要关系。采用消极应对方式的青少年在现实生活中长期具有的逃避、自责、幻想等应对风格，使之形成了消极应对的认知偏向（石松，2012），缺少对现实生活中其他具有积极意义的事物的深入感知，感到现实生活压力重重，学习效率低下，不能很好的融入其中，再加上手机依赖的逃避性使手机使用者获得轻松感（Leung,2008），因此长期采用消极应对方式的青少年，就容易产生手机依赖现象。

综上所述，我们发现青少年手机依赖与消极应对方式实际上是"共生"的，两者可以相互预测、相互影响，从因果关系层面来讲，两者互为因果。

五、小结

通过上述分析，可以得出以下几个结论。

（1）青少年手机依赖和积极应对方式具有一定稳定性，消极应对方式具有一定发展性；

（2）青少年手机依赖与消极应对方式呈显著正相关，与积极应对方式不相关；

（3）手机依赖与消极应对方式之间互为因果，可以相互预测。

第三节　青少年学业倦怠与应对方式的交叉滞后研究

一、引言

青少年时期是个体发展的重要时期,也是学习知识的重要时期。当下青少年个体面临重重学习、生活压力,导致许多青少年出现了缺乏学习兴趣,学习效率低下,缺乏明确学习目标等现象,严重者会出现失眠、焦虑等症状(Taylor et al. ,2013; Bask & Salmela-Aro,2013; Wang, Chow, Hofkens, & Salmela-Aro,2015)。这些症状均是学业倦怠的表现。学业倦怠是指个体在学习压力下产生的一种负性而持久的心理状态,由情绪衰竭、玩世不恭和个人成就感降低三个维度组成,学业倦怠表现为学习积极性下降、学习满意度降低、健康损害等风险(Jacobs et al. ,2003)。因此,研究青少年的学业倦怠及其内在机制十分必要。

作为压力应激的首要代表,应对方式引起了研究者的注意。应对方式(coping style)也称应付方式,是指为应对内外环境要求和相关情绪困扰,人们采取的方式、技巧或计策(梁宝勇,等,1999)。大量研究表明倦怠与个体的应对方式密切相关(徐明津,杨新国,吴柑澜,黄雪雯,2015;魏萍,唐海波,宋宝萍,2008)。具体来说,倦怠与个体的积极应对显著负相关,与消极应对方式显著正相关(Howlett et al. ,2015)。变量间的相关仅仅表明两者的存在密切关系,然而两者之间的因果或准因果关系还需要进一步探索。

倦怠的资源存储理论认为倦怠即内在资源的耗竭和生理、认知等资源的损耗,倦怠使个体资源损耗而应对新的压力源的能力被削弱(Riolli & Savicki,2003; Malach,2002),因此,学业倦怠可能会预测个体的应对方式。青少年的精力有限,在面对学业倦怠时,表现出丧失活力,去人性化,成就感降低(唐昕辉,李君春,耿文秀,2005),因而可能较少以积极态度面对学习生活,更多的采取逃避、幻想等方式以缓解现实压力。

总结以往的研究发现,现有学业倦怠与应对方式的研究大多为横向研究,无法准确考察变量间相互预测的关系,为了在相关关系分析的基础上,进一步探索和验证学业倦怠与应对方式两者间的相互预测关系,本节以青少年为研究对象,从纵向角度,采用交叉滞后设计,考察两变量间的相互作用,以期探明学业倦怠与应对方式之间的相互预测关系或准因果关系。

二、研究方法

(一)研究对象

采用整群随机抽样的方法,测试前向学生说明测试目的并征得同意。抽取河南省、黑龙江省、江西省、山东省的8所大学和4所中学的在校学生为研究对象,进行两次测查:第一次测查时间是2017年10月;第二次测查时间是2018年4月。将两次施测数据整合后,得到2次测试均有效的被测者604名。其中城镇学生340人,农村学生262人;男生268名,占44.4%;女生336名,占55.6%;年龄为11~24岁。

(二)研究工具

1. 青少年学业倦怠问卷

采用吴艳、戴晓阳、张锦(2007)编制的学业倦怠问卷。该量表共16个题目,包括身心耗竭分量表、学业疏离分量表、低成就感分量表,采用5点计分法,1代表"很不符合",5代表"非常符合"。问卷得分越高,表示被测者的学业倦怠越严重。在本研究中,整个量表的前后测Cronbach's α系数为0.75、0.66。

2. 简易应对方式问卷

选用由解亚宁等人(1998)根据我国人群特点编制的简易应对方式问卷。该问卷共20个题目,包括积极应对方式和消极应对方式两个维度,4点计分法,"不采取"为0,"偶尔采取"为1,"有时采取"为2,"经常采取"为3,消极应对包含了8个条目,重点反映了个体在遇到应激时采用消极应对方式的特点。在本研究中,整个量表的前后测Cronbach's α系数分别为0.81、0.87。

(三)数据处理

所用问卷在统一指导语下进行团体施测,当场回收问卷。采用SPSS20.0软件进行数据分析。采用重复测量的方差分析的方法分析青少年学业倦怠和应对方式的稳定性、采用相关分析的方法分析学业倦怠和应对方式的横向和纵向相关、采用回归分析对学业倦怠和应对方式之间的互相预测关系进行分析。

三、结果

(一)共同方法偏差的控制

本研究采用匿名、正反向计分交叉等方式进行问卷设计,前后测问卷发放间隔六个月,在一定程度上减少了共同方法效应。在收集数据后,Harman单因子方法分析显示,前测时有7个因子的特征根大于1、后测时也有7个,前测时第一个因子解释了总变异的16.00%、后测时解释了17.12%,均远远低于40%的临界值,表明共同方法偏差不会显著影响本研究的结果。

(二)青少年应对方式与学业倦怠的稳定性

以测查时间(包括前测T1和后测T2)为被试内变量,性别为被试间变量,学业倦怠为因变量,进行2×2的重复测量方差分析。结果发现,测查时间的主效应显著($F_{(1,602)}=17.50, p<0.001$),性别的主效应不显著($F_{(1,602)}=2.04, p>0.05$),时间和性别的交互作用不显著($F_{(1,602)}=0.09, p>0.05$)。

以测查时间(包括前测T1和后测T2)为被试内变量,性别为被试间变量,积极应对方式为因变量,进行2×2的重复测量方差分析。结果发现,测查时间的主效应不显著($F_{(1,602)}=0.17, p>0.05$),性别的主效应不显著($F_{(1,602)}=0.02, p>0.05$),时间和性别的交互作用不显著($F_{(1,602)}=3.47, p>0.05$)。

以测查时间(包括前测T1和后测T2)为被试内变量,性别为被试间变量,消极应对方式为因变量,进行2×2的重复测量方差分析。结果发现,测查时间的主效应显著($F_{(1,602)}=14.73, p<0.05, \eta_p^2=0.02$),后测的消极应对方式显著高于前测的消极应对方式;性别的主效应显著($F_{(1,602)}=6.03, p<0.05, \eta_p^2=0.01$),男生的消极应对程度显著高于女生;时间和性别的交互作用不显著($F_{(1,602)}=0.25, p<0.05$)。

(三)各研究变量的平均值、标准差及相关矩阵

相关分析结果显示,前测与后测学业倦怠呈显著相关($r=0.41, p<0.001$),前测与后测积极应对方式呈显著相关($r=0.42, p<0.001$),前测

与后测消极应对方式之间呈显著相关($r=0.28, p<0.001$),这表明青少年学业倦怠与应对方式在六个月内具有相对稳定性(见表4-6)。

学业倦怠与积极应对方式的同时性相关显著,前测中学业倦怠与积极应对方式显著相关($r=-0.21, p<0.001$),后测学业倦怠与积极应对方式相关显著($r=-0.22, p<0.001$)。另外,学业倦怠与积极应对方式的继时性相关显著,后测学业倦怠与前测积极应对方式相关显著($r=-0.14, p<0.001$),前测学业倦怠与后测积极应对方式相关显著($r=-0.23, p<0.001$)。表明学业倦怠与积极应对方式之间存在一定关系,变量间的同步性相关和继时性相关一致,符合交叉滞后设计的基本假设。

学业倦怠与消极应对方式的同时性相关显著,前测中学业倦怠与消极应对方式相关显著($r=0.29, p<0.001$),后测中学业倦怠与消极应对方式相关显著($r=0.13, p<0.01$)。同时,学业倦怠与消极应对方式在前后测的继时性相关也显著,前测学业倦怠与后测消极应对方式的相关显著($r=0.12, p<0.01$),后测学业倦怠与前测消极应对方式的相关显著($r=0.18, p<0.001$)。表明学业倦怠与消极应对方式之间存在一定的内在联系,同步相关和稳定性相关符合交叉滞后设计的要求,适合做进一步的交叉滞后分析。

表4-6　青少年学业倦怠与应对方式的平均值、标准差及相关矩阵

	M	SD	1	2	3	4	5
1. 学业倦怠 T1	42.31	8.44	1				
2. 学业倦怠 T2	43.79	7.28	0.41***	1			
3. 积极应对方式 T1	21.77	6.50	-0.21***	-0.14**	1		
4. 积极应对方式 T2	21.87	6.94	-0.23***	-0.22***	0.42***	1	
5. 消极应对方式 T1	9.58	4.63	0.29***	0.18***	0.21***	-0.02	1
6. 消极应对方式 T2	10.47	4.98	0.12**	0.13**	0.15***	0.36***	0.28***

(四)青少年应对方式与学业倦怠的交叉滞后分析

采用交叉滞后回归分析,考查学业倦怠与应对方式之间的相互预测关系,结果见图4-8。

图4-8 学业倦怠与积极应对方式的交叉滞后回归分析图

首先,分析学业倦怠对积极应对方式的预测作用。以前测学业倦怠和前测积极应对方式为自变量,后测积极应对方式为因变量,以强制指定方法进行回归分析,考查在前测积极应对方式的影响被控制之后,前测学业倦怠预测后测积极应对方式的独特作用。结果显示:前测的学业倦怠可以显著负向预测后测积极应对方式($\beta=-0.15, p<0.01$);

其次,分析积极应对方式对学业倦怠的预测作用。以前测学业倦怠和前测积极应对方式为自变量,后测学业倦怠为因变量,以强制指定方法先后进入回归方程,进行回归分析,以考查在前测学业倦怠的影响被控制之后,前测积极应对方式预测后测学业倦怠的独特作用。结果显示:前测的积极应对方式不能预测后测学业倦怠($\beta=-0.05, p>0.05$)。

采用上述相同方法,分析学业倦怠与消极应对方式的关系。发现在控制了前测的消极应对方式之后,前测的学业倦怠对后测的消极应对方式无显著的预测作用($\beta=0.04, p>0.05$);而控制了前测的学业倦怠之后,前测的消极应对方式对后测的学业倦怠无显著的预测作用($\beta=0.06, p>0.05$)。结果表明,学业倦怠与消极应对方式无相互预测关系(见图4-9)。

图4-9　学业倦怠与消极应对方式的交叉滞后回归分析图

四、讨论

(一)青少年学业倦怠与应对方式的稳定性及发展

重复测量方差分析的结果显示:青少年学业倦怠的时间主效应显著,表明学业倦怠在短时间内具有一定的发展性,并且从前后测学业倦怠的均值来看,随着时间的流逝,学业倦怠的情况会越来越严重。学业倦怠的性别主效应不显著,表明学业倦怠不存在性别差异,男生和女生都有可能产生学业倦怠。这与学业倦怠的定义是一致的,学业倦怠是一种负性且持久的心理状态,出现学业倦怠的青少年对学习的兴趣减弱,情绪衰竭,在短时间内若没有外界的支持,有很大的可能会变得越来越严重。

消极应对方式的前后测结果比较表明,前测消极应对方式水平明显低于后测。重复测量方差分析结果表明,消极应对方式的时间主效应显著,这表明消极应对方式具有一定发展性。然而,前后测积极应对方式的差异不显著,并且,重复测量方差分析结果也表明,积极应对方式的时间主效应不显著,这表明积极应对方式具有一定的稳定性。具体来说,青少年的积极应对方式相对稳定,短时间内不会随着时间、环境等因素的变化而发生明显改变;然而消极应对方式则有一定的发展变化,可能会随时间的推移,其消极应对水平不断升高。此外,研究还发现消极应对方式的性别主效应显著,且男生的消极应对水平要高于女生。可能的原因是:青少年时期,女生比男生的心理整合能力更强,自我意识成熟度也更高(冯正直,等,2003),得到来自父母、老师、同学的支持也会更多(Bokhorst et al.,2010),当出现手机依赖时,她们会更灵活的转变方式以适应压力(董泽松,张大均,2015)。加之,男生不太擅长语言表达和情感沟通,在情绪调节方面更多的选择回避、抑制的策略(Gullone et al.,2010)。因此,男生比女生表现出更多的消极应对方式。

(二)青少年学业倦怠与应对方式的相关分析

相关分析结果表明:青少年学业倦怠与积极应对方式呈显著负相关,与消极应对方式呈显著正相关,这与以往的研究结果一致。可能的原因是:青少年时期是个体发展的重要且特殊的时期,此时个体身心具有"半成熟、半幼稚"的特点。学业倦怠作为一种压力性事件出现时,个体常常表现的不知所措,在情绪上呈现低落、不自信,此时如果得不到来自老师、家长或朋友的支持,容易产生退避、幻想的消极想法或行为,很难积极地面对困难、寻找帮助或解决问题。另一方面,当个体遇到压力时常常采取乐观、积极的态度,即便出现了学习上的问题,他可能也会积极地寻求帮助来解决问题,因此,不容易产生学业倦怠。相关分析只能分析学业倦怠与应对方式可能存在密切关系,无法理解其准确的准因果关系,因此进行交叉滞后分析有助于我们深化对两者关系的认识。

(三)青少年学业倦怠与应对方式的交叉滞后分析

交叉滞后结果显示:学业倦怠能显著负向预测积极应对方式,这与以往的研究结果一致(魏萍,唐海波,宋宝萍,2008)。这表明青少年学业倦怠程度越严重,选择积极应对方式的将越少,不能够以积极、乐观的态度来面对问题。当个体面临压力事件、情绪耗竭时,根据个体的自我保护理论,大多数个体往往会采取不太积极的防御机制,以免再受到其他的伤害(Freud,2002;Diehl et al.,2014)。另一方面,学业倦怠与消极应对方式之间不存在相互预测关系。这与以往的研究不一致,可能是由于被试取样等造成的误差。因此,学业倦怠能反向预测积极应对方式。本研究结果启示教育工作者,应重视青少年的学业倦怠问题及其可能引发的不积极应对生活、学习等消极态度,后期还可以针对学业倦怠的影响因素进行更深入的探索。

五、小结

通过上述分析,可以得出以下几个结论。

（1）青少年学业倦怠具有一定的发展性，消极应对方式也具有一定的可塑性，积极应对方式则具有相对稳定性；

（2）青少年学业倦怠与积极应对方式呈显著负相关，与消极应对方式呈显著正相关；

（3）学业倦怠能负向预测积极应对方式。

第五章

青少年手机依赖、生活事件、学业倦怠和心理健康之间的关系

第一节　生活事件对手机依赖青少年心理健康的影响：学业倦怠的中介作用

一、引言

近年来，随着4G、5G网络的进一步普及，手机用户日益呈现低龄化趋势，我国青少年手机用户数量显著增加。手机的使用对于青少年而言是把双刃剑：一方面，部分研究者认为使用手机能够对青少年产生积极影响，如有研究发现青少年手机使用率的上升与青少年吸烟人数的减少相关（Charlton，Bates，2000）。另一方面，大多数研究者认为手机的不恰当使用会对青少年身心产生不健康影响，如Castellacci等人（2018）发现手机的不适当使用与心理困扰和精神障碍症状有关；Panova等人（2016）的研究发现当人们为避免负面体验而依赖手机时，有问题的手机使用和低心理健康之间存在显著的正相关。新媒体时代，手机的不恰当使用导致的“手机依赖”现象频出，青少年手机依赖者这一群体逐渐引起研究者的关注，但目前我国关于青少年手机依赖者心理健康问题的研究较少。因此，探讨青少年手机依赖者的心理健康特点及机制对提升青少年心理健康水平具有现实意义。

心理健康既受主观因素的影响，又受客观因素的制约，是主客观因素综合作用的结果。根据生态系统理论，青少年的心理健康受到个人与环境交互作用的影响。生活事件作为一种典型的环境因素，对心理健康的作用不容小觑。生活事件是指个体所受的来自外界的种种紧张性刺激，它能引发个体生活中的主要压力。大量研究表明,生活事件和心理健康联系紧密。有研究发现压力性生活事件影响青少年心理健康(Williams,Ware,& Donald,1981);胡胜利(1994)的研究发现高中生的心理健康受到学校教育、家庭环境、社会文化和学生自身 4 个因素 27 个生活事件的影响;胡军生等人(2008)也发现师范大学生生活事件能显著预测其心理健康。作为一种个体因素,学业倦怠与青少年的心理健康也有着紧密的联系。学业倦怠由情绪衰竭、玩世不恭和个人成就感降低三个维度组成,表现为学习积极性下降、学习满意度降低、健康损害风险等(Jacobs & Dodd,2003)。李永鑫等人(2008)的研究发现无论是在横断考察还是在纵向分析中,学业倦怠都能有效预测抑郁;另有研究发现,学业倦怠是大学生心理健康的有效预测因素,大学生学业倦怠程度越高,其心理健康问题越严重(阚晓华,2010)。

Sarason(1983)指出"倦怠不仅是个体的特征,也是社会属性在个体复杂心理特征上的一种反映。"这表明学业倦怠与生活事件这一社会环境因素之间可能也存在着联系。国内外研究者发现,生活事件与学业倦怠呈显著正相关,生活事件对学业倦怠程度具有较强的预测作用(Dyrbye et al,2006;Huang & Lin,2010),李永鑫等人(2006)针对大学生的一项纵向研究结果也表明,生活事件与学业倦怠之间既相关,也存在因果关系,生活事件是学业倦怠的前因变量。

综上所述,生活事件影响青少年的学业倦怠,学业倦怠影响青少年的心理健康,满足考查中介变量的条件(温忠麟,张雷,侯杰泰,等,2004)。纵观已有研究,关于青少年手机依赖者的研究较少,因此本研究以青少年手机依赖者为研究对象,以青少年手机依赖者生活事件为自变量、心理健康为因变量、学业倦怠为中介变量,探讨生活事件影响青少年手机依赖者心理健康的作用机制。本研究的假设包括:

H_1:青少年手机依赖者与非手机依赖者在生活事件、学业倦怠和心理健康上存在显著差异;

H_2:生活事件既能直接影响青少年手机依赖者的心理健康,也能通过学业倦怠间接影响青少年手机依赖者的心理健康。

二、对象和方法

(一)对象

采用整群随机抽样的方法,在河南省、黑龙江省、江西省、山东省的12所大学和中学抽取1300名青少年完成问卷。剔除无效问卷,得到1191份有效问卷。有效率为91.62%。其中男生602人(50.5%),女生589人(49.5%);年龄为11~25岁(17.37±3.08)。其中经筛选得到手机依赖者252名,占总人数的21.16%,男生144人,女生108人,年龄为11~24岁(17.59±3.10)。

(二)工具

1.手机依赖指数量表(Mobile Phone Addiction Index,MPAI)

由香港中文大学梁永炽编制(Leung,2008)。量表包括17个题目,该量表采用5点计分,1表示"几乎没有",5表示"总是"。总分越高,表示手机依赖程度越高。该量表是参照Young对网络成瘾的筛查标准进行编制的,根据筛查标准:在所有条目中,被试对8个条目及以上做出肯定回答(4分及以上为肯定回答),即界定为手机依赖者。在本研究中,整个量表的克伦巴赫系数为0.881。

2.青少年自评生活事件量表(Adolescent Self-Rating Life Events Checklist,ASLEC)

采用刘贤臣等人(1997)编制的青少年自评生活事件量表,共27个条目,包括人际关系、学习压力、受惩罚、丧失、健康适应、其他应激6个因子。得分越高,表明此负性生活事件的影响越大。在本研究中,整个量表的克伦巴赫系数为0.932。

3.症状自评量表(Symptom Checklist 90,SCL-90)

采用王征宇(1984)所翻译国外Derogatis编制的SCL-90心理症状自评量表。该量表共90个题目,采用5点计分法,1代表"没有",5代表"严重"。所得分数越高,表明心理健康状况越差。在本研究中,整个量表的克伦巴赫系数为0.984。

4. 青少年学业倦怠问卷

采用吴艳、戴晓阳、张锦(2007)编制的学习倦怠问卷。该量表共 16 个题目,包括身心耗竭分量表、学业疏离分量表、低成就感分量表,采用 Likert 5 点计分法,1 代表“很不符合”,5 代表“非常符合”。问卷得分越高,表示被测者学习倦怠的总体状况越差。在本研究中,整个量表的克伦巴赫系数为 0.731。

(三)数据处理

所用问卷在统一指导语下进行团体施测,当场回收问卷。采用 SPSS20.0、AMOS23.0 软件进行数据分析。

三、结果

(一)共同方法偏差检验

在收集数据后,Harman 单因子方法分析显示,共有 30 个因子的特征根大于1,第一个因子解释了总变异的 23.26%,远远低于 40% 的临界值,表明共同方法偏差不会显著影响本研究的结果。

(二)青少年手机依赖者与非手机依赖者的差异

独立样本 t 检验结果表明:在学业倦怠、生活事件和心理健康上,手机依赖与非依赖青少年差异显著,并且青少年手机依赖者的得分均比非手机依赖青少年高。即青少年手机依赖者比非手机依赖青少年受到生活事件的影响更大,表现出更多的学业倦怠,心理健康程度更低。

表 5-1 手机依赖与非手机依赖青少年在应对方式、生活事件和心理健康上的差异检验($M±SD$)

	学业倦怠	生活事件	心理健康
手机依赖青少年	47.03±8.51	51.99±16.63	187.62±69.39
非手机依赖青少年	41.17±7.74	44.05±13.97	148.22±51.05
t	10.446	6.949	8.423
p	0.000***	0.000***	0.000***

(三)青少年手机依赖者生活事件、学业倦怠、心理健康的相关分析

对252名青少年手机依赖者的生活事件、学业倦怠、心理健康进行相关分析,由表5-2可以发现生活事件、学业倦怠与心理健康量表得分两两之间存在显著正相关。

表5-2 青少年手机依赖者生活事件、学业倦怠、心理健康的相关分析

	1	2	3
1 心理健康	–		
2 生活事件	0.573***	–	
3 学业倦怠	0.359***	0.311***	–

(四)青少年手机依赖者学业倦怠在生活事件与心理健康间的中介作用

研究采用结构方程模型对252名青少年手机依赖者的数据和假设模型进行验证,得出结构方程模型。具体拟合指数:$x^2=441.801$,df=149,$x^2/df=2.965$,RMSEA=0.088(90% CI:0.079-0.098),CFI=0.923,TLI=0.911,SRMR=0.059。根据结构方程模型的拟合标准,各项指标拟合良好。模型结构及标准化路径系数见图5-1。

图5-1 生活事件、学业倦怠和心理健康的中介模型

由图 5-1 可知，对于青少年手机依赖者，生活事件能够显著正向预测学业倦怠，学业倦怠能够显著负向预测心理健康，学业倦怠在生活事件与心理健康之间发挥部分中介效应。

在此基础上，使用偏差校正 bootstrap 法对中介效应进行显著性检验，重复取样 1000 次，计算 95% 置信区间。由表 5-3 可知，间接效应与直接效应所对应的路径均不包括 0，进一步验证了学业倦怠在生活事件与青少年手机依赖者的心理健康间的中介作用。

表 5-3 学业倦怠在生活事件与心理健康中介效应的显著性检验

路径	估计值	SE	Bootstrap(95% CI)
间接效应 生活事件→学业倦怠→心理健康	0.06	0.02	[0.03,0.11]
直接效应 生活事件→心理健康	0.51	0.05	[0.41,0.62]

四、讨论

本研究发现，相对于非手机依赖青少年，青少年手机依赖者更大程度受生活事件的影响，表现出更多的学业倦怠，心理健康程度更低。本研究的结果也支持了手机依赖会对青少年产生消极影响这一观点（Castellacci & Tveito，2018；Panova & Lleras，2016）。资源保护模型假设当个体感知到对其资源的威胁时，就会产生压力和倦怠（Halbesleben & Buckley，2016）。青少年手机依赖者在接收、观看形形色色的手机信息时，会损耗更多的心理资源，此时再面对负性的外部紧张性刺激，会进一步损耗资源，当他们感受到这种资源消耗的威胁时，便会比非手机依赖青少年更容易产生学业倦怠，对其情绪、行为和认知造成不良的影响，在心理上表现出更多的不健康状态。

相关分析显示，对于青少年手机依赖者，生活事件与心理健康显著负相关，即青少年手机依赖者经历的负性生活事件对其影响越大，其心理健康程度越低，这与以往的研究一致（杨会芹，刘晖，周宁，2016；Arnarson et al.，2016）。青少年手机依赖者花费了大量的时间与精力在使用手机上，形成了虚拟与现实的分离,缺乏解决现实问题的能力,因此在面对负性生活事件时,他们往往显得措手不及,应对不暇,更易产生消极情绪,自我效能感降低,心理健康水平下降(Abdel-Khalek,Lester,2017)。另一方面,青少年手机依赖者的心理症状水平与学业倦怠呈显著正相关,表明学业倦怠程度越高,心理健康水平越低。研究表明,大学生的倦怠与抑郁相关显著(李永鑫,周广亚,2006);也有研究发现护理学生的学习倦怠与心理健康之间关系显著。这可能的原因是:在青少年时期,学习是首要任务,当青少年出现学习倦怠时,学习成绩下降,学习积极性不高,自然会出现更多的消极情绪,会对心理健康产生影响。

进一步的中介效应检验发现,生活事件对学业倦怠的正向预测作用显著,学业倦怠对心理健康的正向预测作用显著,学业倦怠在生活事件和心理健康之间发挥中介作用。这表明,在青少年手机依赖者群体中,负性的生活事件不仅会直接影响心理健康,并且会通过学业倦怠间接影响心理健康。青少年时期是个体发展的关键时期,也是身心问题多发的时期,在新媒体时代,青少年手机依赖者及其心理健康问题更加值得我们关注。在日常生活中,即便是一些容易被老师家长忽略的生活事件(如当众丢面子、评选落空、被人误会、升学压力等)(刘贤臣,刘连启,杨杰,等,1997)都可能对青少年手机依赖者的心理健康产生负面的影响。因此,这也启示家长和教育工作者,应给予青少年手机依赖者更多的爱心和关心,尤其应当认识到日常一些负性的生活事件对其学习、心理可能造成的不良影响,在负性生活事件发生时给予及时的指导和帮助,使其心理达到更为健康的水平。

五、小结

通过上面的分析,得出以下几个结论。

(1)青少年手机依赖者与非手机依赖者在生活事件、学业倦怠和心理健康上存在显著差异,且手机依赖者各变量得分显著高于非手机依赖者;

(2)生活事件、学业倦怠与心理健康三个量表得分之间呈显著正相关;

(3)学业倦怠在生活事件和心理健康间起部分中介作用,生活事件既可以直接作用于青少年手机依赖者的心理健康,也可以通过学业倦怠间接作用于其心理健康。

第二节　青少年生活事件与心理健康的交叉滞后分析

一、引言

心理健康包含了个体生活的各个方面,是个体拥有较多的积极因素和较少的消极因素的一种主观体验。随着社会的进步,随着党和国家对心理健康问题的日益重视和对心理健康服务的日益加强,心理健康问题越来越多的引起了研究者们的重视。“少年强则国强”,青少年是国家的栋梁,民族的希望,青少年的心理健康问题更是研究者关注的重点。加强青少年的心理健康问题研究不仅能帮助青少年深入理解心理健康、缓解心理健康问题,而且有利于完善整个社会的心理健康服务体系,为教育工作者们提供具有理论和现实意义的启示。

心理健康的生物生态学模型指出个体的心理健康受到自身、环境等多重因素的影响。因此,关注青少年心理健康问题除了解决青少年自身遗传、认知因素的影响(赵雯婧,等,2011;张利萍,2018;刘文,张靖宇,于增艳,高爽,2018),还可以从外在环境因素着手进行探讨。林崇德等学者(2003)认为压力源是最突出的对身心健康具有威胁的环境因素。生活事件是指个体所受来自外界的种种紧张性刺激,它能引发个体生活中的主要压力。大量研究表明,生活事件和心理健康联系紧密(Mulder & De,2018;Friborg,2018)。但关于生活事件与心理健康的因果或准因果关系的研究还较少,缺乏纵向的数据与分析。

从现有横向研究来看:一方面,生活事件可以预测心理健康。有研究发现压力性生活事件影响青少年心理健康(Williams,Ware,& Donald,1981);胡胜利(1994)的研究发现高中生的心理健康受学校教育、家庭环境、社会文化和学生自身4个因素27个生活事件的影响;胡军生等人(2008)也发现师范大学生生活事件能显著预测其心理健康。另一方面,关于心理健康对生活事件预测作用的研究非常少,仅有少量研究发现有抑郁情绪的学生比无抑郁情绪学生的生活事件得分要高(兰杰,朱焱,焦传家,蒋红梅,2017),这在一定程度上表明心理健康可能会预测青少年的生活事件得分。

结合现有研究的不足，本研究从纵向角度，采用交叉滞后回归分析，考察青少年生活事件与心理健康之间的相互预测关系或准因果关系，为深入了解心理健康，促进青少年心理健康提供一定的启示。

二、研究方法

(一)研究对象

采用整群随机抽样的方法，测试前向学生说明测试目的并征得同意。抽取河南省、黑龙江省、江西省、山东省的8所大学和4所中学的在校学生为研究对象，进行两次测查：第一次测查时间是2017年10月；第二次测查时间是2018年4月。将两次施测数据整合后，得到2次测试均有效的被试者604名。其中城镇学生340人，农村学生262人；男生268名，占44.4%；女生336名，占55.6%；年龄为11～24岁。

(二)研究工具

1. 青少年自评生活事件量表

采用刘贤臣等人(1997)编制的青少年自评生活事件量表。该量表包括27个题目，包括人际关系、学习压力、受惩罚、丧失、健康适应、其他应激6个因子。得分越高，表明此负性生活事件的影响越大。在本研究中，整个量表的前后测 Cronbach's α 系数分别为0.91、0.94

2. 症状自评量表

采用王征宇(1984)所翻译国外 Derogatis 编制的 SCL-90 心理症状自评量表。该量表共90个题目，采用5点计分法，1代表“没有”，5代表“严重”。所得分数越高，表明心理健康状况越差。在本研究中，整个量表的克伦巴赫系数为0.984。在本研究中，整个量表的前后测 Cronbach's α 系数均为0.98。

(三)数据处理

所用问卷在统一指导语下进行团体施测，当场回收问卷。采用SPSS20.0软件进行数据分析。采用重复测量的方差分析的方法分析青少年生活事件和心理健康的稳定性、采用相关分析的方法分析生活事件和心理健康的横向和纵向相关、采用回归分析对生活事件和心理健康之间的互相预测关系进行分析。

三、结果

(一)共同方法偏差的控制

本研究采用匿名、正反向计分交叉等方式进行问卷设计,前后测问卷发放间隔六个月,在一定程度上减少了共同方法效应。在收集数据后,Harman 单因子方法分析显示,前测时有 23 个因子的特征根大于 1、后测时有 21 个,前测时第一个因子解释了总变异的 29.67%、后测时解释了 35.72%,均明显低于 40%的临界值,表明共同方法偏差不会显著影响本研究的结果。

(二)青少年生活事件与心理健康的稳定性

以测查时间(包括前测 T1 和后测 T2)为被试内变量,性别为被试间变量,生活事件为因变量,进行 2×2 的重复测量方差分析。结果发现,测查时间的主效应不显著($F_{(1,602)}=2.66, p>0.05$);性别的主效应显著($F_{(1,602)}=14.38, p<0.05$),男生的生活事件得分显著高于女生;时间和性别的交互作用不显著($F_{(1,602)}=2.06, p>0.05$)。

以测查时间(包括前测 T1 和后测 T2)为被试内变量,性别为被试间变量,心理健康为因变量,进行 2×2 的重复测量方差分析。结果发现,测查时间的主效应不显著($F_{(1,602)}=0.26, p>0.05$);性别的主效应不显著($F_{(1,602)}=0.001, p>0.05$);时间和性别的交互作用不显著($F_{(1,602)}=0.36, p>0.05$)。

(三)各研究变量的平均值、标准差及相关矩阵

数据显示,前测与后测生活事件的相关系数为 0.38,前测与后测心理健康的相关系数为 0.51,表明生活事件和心理健康在六个月中表现出一定的稳定性。

生活事件与心理健康的同时性相关显著:前测中生活事件与心理健康的相关系数为 0.50,后测中生活事件与心理健康的相关系数为 0.62。同时,生活事件与心理健康的继时性相关也显著:前测生活事件与后测心理健康的相关系数为 0.37,前测心理健康与后测生活事件的相关系数为 0.37。表明生活事件与心理健康之间存在一定关系,符合交叉滞后设计的基本假设。

表 5-4　青少年生活事件与心理健康的平均值、标准差及相关矩阵

	M	*SD*	1	2	3
1 生活事件 T1	46.29	14.60	1		
2 生活事件 T2	44.99	17.08	0.38***	1	
3 心理健康 T1	158.18	56.97	0.50***	0.37***	1
4 心理健康 T2	157.13	60.38	0.37***	0.62***	0.51***

(四)青少年生活事件与心理健康的交叉滞后分析

采用交叉滞后回归分析,考查青少年生活事件与心理健康之间的相互预测关系,结果见图 5-2。

图 5-2　生活事件与心理健康的交叉滞后分析图

首先,分析生活事件对心理健康的预测作用。以前测生活事件和前测心理健康为自变量,后测心理健康为因变量,以强制指定方法先后进入回归方程,进行回归分析,以考察在前测心理健康的影响被控制之后,前测生活事件预测后测心理健康的独特作用。结果显示:前测的生活事件可以显著正向预测后测心理健康(β=0.15,p<0.001)。

其次,分析心理健康对生活事件的预测作用。以前测生活事件和前测心理健康为自变量,后测生活事件为因变量,以强制指定方法先后进入回归方程,进行回归分析,以考察在前测生活事件的影响被控制之后,前测心理健康预测后测生活事件的独特作用。结果显示:前测的心理健康可以显著

正向预测后测生活事件($\beta=0.24, p<0.001$)。

四、讨论

(一)青少年生活事件与心理健康的稳定性及发展

重复测量方差分析结果显示。一方面,生活事件时间主效应不显著,这表明生活事件在六个月中表现出一定的稳定性。这可能是因为个体在进行生活事件测试时一般都是依据回忆,在短时间内青少年的回忆并没有发生改变,因此受到生活事件的影响程度基本稳定。此外,生活事件的性别主效应显著且男生受生活事件影响程度要高于女生,这与以往的研究结果一致(王超,2018),可能的原因是男生由于性别标准和刻板印象的束缚被寄予的期望要强于女生(卢家楣,等,2016),且女生在生活中的情绪调节和适应能力要高于男生,遇到压力事件时,常常能够以积极的方式进行调节,因此受到生活事件的影响要低。另一方面,心理健康的时间主效应不显著,性别主效应不显著,这表明心理健康在六个月的时间内表现出一定的稳定性,且不存在性别差异。这一结果符合心理健康的定义,即心理健康是知、情、意的内在关系协调(周郁,刘红,2006),在短期内这种内在关系不容易破坏,因此个体心理健康会处在一个相对稳定的状态中。

(二)青少年生活事件与心理健康的相关分析

相关分析结果表明:青少年生活事件与心理健康在同时性与继时性上均呈显著正相关,这与以往横向研究的结果基本一致(Williams, Ware, & Donald,1981)。根据素质-压力模型,素质与环境和压力源相互作用,从而引发行为或心理障碍(Zubin & Spring,1977)。生活事件作为一种压力源,与青少年的心理健康是密切相关的。青少年处于身心发展的敏感时期,对压力具有易感性,情绪、认知很容易受影响,严重者可能会出现焦虑、抑郁等症状。因此,生活事件与心理健康具有密切的关系,但相关分析不能深入探讨两者的预测关系,需要进一步进行交叉滞后分析。

(三)青少年生活事件与心理健康的交叉滞后分析

交叉滞后分析结果显示,生活事件可以显著正向预测心理健康,这与横向研究结果基本一致(胡胜利,1994)。青少年在学习生活中的人际关系、学习压力、丧失、健康适应等方面的种种压力性问题，如果没有一定的支持，青少年在身心上很有可能会产生较大影响，危及心理健康。另一方面，心理健康也可以显著正向预测生活事件。青少年如果自身心理健康状况不佳，自身情绪不高，认知能力出现偏差，当产生生活事件时很容易受到较大影响，与正常青少年相比，更容易感受负性压力事件所带来的压力，情绪耗竭，进而心理健康状况也会受到影响，形成一个恶性循环。因此，本研究启示我们：加强青少年心理健康要重视其在学习、生活中发生的负性压力事件，及时给予鼓励与支持；在发生负性生活事件时，也要注意关注其心理健康，帮助其及时疏导。

五、小结

通过上面的分析，可以得出以下几个结论。

(1)青少年生活事件与心理健康在一定时间内都具有稳定性；

(2)青少年生活事件与心理健康呈显著正相关；

(3)青少年生活事件能显著正向预测心理健康，心理健康也能正向预测生活事件。

第三节　青少年生活事件与学业倦怠的交叉滞后分析

一、引言

“少壮不努力，老大徒伤悲”，青少年正处于个体汲取学习知识的大好时期，此时应认真学习文化知识，加强自身素养。然而，当下不少青少年在学习上出现了倦怠的问题。学业倦怠是指个体在学习压力下产生的一种负性而持久的心理状态，由情绪衰竭、玩世不恭和个人成就感降低三个维度组成，学业倦怠表现为学习积极性下降、学习满意度降低、健康损害等风险(Jacobs et al.，2003)。学业倦怠不仅影响青少年自身情绪、认知的发展(朱政光，张大均，吴佳禾，刘广增，张李斌，2018；王德芳，杨小峻，2017)，还会危害其社会功能、人际交往等。因此，研究学业倦怠及其影响因素应受到研究者的重视，这有利于帮助青少年解决学业倦怠问题，促进发展，响应国家“学习强国”的号召。

青少年个体处于敏感期，对生活中的应激事件具有易感性（Steinberg et al，2015；Arnett，1999），生活事件在很大程度上容易对其产生影响。生活事件是指个体所受来自外界的种种紧张性刺激，它能引发个体生活中的主要压力。素质-应激模型提出（Monroe & Simons，1991），不同的个体在经历压力事件时，对身心会产生不同影响。应激性生活事件可能会使青少年情绪耗竭、出现一些认知偏差，进而出现学习成绩下降、学习积极性低下、学习满意度下降等危害。实证研究也表明，生活事件不仅与学业倦怠关系紧密，而且可以显著预测学业倦怠（Dyrbye et al. ，2006；Huang & Lin，2010；李永鑫，等，2006）。

通过上述理论和实证均可发现青少年生活事件与学业倦怠有着紧密的关系，值得深入探讨两变量间的具体预测关系。然而，整理现有研究发现，关于两者的研究大多属于横向研究，众所周知，横向研究无法检验变量间的因果关系。因此，本研究从纵向角度，采用交叉滞后回归设计探讨青少年生活事件与学业倦怠间的准因果关系，以期为解决青少年学业倦怠问题提供一定启发。

二、研究方法

（一）研究对象

采用整群随机抽样的方法，测试前向学生说明测试目的并征得同意。抽取河南省、黑龙江省、江西省、山东省的 8 所大学和 4 所中学的在校学生为研究对象，进行两次测查：第一次测查时间是 2017 年 10 月；第二次测查时间是 2018 年 4 月。将两次施测数据整合后，得到 2 次测试均有效的被试 604 名。其中城镇学生 340 人，农村学生 262 人；男生 268 名，占 44.4%；女生 336 名，占 55.6%；年龄为 11 ~ 24 岁。

（二）研究工具

1. 青少年自评生活事件量表

采用刘贤臣等人（1997）编制的青少年自评生活事件量表。该量表包括 27 个题目，包括人际关系、学习压力、受惩罚、丧失、健康适应、其他应激 6 个因子。得分越高,表明此负性生活事件的影响越大。在本研究中,整个量表的前后测 Cronbach's α 系数分别为0.91、0.94。

2. 青少年学业倦怠问卷

采用吴艳,戴晓阳,张锦(2007)编制的学业倦怠问卷。该量表共16个题目,包括身心耗竭分量表、学业疏离分量表、低成就感分量表,采用5点计分法,1代表"很不符合",5代表"非常符合"。问卷得分越高,表示被测者的学业倦怠越严重。在本研究中,整个量表的前后测 Cronbach's α 系数为0.75、0.66。

(三)数据处理

所用问卷在统一指导语下进行团体施测,当场回收问卷。采用SPSS20.0软件进行数据分析。采用重复测量的方差分析的方法分析青少年生活事件和学业倦怠的稳定性、采用相关分析的方法分析生活事件和学业倦怠的横向和纵向相关、采用回归分析对生活事件和学业倦怠之间的互相预测关系进行分析。

三、结果

(一)共同方法偏差的控制

本研究采用匿名、正反向计分交叉等方式进行问卷设计,前后测问卷发放间隔六个月,在一定程度上减少了共同方法效应。在收集数据后,Harman单因子方法分析显示,前测时有8个因子的特征根大于1、后测时也有8个,前测时第一个因子解释了总变异的20.91%、后测时解释了27.98%,均远远低于40%的临界值,表明共同方法偏差不会显著影响本研究的结果。

(二)青少年生活事件与学业倦怠的稳定性

以测查时间(包括前测T1和后测T2)为被试内变量,性别为被试间变量,生活事件为因变量,进行2×2的重复测量方差分析。结果发现,测查时间的主效应不显著($F_{(1,602)}=2.66, p>0.05$);性别的主效应显著($F_{(1,602)}=14.38, p<0.05$),女生的生活事件得分显著比男生低;时间和性别的交互作用不显著($F_{(1,602)}=2.06, p>0.05$)。

以测查时间(包括前测T1和后测T2)为被试内变量,性别为被试间变量,学业倦怠为因变量,进行2×2的重复测量方差分析。结果发现,测查时间的主效应显著($F_{(1,602)}=17.50$,$p<0.001$),性别的主效应不显著($F_{(1,602)}=2.04$,$p>0.05$),时间和性别的交互作用不显著($F_{(1,602)}=0.09$,$p>0.05$)。

(三)各研究变量的平均值、标准差及相关矩阵

数据显示,前测与后测生活事件的相关系数为0.38,前测与后测学业倦怠的相关系数为0.41,表明生活事件和学业倦怠在六个月中表现出一定的稳定性。

生活事件与学业倦怠的同时性相关显著:前测中生活事件与学业倦怠的相关系数为0.36,后测中生活事件与学业倦怠的相关系数为0.40。同时,生活事件与学业倦怠的继时性相关也显著:前测生活事件与后测学业倦怠的相关系数为0.25,前测学业倦怠与后测生活事件的相关系数为0.18。表明生活事件与学业倦怠之间存在一定关系,符合交叉滞后设计的基本假设。

表5-5 青少年生活事件与学业倦怠的平均值、标准差及相关矩阵

	M	*SD*	1	2	3
1 生活事件 T1	46.29	14.60	1		
2 生活事件 T2	44.99	17.08	0.38***	1	
3 学业倦怠 T1	42.31	8.44	0.36***	0.18***	1
4 学业倦怠 T2	43.79	7.28	0.25***	0.40***	0.41***

(四)青少年生活事件与心理健康的交叉滞后分析

采用交叉滞后回归分析探索生活事件与学业倦怠之间的相互预测关系,见图5-3。

首先,分析生活事件对学业倦怠的预测作用。以前测生活事件和前测学业倦怠为自变量,后测学业倦怠为因变量,以强制指定方法进行回归分析,考察控制了前测学业倦怠的影响后,前测生活事件对后测学业倦怠的单独预测效应。结果显示:前测的生活事件可以显著正向预测后测学业倦怠($\beta=0.12$,$p<0.01$)。

其次,分析学业倦怠对生活事件的预测作用。以前测生活事件和前测

学业倦怠为自变量，后测生活事件为因变量，以同样方法进行回归分析，考察控制了前测生活事件的影响后，前测学业倦怠对后测生活事件的单独预测效应。结果显示：前测的学业倦怠不能预测后测生活事件（$\beta = 0.05$，$p > 0.05$）。

图 5-3　青少年生活事件与学业倦怠的交叉滞后分析

四、讨论

（一）青少年生活事件与学业倦怠的稳定性及发展

重复测量方差分析结果表明：青少年生活事件的时间主效应不显著，这表明生活事件在短期内具有一定稳定性。个体在进行生活事件测试时一般都是依据回忆，在短时间内青少年的回忆感受没有发生改变，因此受到生活事件的影响程度基本稳定。生活事件的性别主效应显著，女生受生活事件影响的程度要低于男生，这与以往的研究结果一致（王超，2018），可能的原因是男生由于性别标准和刻板印象的束缚被寄予的期望要高于女生（卢家楣，等，2016），再加上女生在生活中的情绪调节和适应能力要高于男生，遇到压力事件时，常常能够以积极的方式进行调节，因此受到生活事件的影响要低。另一方面，青少年学业倦怠的时间主效应显著，表明学业倦怠在短时间内具有一定的发展性，并且从前后测学业倦怠的均值来看，随着时间的流逝，学业倦怠的情况会越来越严重。

（二）青少年生活事件与学业倦怠的相关分析

相关分析结果表明：青少年生活事件与学业倦怠呈显著正相关。这与以往研究的结果基本一致(Dyrbye et al,2006)。这一结果表明青少年在学习生活中感受到生活事件影响越大,表现出学业倦怠的可能性也越大,反之亦然。与正常青少年相比,出现学业倦怠的青少年受到生活事件影响的可能性及程度可能要更高。相关结果仅仅可以证明青少年生活事件与学业倦怠紧密相关,但无法确定两者的准因果或预测关系,需要进行进一步的交叉滞后分析。

(三)青少年生活事件与学业倦怠的交叉滞后分析

交叉滞后分析结果表明:生活事件可以显著正向预测学业倦怠。这与以往研究结果一致(李永鑫,周广亚,2006)。青少年受到生活事件影响越大,越容易产生学业倦怠,即生活事件是学业倦怠的前因变量。遇到现实生活事件时,青少年在情绪上会表现出失落、焦虑,在认知上可能出现偏差,同时会损耗其大量的心理资源进行自我保护(Halbesleben & Buckley,2016),然而青少年的心理资源是有限的,当资源动用在处理生活事件上,所剩用在学习上的资源便十分有限了,其学习时间有限,情绪不稳定,学习成绩会受到影响,学习兴趣下降,便容易产生学业倦怠(Lloyd et al,1980)。因此,生活事件可以预测学业倦怠。这一研究结果给我们的启示是:生活事件对青少年的影响是深远的,除了带给青少年认知、情绪上的影响外,还会影响其学习,产生学业倦怠。因此家长和教育工作者在青少年发生负性生活事件后,应及时给予其支持与鼓励,帮助其排解压力,度过难关,以免出现学业倦怠。

五、小结

通过上面的分析,可以得出以下几点结论。

(1)青少年生活事件具有一定稳定性,学业倦怠具有一定发展性;

(2)青少年生活事件与学业倦怠呈显著正相关;

(3)交叉滞后回归分析表明,前测的生活事件可以显著正向预测后测的学业倦怠。

第四节　青少年生活事件与手机依赖的交叉滞后分析

一、引言

信息互联网时代，随着互联网、手机的普及，它在给个体带来便利的同时，也带来了一些负面影响：越来越多个体出现了手机依赖现象。手机依赖表现为个体对手机过度沉迷并产生强烈而持久的依赖感，导致出现身体、社会、心理功能明显受损的行为（Yen et al.，2009）。产生手机依赖的个体常常出现无法控制使用时间、伴随消极的情绪体验，逃避现实压力问题以及工作、学习效率低下等问题，严重影响个体自身发展以及社会功能（蒋怀滨，黄俊雄，张斌，郭宇，孙思环，王超，2018），因此，研究者们开始关注手机依赖问题。"少年强则国强"，青少年个体是国家的希望、社会的栋梁，关注青少年问题具有社会发展意义。然而，青少年处于青春期这个敏感的阶段，具有"半成熟、半幼稚"的特点，自我控制能力低，因好奇心容易被新鲜事物诱惑，更容易出现成瘾现象。中国互联网络信息中心 2019 年 2 月发布的最新统计报告中指出，截至 2018 年 12 月，中国网民使用手机上网的比例达98.6%，其中青少年群体占 44.3%（中国互联网络信息中心，2019）。因此，关注青少年手机依赖问题及其影响因素具有重要意义。

生活事件是指个体所受来自外界的种种紧张性刺激，它能引发个体生活中的主要压力。研究表明手机依赖与生活事件关系密切，李翠景等人（2016）的研究发现生活事件与手机依赖总分呈显著正相关。手机依赖作为一种成瘾行为对青少年来说也是一种压力事件，因此可能与生活事件存在显著的相关关系，但是相关并不能深入解释两者之间的因果或准因果关系。但现有对两者预测关系的研究还鲜有涉足，仅有少量横向研究发现，生活事件可以正向预测大学生手机依赖（祖菲娅，吐尔地，李卫民，2018）。关于手机依赖对生活事件预测作用的研究更是少之又少。

横向研究不能够相对准确地把握变量间的因果或准因果关系，再结合现有横向研究的不足，本研究为探明两者之间深入的准因果关系，拟采用交叉滞后回归分析设计研究青少年生活事件与手机依赖的相互预测作用。

二、研究方法

（一）研究对象

采用整群随机抽样的方法，测试前向学生说明测试目的并征得同意。抽取河南省、黑龙江省、江西省、山东省的8所大学和4所中学的在校学生为研究对象，进行两次测查：第一次测查时间是2017年10月；第二次测查时间是2018年4月。将两次施测数据整合后，得到2次测试均有效的被试604名。其中城镇学生340人，农村学生262人；男生268名，占44.4%；女生336名，占55.6%；年龄为11～24岁。

（二）研究工具

1. 青少年自评生活事件量表

采用刘贤臣等人（1997）编制的青少年自评生活事件量表。该量表包括27个题目，包括人际关系、学习压力、受惩罚、丧失、健康适应、其他应激6个因子。得分越高，表明此负性生活事件的影响越大。在本研究中，整个量表的前后测 Cronbach's α 系数分别为0.91、0.94。

2. 手机依赖指数量表

采用由香港中文大学梁永炽编制（Louis，2008）的量表。量表包括17个题目，该量表采用5点计分，1表示"几乎没有"，5表示"总是"。总分越高，表示手机依赖程度越高。该量表 Cronbach's α 系数为0.91，显示该量表信度良好。在本研究中，整个量表的前后测 Cronbach's α 系数分别为0.88、0.90。

（三）数据处理

所用问卷在统一指导语下进行团体施测，当场回收问卷。采用SPSS20.0软件进行数据分析。采用重复测量的方差分析的方法分析青少年生活事件和手机依赖的稳定性、采用相关分析的方法分析生活事件和手机依赖的横向和纵向相关、采用回归分析对生活事件和手机依赖之间的互相预测关系进行分析。

三、结果

(一)共同方法偏差的控制

本研究采用匿名、正反向计分交叉等方式进行问卷设计,前后测问卷发放间隔六个月,在一定程度上减少了共同方法效应。在收集数据后,Harman单因子方法分析显示,前测时有9个因子的特征根大于1、后测时有7个,前测时第一个因子解释了总变异的20.90%、后测时解释了28.25%,均远远低于40%的临界值,表明共同方法偏差不会显著影响本研究的结果。

(二)青少年生活事件与手机依赖的稳定性

以测查时间(包括前测T1和后测T2)为被试内变量,性别为被试间变量,生活事件为因变量,进行2×2的重复测量方差分析。结果发现,测查时间的主效应不显著($F_{(1,602)}=2.66, p>0.05$);性别的主效应显著($F_{(1,602)}=14.38, p<0.05$),女生的生活事件得分显著比男生低;时间和性别的交互作用不显著($F_{(1,602)}=2.06, p>0.05$)。

以测查时间(包括前测T1和后测T2)为被试内变量,性别为被试间变量,手机依赖为因变量,进行2×2的重复测量方差分析。结果发现,测查时间的主效应不显著($F_{(1,602)}=0.04, p>0.05$),性别的主效应不显著($F_{(1,602)}=1.83, p>0.05$),时间和性别的交互作用不显著($F_{(1,602)}=2.97, p>0.05$)。

(三)各研究变量的平均值、标准差及相关矩阵

数据显示,前测与后测生活事件的相关系数为0.38,前测与后测手机依赖的相关系数为0.49,表明生活事件和手机依赖在六个月中表现出一定的稳定性。

生活事件与手机依赖的同时性相关显著:前测中生活事件与手机依赖的相关系数为0.28,后测中生活事件与手机依赖的相关系数为0.33。同时,生活事件与手机依赖的继时性相关也显著:前测生活事件与后测手机依赖的相关系数为0.21,前测手机依赖与后测生活事件的相关系数为0.17。表明生活事件与手机依赖之间存在一定关系,符合交叉滞后设计的基本假设。

表 5-6 青少年生活事件与手机依赖的平均值、标准差及相关矩阵

	M	SD	1	2	3
1. 生活事件 T1	46.29	14.60	1		
2. 生活事件 T2	44.99	17.08	0.38***	1	
3. 手机依赖 T1	43.33	12.56	0.28***	0.17***	1
4. 手机依赖 T2	43.37	12.75	0.21***	0.33***	0.49***

(四)青少年生活事件与手机依赖的交叉滞后分析

采用交叉滞后回归分析探索生活事件与手机依赖之间的相互预测关系,见图 5-4。

图 5-4 青少年生活事件与手机依赖的交叉滞后分析图

首先,分析生活事件对手机依赖的预测作用。以前测生活事件和前测手机依赖为自变量,后测手机依赖为因变量,采用强制指定方法进行回归分析,考察控制了前测手机依赖的影响后,前测生活事件对后测手机依赖的单独预测效应。结果显示:前测的生活事件可以显著正向预测后测手机依赖(β=0.08,p<0.05)。

其次,分析手机依赖对生活事件的预测作用。以前测生活事件和前测手机依赖为自变量,后测生活事件为因变量,以同样方法进行回归分析,考察控制了前测生活事件的影响后,前测手机依赖对后测生活事件的单独预测效应。结果显示:前测的手机依赖可以边缘正向预测后测生活事件

($\beta=0.07, p<0.10$)。

四、讨论

(一)青少年生活事件与手机依赖的稳定性及发展

重复测量方差分析结果显示。一方面,生活事件时间主效应不显著,这表明生活事件在六个月中表现出一定的稳定性。这可能是因为个体在进行生活事件测试时一般都是依据回忆,在短时间内青少年的回忆并没有发生改变,因此受到生活事件的影响程度基本稳定。此外,生活事件的性别主效应显著,女生受生活事件影响的程度要低于男生,这与以往的研究结果一致(王超,2018),男生因性别标准和刻板印象的影响被寄予的期望要高于女生(卢家楣,等,2016),且女生在生活中的情绪调节和适应能力要高于男生,遇到压力事件时,常常能够以积极的方式进行调节,因此受到生活事件的影响要低。另一方面,手机依赖的时间主效应不显著,表明手机依赖呈现一定跨时间的稳定性;手机依赖也不存在性别差异。吴祖宏(2014)的研究结果也表明,手机依赖不存在年级和性别差异,这与本研究的结果一致。可能的原因是:随着科技的进步,手机基本可以涵盖生活中的吃、穿、用、行等方方面面,手机不仅可以满足游戏、娱乐等需求,也可以满足情感、交流等需求。根据马斯洛的需要层次理论,手机在一定程度上既可以直接满足个体的低层次需求,也可以间接满足个体情感归属、尊重等高层次需求,是个体的一种内在动机,因此具有稳定性和一致性。

(二)青少年生活事件与手机依赖的相关分析

相关分析结果表明,青少年生活事件与手机依赖呈显著正相关。这与已有横向研究的结果基本一致。表明青少年受生活事件影响的程度越高,越容易产生手机依赖,反之亦然,青少年手机依赖程度越高,越容易受生活事件的影响。生活中的压力往往影响青少年的情绪,容易产生逃避心理,在生活中易受生活事件影响,也容易形成手机依赖。相关分析只能发现青少年生活事件和手机依赖存在密切关系,但无法发现两者之间的准因果关系,需要进一步进行交叉滞后分析。

(三)青少年生活事件与手机依赖的交叉滞后分析

交叉滞后分析发现:青少年生活事件可以显著预测手机依赖,手机依赖也可以预测青少年生活事件。青少年处于敏感期,在面对生活中的压力时常常易受影响,在情绪上常常表现出失落、难过,出现认知偏差,如果没有外界及时的支持,在行为上常常表现出退避、幻想等,不愿面对现实的压力,就容易选择沉迷手机这样消极的应对方式(丁倩,孔令龙,张永欣,周宗奎,胡伟,2018),因为手机网络的开放性、包容性,恰好为青少年提供了逃避现实和负性生活事件压力的"避风港"(Vaish et al,2014),因此青少年生活事件可以正向预测手机依赖;另一方面,根据资源有限理论(Halbesleben & Buckley,2016),手机依赖的青少年将大量的心理资源消耗在手机网络中,所剩较少的心理资源往往不足以应对现实中的压力性生活事件,生活事件发生时往往受到的影响比正常青少年要更多,因此,青少年手机依赖也可以正向预测生活事件。

五、小结

通过上面的分析,可以得出以下几点结论。

(1)青少年生活事件和手机依赖具有一定稳定性;

(2)青少年生活事件与手机依赖呈显著正相关;

(3)交叉滞后回归分析表明,前测的生活事件可以显著正向预测后测的手机依赖,前测的手机依赖也可以显著正向预测后测的生活事件。

第六章

中学生手机使用行为、心理资本与心理健康的关系

第一节 中学生手机使用行为与心理健康的关系：心理资本的中介作用

一、引言

中学生的心理健康问题是全世界面临的重大公共卫生挑战，他们处于人生发展的第二个十年的重要阶段，而这一阶段又是一个充满错综复杂心理问题的危机时期，中学生心理健康问题不容忽视(Pinto et al.,2014)。世界卫生组织对健康的定义是指个体具有较高的社会幸福感和良好的身心状态，而不仅仅指身体健康或没有疾病(Sayers,2001)。我国学者林崇德认为，心理健康意指一种良好的心理或精神状态(林崇德,2012)。诸多研究显示中学生心理健康低于平均水平。从内部来说中学生处于“心理断乳期”，由于心理生理发展水平不平衡，导致情绪问题突出。从外部来看，中学生学习压力空前增大，伴随心理健康水平降低(俞国良,2016)。随着时代的发展，4G 网络的广泛覆盖，智能手机正成为中学生生活中不可或缺的一部分(樊子强,2019；汪贝妮，等,2018)。通常情况下，中学生的众多日常活动，诸如网络交友、娱乐、查阅资料、在线学习等，均习惯通过手机进行(王秋英,2018)。然而，他们的身心发育尚不成熟，处于一个快速成熟、人格改变、对物质容易上瘾的时期，因此对过度使用手机及其危害缺乏警惕性(祝春兰，等,2015)，严重影响中学生的心理健康。有研究表明中学生在享用手机多功能便捷的同时也容易沉迷其中，手机的过度使用在一定程度上会对学生

的心理产生消极影响(白瑄,2018)。

手机使用行为主要是指手机功能(如手机备忘录、拍照、计算器等)或服务(如通讯套餐和信息查询等)的使用情况,特指其使用频率和重要性评级(沈勇,2009)。目前,中学生采用手机上网已经占其网民数量的98.6%(中国互联网络信息中心,2019),手机已成为很多中学生的"标配"(丁倩,张永欣,周宗奎,2019)。手机已经成为中学生的学习工具之一,能给学生提供大量的学习知识信息,但手机有着积极作用的同时,也对中学生有着不可小觑的负面影响(樊子强,2019)。根据使用及满足理论模型,当个体在使用媒介时,由各种社会和心理因素所产生的特定需求就会得到满足,进而促使媒体使用的次数更多、时间更长,最终导致个体的成瘾行为(罗自文,2018;惠秋平,等,2017)。有研究者对15-19岁的中学生进行调查,发现每天使用手机超过7h的人群更多出现焦虑、注意力不集中,睡眠质量差等问题,这严重影响了中学生的心理健康(马云会,2014)。同时还有研究指出,手机会将自我与外部世界隔离,过度使用手机,不但会阻碍中学生与周围的同龄群体进行有效沟通,还会有更多的叛逆行为出现(刘沛汝,2014)。可见,手机不恰当的使用会影响中学生的面对面交往能力,造成现实与虚拟世界混淆甚至脱离,引发心理健康问题(荀寿温,2013)。因此,对中学生的手机使用行为与心理健康的关系进行研究便具有一定的意义。

心理资本也称积极心理资本(PsyCap),是积极心理学研究的重要内容。Luthans(2007)等人认为积极心理资本是个体的某种积极心理状态。根据积极行为的定义,他把积极心理结构概括为自我效能、希望、乐观、韧性这四个判断标准,当他们兼有时,就代表了心理资本。关键性资源理论指出,心理资本是管理与调整其他心理资源以获得令人满意结果的关键性基础资源,是中学生提高心理健康水平的重要因素(熊猛,叶一舵,2014)。中学生正处于身心发展的动荡时期,心理资本正是他们调动自身积极心理力量以面对各种心理问题的重要心理资源,对中学生的心理健康发展有着重要的影响(方必基,2012)。有研究表明中学生的心理资本能够显著预测其心理健康状况,心理资本的提升有助于健康心理素质的形成,且具有心理问题的学生,其心理资本中积极心理状态比健康学生差,说明个体的心理资本与心理健康关系密切(董晓蕾,2016;李东阳,2012)。国外研究表明,在公共交通、购物区、餐饮等场所使用手机可以及时获得社会满足感(Tjong,2003),满足中学生成就需要,提高心理资本水平。此外,手机游戏具有极大的复杂性和征服性,使中学生可以在游戏中产生其在现实生活中不易获取的成就感、自尊感和满足感,缓解学习压力(刘晓岩,等,2018),激发成就动机,提升自我效能感,有利于心理资本的积累。因此推断手机使用行为可以间接提高个体的心理资本水平。

综上,本研究在考察手机使用行为与心理健康相关关系的同时,考察心理资本在两变量之间的中介作用,以期为中学生合理使用手机,提高心理健康水平提供实证性依据和支持。并提出以下假设:

假设 1:中学生手机使用行为与心理健康、心理资本均呈显著相关;

假设 2:心理资本在手机使用行为与心理健康之间发挥中介作用。

二、研究方法

(一)研究样本

本次研究针对河南省内四所中学的在校学生进行随机抽样,现场发放问卷,共收回有效问卷 570 份。被试年龄集中在 11 ~ 19 岁,其中男生 272 人,女生 298 人;初中生 264 人(初一 92 人、初二 101 人、初三 71 人),高中生 306 人(高一 129 人、高二 92 人、高三 85 人)。

(二)研究工具

1. 手机使用行为量表

本研究采用沈勇(2009)编制的手机使用行为量表,包括通讯联系、个人管理、休闲娱乐、工具扩展、网络应用 5 个因子,共 21 个条目,采用 5 级计分(1 表示“从不使用该项功能”,5 表示“经常使用该项功能”),得分越高,说明对手机某种功能的使用频率越高。5 个维度的 Cronbach’s α 系数为 0.55 ~0.82,总问卷 Cronbach’s α 系数为 0.86,各因素间的相关系数为 0.28 ~0.64,说明该量表具有较高的同质性信度和较好的区分效度。在本研究中该量表的 Cronbach’s α 系数为 0.85。

2. 心理症状自评量表(SCL-90)

症状自评量表 SCL-90 由 Derogtis 编制于 1973 年,1984 年上海精神卫生中心王征宇(1984)将其引进编译,是目前国内心理健康领域中应用最多的一种自评量表(谢华,2006)。该量表由躯体化、强迫症状、人际关系敏感、抑郁、焦虑、敌对、恐怖、偏执、精神病性、其他10个分量表组成,共计90个项目,每个项目采用5级计分,得分越高说明心理健康水平越低,其同质性信度为0.63~0.86,分半信度为0.62~0.85,各分量表与总量表的相关为0.69~0.90,信度效度均比较理想。在本研究中该量表的Cronbach's α系数为0.98。

3. 大学生心理资本量表

本研究采用许海元(2016)编制的大学生心理资本量表,有4个分量表,第一个是自我效能,包含自我效能积累、自我效能结构2个因子;第二个是希望,包含任务目标、动力意识、路径意识3个因子;第三个是乐观,包含乐观人格倾向、乐观解释风格2个因子;最后一个是韧性,包含保护性因素、价值观2个因子,共计9个因子33个条目,采用5级计分,得分越高,表明心理资本水平越高。该量表的Cronbach's α系数为0.96,分半信度为0.93;四个分量表的Cronbach's α系数0.86~0.89,分半信度值为0.83~0.88,说明该量表有很好的信度,测验结果可靠。在本研究中该量表的Cronbach's α系数为0.96。

(三)数据处理

使用SPSS20.0统计软件,对调查所得数据进行描述性统计、皮尔逊相关分析和层次回归分析。

三、结果

(一)共同方法偏差检验

在测量过程中采用不记名法进行程序控制。在收集数据后,采用Harman单因子检验法进行共同方法偏差检验,结果显示,特征值大于1的因子有31个,且第一个因子解释的变异量为21.37%,小于40%,所以本研究中不存在明显的共同方法偏差。

(二)手机使用行为、心理健康、心理资本各维度的描述性统计

中学生手机使用行为各个因子的得分从高到低依次为休闲娱乐、网络

应用、工具扩展、通讯联系、个人管理。在五个因子中得分最高的是休闲娱乐20.91±5.47。得分最低的因子是个人管理得分7.79±3.29(详见表6-1)。

在对心理健康的描述性统计中,我们看出其总分均值为163.69。根据评定标准总分>160,说明中学生的心理健康存在一定的问题,并且在强迫症状这一因子上情况严重,单项得分≥2(详见表6-2)。

从对心理资本描述性统计中,可以看出在4个二级指标中得分最高的是希望34.79±8.56,得分最低的是自我效能20.69±5.80。在9个三级指标中得分最高的三个因子是乐观人格倾向、价值观和保护性因素,得分分别为13.57±3.66、13.07±3.56、12.58±3.40。得分最低的三个因子为自我效能结构、动力意识和风格,得分分别为9.39±2.80、9.71±2.76、10.17±2.75(详见表6-3)。

表6-1 中学生手机使用行为描述性统计(*M*±*SD*)

	通讯联系	个人管理	休闲娱乐	工具扩展	网络应用	总分
M	9.27	7.79	20.91	10.28	10.38	58.62
SD	3.07	3.29	5.46	2.95	3.58	13.57

表6-2 心理症状自评量表(SCL-90)的描述性统计(*M*±*SD*)

	M	*SD*
躯体化	18.41	7.39
强迫症状	22.00	7.77
际关系敏感	17.82	7.41
抑郁	23.58	9.93
焦虑	18.10	7.54
敌对	11.29	5.00
恐怖	11.91	5.14
偏执	10.87	4.52
精神病性	17.52	6.82
睡眠及饮食	12.19	5.02
总分	163.69	57.74

表 6-3 心理资本的描述性统计（*M*±*SD*）

	M	*SD*		*M*	*SD*
自我效能	20.69	5.80	自我效能积累	11.29	3.44
			自我效能结构	9.39	2.79
希望	34.79	8.55	任务目标	12.52	3.18
			动力意识	9.71	2.76
			路径意识	12.54	3.42
乐观	23.75	6.05	乐观人格倾向	13.57	3.65
			乐观解释风格	10.17	2.75
韧性	25.66	6.53	保护性因素	12.58	3.39
			价值观	13.07	3.55

（三）中学生手机使用行为、心理资本与心理健康的相关分析

相关分析表明，中学生手机使用行为、心理资本与心理健康三者间的相关关系达到显著水平，其中手机使用行为及其休闲娱乐、网络应用两个维度与心理健康呈显著正相关，心理资本与手机使用行为呈显著正相关、与心理健康呈显著负相关（详见表 6-4）。

表 6-4 中学生手机使用行为、心理资本与心理健康的相关分析

	1	2	3	4	5	6	7	8
心理健康	-							
心理资本	-1.80*	-						
手机使用行为	0.10**	0.19**	-					
通讯联系	0.04	0.12**	0.68**	-				
个人管理	0.03	0.17**	0.72**	0.51**	-			
休闲娱乐	0.15**	0.09*	0.79**	0.32**	0.40**	-		
工具扩展	-0.04	0.18**	0.68**	0.38**	0.47**	0.38**	-	
网络应用	0.13**	0.15**	0.77**	0.44**	0.39**	0.54**	0.42**	-

(四)心理资本在手机使用行为与心理健康之间的中介作用分析

根据温忠麟等人(2004)提出的中介效应检验标准,以心理资本作为中介变量,得到回归系数 c=0.10($p<0.05$),系数 a=0.19 显著($p<0.001$),b=-0.21显著($p<0.001$),同时系数 c′=0.14 也显著($p<0.001$),说明引入心理资本这一变量后,手机使用行为对心理健康的影响仍然存在,心理资本在手机使用行为与心理健康间起部分中介作用,其中中介效应占总效应的百分比为27.5%(详见表6-5,图6-1)。

表6-5　心理资本在手机使用行为与心理健康之间的中介效应检验

步骤	因变量	自变量	β	t	R^2	F
第一步	心理健康	手机使用行为	0.10	2.42*	0.01	5.84*
第二步	心理资本	手机使用行为	0.19	4.53***	0.04	20.53***
第三步	心理健康	心理资本	-0.21	-4.91***	0.05	15.10***
		手机使用行为	0.14	3.34**		

图6-1　中介效应路径图

四、讨论

相关分析显示,心理资本与心理健康显著负相关,这一结果与前人研究结果一致(潘清泉,2009;唐爱琼,2012;张阔,2010),他们认为心理资本对心理健康有着显著的积极影响,提高心理资本水平可以有效地提升个体心理健康水平。高心理资本水平的个体对未来的期望也相对乐观,在逆境中也更有韧性(张阔,2010),可以更好的面对青春期这一阶段错综复杂的心理健康问题。此外,Snyder(2001)认为,希望程度越高,其所知觉到的社会支持就越多,社会能力越高,而寂寞感受越低,进而减少焦虑抑郁等不良情绪,有助于心理健康水平的提升。而不恰当的手机使用行为则会对心理健康产生不良影响,研究发现中学生较多使用手机进行休闲娱乐与网络应用,这与CNNIC报告(2019)认为中学生手机使用偏重网络娱乐性的结论一致。根据心理需求补偿机制,心理需求的现实缺失越多,网络满足优势越大,网络成瘾趋势越严重。有研究结果表明,手机网络可以满足中学生在现实生活中不易获取的娱乐、放松需求(黄林娟,林丹华,2011),进而引发成瘾行为,危害中学生心理健康。长期沉迷于手机娱乐功能的中学生,注意力会变得不集中,对现实生活渐渐失去兴趣,他们的心理状态越来越依赖于手机,在没有手机的情况下,与现实接轨时,他们的心理状态往往无法及时跟上,就会出现意志力薄弱、脾气越来越暴躁等现象(江海,2015)。

进一步的中介效应检验发现,心理资本部分中介中学生手机使用行为和心理健康之间的关系。一方面手机使用行为影响了中学生心理资本水平;另一方面,心理资本也能对心理健康产生一定影响。综合论结合特质论与状态论的观点,认为心理资本是一种类状态的心理素质,具有可变性和可开发性,可以通过干预措施进行开发(Luthans et al.,2007;唐爱琼,2012)。恰当的手机使用行为在一定程度上可以提高中学生的心理资本水平,从而影响心理健康。国外研究表明,在公共交通、购物区、餐饮等场所使用手机可以及时获得社会满足感(Tjong,2003),满足中学生成就需要,提高心理资本水平。且有研究认为中学生对短信功能的使用可以促进与成人间沟通,在面对压力和困难时得到家长和老师的关心、爱意以及社会网络和团体关系的援助,可以提升个体的自信心,对心理资本积累有着积极的影响(Ito,2005;刘晓,黄希庭,2006)。中学生是从儿童向成人发展的过渡阶段,需要应对学业与考试压力、面对更多的人际与社会活动、形成自我认同(朱仲敏,桑标,2017),心理健康问题尤其突出。并且由于中学生身心发育不成熟,自我控制和分辨鉴别能力相对较差,无法控制自身手机使用行为及使用时间,因此会严重影响中学生心理健康良好发展。这提示我们,在面对中学生手机使用行为问题时,一方面我们应该用更加积极的态度去引导中学生恰当的使用手机，帮助他们提高心理资本水平。另一方面，需要家长与老师对学生手机使用行为进行监管、控制，避免成瘾行为。

五、小结

通过上面的分析，得出以下几个结论。

(1)中学生手机使用行为与心理健康呈显著正相关关系，心理资本与中学生手机使用行为呈显著正相关关系，心理资本与心理健康呈显著负相关关系；

(2)心理资本在中学生手机使用行为与心理健康间起部分中介作用。

第二节　中学生手机使用行为与心理资本的交叉滞后分析

一、引言

手机使用行为主要是指手机功能(如手机备忘录、拍照、计算器等)或服务(如通讯套餐和信息查询等)的使用情况，特指其使用频率和重要性评级(沈勇，2009)。随着科技的进步，手机功能日益增多，其已不仅仅能用于传统的沟通交往，并且还能通过丰富多样的手机软件进行休闲娱乐、分享心情、交流信息等活动。国内外对手机与心理资本研究的重点大多放在手机依赖上，很少对手机使用行为与心理资本的关系进行研究。我国有研究表明心理资本对手机依赖具有显著预测作用(王福忠，2017)。自我效能、希望对手机依赖具有显著预测作用(张国进，姚志强，2018)。那么，心理资本是否影响中学生的手机使用行为呢?

心理资本也称积极心理资本(Psychological Capital)，是积极心理学研究的重要内容。Luthans 等人(2007)认为积极心理资本是个体的某种积极心理状态。根据积极行为的定义，他把积极心理结构概括为自我效能、希望、乐观、韧性四个维度，当他们兼有时，就代表了心理资本。许海元指出在心理资本与结果变量之间的研究范式上，目前大家较为认可的是主效应模型，该理论模型认为心理资本可直接对个体的态度与行为产生影响(许海元，

2016)。不同心理资本水平的中学生会对个体使用手机的态度与行为产生不同的影响。资源保存理论认为,个体在应对压力时会造成资源流失,而在资源消耗的过程中,个体更倾向于获得和补充资源,规避资源损失风险(Hobfoll,2001)。心理资本作为一种积极的心理资源,能够激励个体努力寻求有利资源应对压力(花慧,宋国萍,李力,2016)。中学生是从儿童向成人发展的过渡阶段,是一个特殊的时期,需要应对学业与考试压力、面对更多的人际与社会活动、形成自我认同,而所有这些发展任务都会对相应的心理资本产生一定的消耗(朱仲敏,桑标,2017)。当资源产生损耗时,个体便会通过一定方式积极寻求有利资源缓解压力。而中学生可以通过手机的使用来获得相应的有利资源,提升心理资本水平。蒋陆军认为在面对压力与困难时,拥有较高心理资本水平的学生倾向于保持坚韧、乐观的心态,并积极寻找可能的方法降低缓解压力(蒋陆军,2019)。手机游戏具有极大的复杂性和征服性,使中学生可以在游戏中产生他在现实生活中不易获取的成就感、自尊感和满足感,缓解学习压力(刘晓岩,等,2018),从而增加手机使用行为。

国外有研究发现手机使用行为在性别上有显著差异,女生更倾向于通过手机与朋友家人进行情感交流,而男生倾向于借助手机获取信息(Wei,Lo,2006)。但沈勇(2009)指出手机使用行为在性别上没有显著差异。由此可见手机使用行为是否存在性别差异尚无定论。同时有研究发现心理资本在性别上也有显著差异,男生的心理资本显著高于女生(徐海燕,尹林涛,2018),但也有研究发现女生心理资本在希望与乐观两个水平上显著高于男生(胡恒德,张琰,高云涛,朱霞,2018)。

基于上述理论分析和实证研究结果,可以形成如下假设:心理资本对手机使用行为具有一定的预测力和影响力,心理资本水平高的个体其手机使用行为越频繁。他们善于开发、寻求手机的积极因素获得有利资源,来应对各种生理、心理压力,致使手机使用行为增加。然而,现有手机使用行为与心理资本的相关研究在研究设计上大多属于横向研究。为了考察手机使用行为与心理资本之间的预测关系,本研究采用交叉时序滞后设计从纵向角度考察手机使用行为与心理资本之间的相关关系和预测关系。

二、研究方法

(一)研究样本

选取河南省内四所中学的在校学生为研究对象,先后进行两次测查。其中,前测于2017年10月施测,后测于2018年4月施测。在合并前后测数据的基础上删除无效数据,最终删选出2次测查均有效的问卷359份。其中男生171人,女生188人;初中生202人(初一83人、初二94人、初三25人),高中生157人(高一80人、高二52人、高三25人);城镇学生244人,农村学生119人;平均年龄14.21±1.74岁。

(二)研究工具

1. 手机使用行为量表

本研究采用沈勇(2009)编制的手机使用行为量表,包括通讯联系、个人管理、休闲娱乐、工具扩展、网络应用5个因子,共21个条目,采用5级计分(1表示“从不使用该项功能”,5表示“经常使用该项功能”),得分越高说明对手机某种功能的使用频率越高。5个维度的Cronbach's α系数为0.55~0.82,总问卷Cronbach's α系数为0.86,各因素间的相关系数为0.28~0.64,说明该量表具有较高的同质性信度和较好的区分效度。该量表在本研究前后测中Cronbach's α系数分别为0.85、0.84。

2. 大学生心理资本量表

大学生心理资本量表由许海元(2016)编制,有4个分量表,第一个是自我效能,包含自我效能积累、自我效能结构2个因子;第二个是希望,包含任务目标、动力意识、路径意识3个因子;第三个是乐观,包含乐观人格倾向、乐观解释风格2个因子;最后一个是韧性,包含保护性因素、价值观2个因子,共计9个因子33个条目,采用5级计分,得分越高,表明心理资本水平越高。该量表的Cronbach's α系数为0.96,分半信度为0.93;四个分量表的Cronbach's α系数为0.86~0.89,分半信度值为0.83~0.88,说明该量表有很好的信度,测验结果可靠。该量表在本研究前后测中Cronbach's α系数分别为0.96、0.95。

(三)数据处理

运用 SPSS20.0 进行数据处理,对中学生手机使用行为与心理资本的稳定性进行重复测量方差分析;对手机使用行为与心理资本两变量间的横向和纵向相关进行相关分析;对手机使用行为与心理资本之间的相互预测关系进行交叉滞后回归分析。

(四)共同方法偏差控制

由于本研究采用的是自我报告法收集所有数据,尽管在测量过程中采用统一施测,强调保密性等进行程序控制,但仍可能存在共同方法偏差。在收集数据后,采用 Harman 单因子检验法进行共同方法偏差检验,本研究为纵向追踪研究,因此分别对两次测查结果进行检验,结果显示,前测时有 12 个因子的特征根大于 1、后测时有 13 个,前测时第一个因子解释了总变异的 14.64%、后测时解释了 15.58%,均明显低于 40% 的临界值,表明共同方法偏差不会显著影响本研究的结果。

三、结果

(一)中学生手机使用行为和心理资本的稳定性

以手机使用行为为因变量,以测查时间(T1 和 T2)为被试内因素,性别(男生和女生)为被试间因素进行 2×2 重复测量的方差分析。结果发现,测查时间主效应显著($F(1,357)=22.15, p<0.001, \eta_p^2=0.05$),表 6-6 也显示后测的手机使用行为得分高于前测手机使用行为的得分,存在一定的发展性差异;性别主效应不显著($F(1,357)=1.81, p>0.05$)。测查时间和性别的交互作用显著($F(1,357)=5.71, p>0.05, \eta_p^2=0.02$)。对于男生来说,前后测手机使用行为之间的差异显著,前测手机使用行为得分明显低于后测;对于女生来说,前后测手机使用行为的差异不显著,说明中学生手机使用行为的时间效应会受到性别因素的影响和制约,虽然随着时间的推移,男女生手机使用行为均会出现一定的变化,但男生手机使用行为随时间变化的速度快于女生。

以心理资本为因变量,以测查时间(T1 和 T2)为被试内因素,性别(男生和女生)为被试间因素进行 2×2 重复测量的方差分析。结果发现,测查时间的主效应显著[$F(1,357)=5.25$, $p<0.05$, $\eta_p^2=0.01$],表6-6显示,后测的心理资本水平高于前测的心理资本水平;性别的主效应显著[$F(1,357)=4.72$, $p<0.05$, $\eta_p^2=0.01$],男生心理资本水平高于女生。测查时间和性别的交互作用不显著[$F(1,357)=0.002$, $p>0.05$]。

(二)中学生手机使用行为、心理资本的均值、标准差和相关分析

相关分析显示(见表6-6),前测与后测手机使用行为显著相关($r=0.58$, $p<0.01$);前测与后测心理资本之间显著相关($r=0.62$, $p<0.01$)。表明在6个月的时间段内,中学生手机使用行为与心理资本均具有相对稳定性。

手机使用行为与心理资本之间的同时性相关显著,前测中手机使用行为与心理资本呈显著正相关($r=0.21$, $p<0.01$);后测中手机使用行为与心理资本呈显著正相关($r=0.17$, $p<0.01$)。同时手机使用行为与心理资本在前后测中的继时性相关也显著,前测手机使用行为与后测心理资本呈显著正相关($r=0.18$, $p<0.01$);前测心理资本与后测手机使用行为呈显著正相关($r=0.18$, $p<0.01$)。表明手机使用行为与心理资本之间存在一定的关系,同步相关和稳定性相关符合交叉滞后的要求,适合做进一步的交叉滞后分析。

表6-6 手机使用行为与心理资本的均值、标准差和相关分析

	M	*SD*	手机行为T1	手机行为T2	心理资本T1	心理资本T2
手机使用行为T1	58.96	13.54	—			
手机使用行为T2	61.88	12.88	0.58**	—		
心理资本T1	103.01	24.75	0.21**	0.18**	—	
心理资本T2	105.62	24.61	0.18**	0.17**	0.62**	—

注:T1代表前测,T2代表后测。下同。

(三)中学生手机使用行为与心理资本的交叉滞后分析

在相关分析的基础上,以手机使用行为为被预测变量,以心理资本及其

4因子为预测变量，采用 Enter 法对总样本量进行二元回归分析。

图6-2结果显示，前测手机使用行为被控制后，前测心理资本对后测手机使用行为预测作用不显著（$\beta=0.07$，$p>0.05$）；前测心理资本被控制后，前测手机使用行为也无法预测后测心理资本（$\beta=0.05$，$p>0.05$）。结果表明：手机使用行为与心理资本无显著预测意义。

图6-2 手机使用行为与心理资本的交叉滞后分析图

从图6-3可见，在控制了前测的自我效能后，前测的手机使用行为对后测的自我效能预测作用不显著（$\beta=0.06$，$p>0.05$）；而控制了前测的手机使用行为后，前测的自我效能对后测的手机使用行为具有边缘显著预测作用（$\beta=0.08$，$p=0.06$）。

从图6-4可见，在控制了前测的希望后，前测的手机使用行为对后测的希望预测作用不显著（$\beta=0.07$，$p>0.05$）；而控制了前测的手机使用行为后，前测的希望能对后测的手机使用行为具有边缘显著预测作用（$\beta=0.08$，$p=0.08$）。

从图6-5可见，在控制了前测的乐观后，前测的手机使用行为对后测的乐观预测作用不显著（$\beta=0.02$，$p>0.05$）；在控制了前测的手机使用行为后，前测的乐观无法预测后测的手机使用行为（$\beta=0.02$，$p>0.05$）。

从图6-6可见，在控制了前测的韧性后，前测的手机使用行为对后测的韧性预测作用不显著（$\beta=0.07$，$p>0.05$）；在控制了前测的手机使用行为后，前测的韧性无法预测后测的手机使用行为（$\beta=0.05$，$p>0.05$）。

图 6-3　手机使用行为与自我效能的交叉滞后分析图

图 6-4　手机使用行为与希望的交叉滞后分析图

图 6-5　手机使用行为与乐观的交叉滞后分析图

图 6-6 手机使用行为与韧性的交叉滞后分析图

四、讨论

(一)中学生手机使用行为、心理资本的稳定性及发展

通过比较手机使用行为的前后测得分发现,后测得分高于前测;手机使用行为在前后测之间的相关程度较高;进一步方差分析结果发现,测量时间影响手机使用行为的主效应显著。这表明中学生手机使用行为既相对稳定,又存在一定的发展变化。随着技术成熟和发展的需要,手机上不停地集结着各种新的功能和服务(沈勇,2009)。手机的使用能够满足个体不同的心理需求(林秋萍,2017),中学生心理需求的满足增加其手机使用频率。同时,手机凭借其强大的功能和服务实现了移动学习,并慢慢应用于教学中。中学生通过使用手机进行学习,有利于信息及时传递,方便解惑释疑(王大慧,卫功元,2018)。因此中学生的手机使用行为会在一定时间内发生变化。

心理资本水平的前后测比较表明,前后测心理资本之间具有一定的差异;相关分析结果发现前后测心理资本水平相关较高;进一步方差分析结果也发现,测量时间影响心理资本的主效应显著。我国学者许海元(2016)认为,心理资本是在先天遗传的基础上,经后天教育和外部环境影响形成的、相对稳定的心理力量。内在的知识能力、兴趣爱好、成就动机和性格特征,还有外在的人际支持、校园文化、班级氛围都会影响个体的心理资本。由于中学生处于“心理断乳期”,心理生理发展水平不平衡,情绪问题突出,容易

受各种因素的影响,进而影响个体的心理资本水平(俞国良,2016)。同时中学生处于从儿童向成人发展的过渡阶段,需要应对学业与考试压力、面对更多的人际与社会活动、形成自我认同,而所有这些发展任务都需要有相应的心理资本进行支撑(朱仲敏,桑标,2017)。且有研究显示,中学生的心理资本会随着年龄的增长而有所提高(陈秀珠,等,2017)。因此心理资本在一定程度上会随着主客观条件的变化而变化。

重复测量方差分析显示,性别对手机使用行为没有显著的影响作用。已有研究表明中学生手机使用时间在性别上不存在显著性差异(张媛媛,敬攀,2018)。这可能是由于中学生普遍心理发展不稳定,男生女生对手机功能的使用没有明显偏好。同时我国中学教育模式更多的是以被动学习为主(章小兰,2017),学校家长对中学生手机使用管制严格,所以无法在手机使用行为上形成明显的性别差异。从方差分析中可以看到,性别对心理资本有显著的影响作用,这与部分研究结果一致(张国进,姚志强,2018;刘轩,瞿晓理,2017)。这可能是中国传统文化下男强女弱刻板印象造成的,在无意识中对不同性别的个体进行有差别的学校与家庭教育,影响人们的评价与认知,致使男性的心理资本水平高于女性(张国进,姚志强,2018)。

(二)心理资本对中学生手机使用行为的影响

研究结果显示心理资本并不能预测中学生手机使用行为,但在手机使用行为总分与心理资本各因子的关系上,控制了前测的手机使用行为后,前测的自我效能、希望因子对后测的手机使用行为具有边缘显著预测作用 。

从理论层面上讲,计划行为理论指出,个体行为的决定因素主要取决于个体的意愿及知觉行为控制(李力,2018)。知觉行为控制,指个体感知到执行某行为容易或困难的程度,通过衡量各种促进或阻碍因素反映我们自身预测知觉(张铮,等,2017)。沈勇(2009)指出个体对待事物的态度越积极,行为控制感越强,执行某种行为的意向也就越强,就越有可能促进该行为的发生。自我效能感高的个体对完成难度高,程度复杂的任务具有较高的信心,希望可以促成个体对行为成败做积极归因(许海元,2016)。所以自我效能感与希望程度高的个体,对手机的使用的态度更积极,手机使用的控制感更强，就可能会促进手机使用行为的增多。在实证研究方面，沈勇（2009）将自我效能感（对手机使用的信心）作为手机行为控制的一个因子，认为自我效能感显著影响手机使用行为。

五、小结

通过上面的分析，得出以下几个结论。

（1）手机使用行为与心理资本在6个月内既具有一定的稳定性，又存在一定的发展变化；心理资本在性别因素上差异显著，男生的心理资本水平高于女生。

（2）中学生手机使用行为与心理资本呈显著正相关关系。

（3）心理资本对手机使用没有显著预测作用，自我效能、希望因子对手机使用行为具有一定的预测作用。

第三节　中学生心理资本与心理健康的交叉滞后分析

一、引言

中学生生理、心理发展迅速，但常常出现生理和心理发展不平衡，探索中学生心理健康的影响因素一直是研究者关注的重点问题（姚强，等，2017）。而心理资本正是他们调动自身积极心理力量以面对各种心理问题的重要心理资源，是中学生心理健康发展中不可或缺的影响因素（方必基，2012）。

中学生处于积极心理品质养成的关键时期，高水平的心理资本有利于中学生心理健康状况的良好发展（陈秀珠，等，2017）。资源保存理论认为，人们总是努力维持他们认为有价值的资源，包括自我效能、自尊、韧性等心理资源，这些资源对于人们处理和应对压力具有有效的激励作用（Hobfoll，2001）。中学生情绪情感丰富，体验敏感多变，特别容易诱发各种心理、行为问题；心理资本作为一种积极心理状态，一种重要心理资源，能够帮助中学生获取更多有利资源，助力他们应对各种心理困惑，解决诸多现实问题，有效缓解和应对压力（花慧，等，2016；张岩，2019）。中学生处于从儿童向成人发展的过渡阶段，是一个特殊的时期，需要应对学业与考试压力、面对更多的人际与社会活动、形成自我认同，而所有这些发展任务都会对相应的心理资本作为支撑（朱仲敏，桑标，2017）。高中华等人（2012）认为心理资本水平较高的个体，相较于其他个体来说，会拥有更多的心理资源（自我效能、希望、乐观、坚韧），当挫折与压力来临时，他们往往会以更加积极、乐观、进取的方式来思考问题，从而拥有较高的主观幸福感，提高其心理健康水平。关键性资源理论指出，心理资本是管理与调整其他心理资源以获得令人满意结果的关键性基础资源，是中学生提高心理健康水平的重要因素（熊猛，叶一舵，2014）。且有研究发现，心理资本与心理健康之间关系密切，心理资本随时间的推移，会对心理健康的影响越来越大（方必基，2012）。

有研究发现心理资本在性别因素上差异显著，男生的心理资本显著高于女生（徐海燕，尹林涛，2018），但也有研究发现女生心理资本在希望与乐观两个水平上显著高于男性（胡恒德，张琰，高云涛，朱霞，2018）。由此可见，心理资本在性别上是否有差异目前尚无定论。心理健康的性别差异至今仍有很大争议，廖友国等人（2019）认为，心理健康性别差异不显著，男女之间有所不同的是表现在压力表达方式上。但也有研究表明男性心理健康水平高于女性，男性在除偏执和精神病性以外的的各个因子上得分均低于女性（刘媛媛，等，2018；崔怡，等，2019）。

基于上述理论分析和实证研究结果，可以形成如下假设：心理资本与心理健康相关显著，心理资本对个体的心理健康具有显著的预测作用和影响，个体的心理资本水平越高，其心理健康水平越高。心理资本水平高的个体在面对困难与挫折时，善于协调、开发和利用自身的心理资源，以更加积极、乐观、进取的方式面对压力，从而提高心理健康水平。虽然现有关于中学生心理资本与心理健康的研究有很多，但几乎均为横断面研究，缺乏纵向设计和分析。所以，本研究基于纵向研究思路，采用交叉时序滞后技术，在检验心理资本与心理健康之间相关关系的基础上，更深入地考察两者之间的相互预测关系或准因果关系，推动该方面研究的深化。

二、研究方法

(一)研究样本

选取河南省内四所中学的在校学生为研究对象,先后进行两次测查。其中,前测于2017年10月施测,后测于2018年4月施测。在合并前后测数据的基础上删除无效数据,最终删选出2次测查均有效的问卷359份。其中男生171人,女生188人;初中生202人(初一83人、初二94人、初三25人),高中生157人(高一80人、高二52人、高三25人);城镇学生244人,农村学生119人;平均年龄14.21±1.74岁。

(二)研究工具

1. 大学生心理资本量表

本研究采用许海元(2016)编制的大学生心理资本量表,有4个分量表,第一个是自我效能,包含自我效能积累、自我效能结构2个因子;第二个是希望,包含任务目标、动力意识、路径意识3个因子;第三个是乐观,包含乐观人格倾向、乐观解释风格2个因子;最后一个是韧性,包含保护性因素、价值观2个因子,共计9个因子33个条目,采用5级计分,得分越高,表明心理资本水平越高。该量表的Cronbach's α系数为0.96,分半信度为0.93;四个分量表的Cronbach's α系数为0.86~0.89,分半信度值为0.83~0.88,说明该量表有很好的信度,测验结果可靠。该量表在本研究前后测中Cronbach's α系数分别为0.96、0.95。

2. 心理症状自评量表(SCL-90)

症状自评量表SCL-90由Derogtis编制于1973年,1984年上海精神卫生中心王征宇(1984)将其引进编译,是目前国内心理健康领域中应用最多的一种自评量表(谢华,2006)。该量表由躯体化、强迫症状、人际关系敏感、抑郁、焦虑、敌对、恐怖、偏执、精神病性、其他10个分量表组成,共计90个项目,每个项目采用5级计分,得分越高说明心理健康水平越低,其同质性信度为0.63~0.86,分半信度为0.62~0.85,各分量表与总量表的相关为0.69~0.90,信度效度均比较理想。该量表在本研究前后测中Cronbach's α系数分别为0.97、0.98。

（三）数据处理

运用 SPSS20.0 进行数据处理，采用重复测量方差分析考察中学生心理资本与心理健康的稳定性，采用皮尔逊相关分析检验两变量间的横向和纵向相关关系，采用交叉滞后回归分析考察两变量之间的相互预测关系。

（四）共同方法偏差控制

由于本研究采用的是自我报告法收集所有数据，尽管在测量过程中采用统一施测，强调保密性等进行程序控制，但仍可能存在共同方法偏差。在收集数据后，采用 Harman 单因子检验法进行共同方法偏差检验，本研究为纵向追踪研究，因此分别对两次测查结果进行检验，结果显示，前测时有 27 个因子的特征根大于 1、后测时有 25 个，前测时第一个因子解释了总变异的 23.94%、后测时解释了 32.40%，均明显低于 40% 的临界值，表明共同方法偏差不会显著影响本研究的结果。

三、结果

（一）中学生心理资本和心理健康的稳定性

以心理资本为因变量，以测查时间（T1 和 T2）为被试内因素，性别（男生和女生）为被试间因素进行 2×2 重复测量的方差分析。结果发现，测查时间的主效应显著[$F(1,357)=5.25, p<0.05, \eta_p^2=0.01$]，表 6-7 显示，后测的心理资本水平明显高于前测，说明中学生心理资本具有一定的发展性差异；性别的主效应显著[$F(1,357)=4.72, p<0.05, \eta_p^2=0.01$]，男生心理资本水平高于女生。测查时间和性别的交互作用不显著[$F(1,357)=0.002, p>0.05$]。

以心理健康为因变量，以测查时间（T1 和 T2）为被试内因素，性别（男生和女生）为被试间因素进行 2×2 重复测量的方差分析。结果发现，测查时间主效应不显著[$F(1,357)=1.51, p>0.05$]，表 6-7 也显示，心理健康水平在前后测时的差异非常小，说明中学生心理健康状况较为稳定；性别主效应显著[$F(1,357)=6.70, p<0.05, \eta_p^2=0.02$]，男生心理健康水平高于女生。测查时间和性别的交互作用显著[$F(1,357)=4.51, p<0.05, \eta_p^2=0.01$]。对于男生来说，前后测心理健康之间的差异不显著，对于女生来说，前后测心理

健康之间的差异显著，后测的心理健康得分明显高于前测，说明大学生心理健康的时间效应会受到性别因素的影响和制约，虽然随着时间推移，男女生心理健康程度均会出现一定的变化，但女生心理健康随时间变化的速度快于男生。

（二）中学生心理资本、心理健康的均值、标准差和相关分析

相关分析显示（见表6-7），前测与后测心理资本相关显著，相关系数为（$r=0.62, p<0.01$）；前测与后测心理健康之间相关显著，相关系数为（$r=0.65, p<0.01$）。表明在6个月的时间段内，无论是中学生的心理资本，还是他们的心理健康，均具有较强的稳定性。

心理资本与心理健康之间的同时性相关显著，前测中心理资本与心理健康得分呈显著负相关（$r=-0.16, p<0.01$）；后测中心理资本与心理健康得分呈显著负相关（$r=-0.25, p<0.01$）。同时心理资本与心理健康在前后测中的继时性相关也显著，前测心理资本与后测心理健康得分呈显著负相关（$r=-0.18, p<0.01$）；前测心理健康得分与后测心理资本之间呈显著负相关（$r=-0.13, p<0.05$）。表明心理资本与心理健康关系密切，并且适合做进一步的交叉滞后回归分析。

表6-7　手机使用行为与心理资本的均值、标准差和相关分析

	M	*SD*	心理资本 T1	心理资本 T2	心理健康 T1	心理健康 T2
心理资本 T1	103.01	24.75	—			
心理资本 T2	105.62	24.61	0.62**	—		
心理健康 T1	160.49	55.65	-0.16**	-0.13*	—	
心理健康 T2	163.81	58.15	-0.18**	-0.25**	0.65**	—

（三）中学生心理资本与心理健康的交叉滞后分析

采用交叉滞后回归分析，探索心理资本与心理健康之间的相互预测关系（或准因果关系）结果（见图6-7）。

图6-7　心理资本与心理健康的交叉滞后分析图

首先,考查心理资本对心理健康的预测效应。以前测心理资本和心理健康为自变量,后测心理健康为因变量,通过强制指定方法先后进入回归方程,进行回归分析。结果表明,前测的心理资本对后测的心理健康具有显著的预测作用($\beta=-0.08, p<0.05$)。

其次,考查心理健康对心理资本的预测效应。同理,以前测心理健康与心理资本为自变量,后测心理资本为因变量进行回归分析。结果表明,前测的心理健康对后测的心理资本无显著预测作用($\beta=-0.03, p>0.05$)。

四、讨论

(一)中学生心理资本、心理健康的稳定性及发展

前后测心理资本水平的比较表明,后测心理资本水平略高于前测;心理资本在前后测之间的相关程度较高,但其相关系数低于前后测心理健康的相关系数;同时,重复测量方差分析结果也显示,测量心理资本的时间主效应显著。这表明,中学生的心理资本既具有一定的稳定性,又具有一定的可塑性、发展性。综合论结合特质论与状态论的观点,认为心理资本是一种类似于类状态的心理素质,具有可变性和可开发性(Luthans et al.,2007;唐爱琼,2012)。我国学者许海元认为,心理资本是在先天遗传的基础上,经后天教育和外部环境影响形成的、相对稳定的心理力量。内在的知识能力、兴趣爱好、成就动机和性格特征,还有外在的人际支持、校园文化、班级氛围都会影响个体的心理资本(许海元,2016)。由于中学生处于"心理断乳期",心理

生理发展水平不平衡,情绪问题突出,其心理资本水平容易受各种因素的影响(俞国良,2016)。同时中学生处于从儿童向成人发展的过渡阶段,需要应对学业与考试压力、面对更多的人际与社会活动、形成自我认同,而所有这些发展任务都需要有相应的心理资本进行支撑(朱仲敏,桑标,2017)。且有研究显示,中学生的心理资本会随着年龄的增长而有所提高(陈秀珠,等,2017)。因此心理资本在一定程度上会随着主客观条件的变化而变化。

前后测心理健康水平的比较表明,前后测心理健康之间的差异极小;相关分析显示,心理健康在前后测之间的相关程度较高;同时,重复测量方差分析结果也显示,心理健康测量的时间主效应不显著,说明中学生的心理健康具有一定跨时间的稳定性。这与已有研究结果一致(陈国民,2006;海曼,等,2015)。

重复测量方差分析显示,性别对心理资本有显著的影响作用,这与部分研究结果一致(张国进,姚志强,2018;刘轩,瞿晓理,2017)。这可能是中国传统文化下男强女弱的刻板印象造成的,人们会在无意识中对不同性别的个体进行有差别的学校与家庭教育,影响人们的评价与认知,致使男性的心理资本水平高于女性(张国进,姚志强,2018)。从方差分析中可以看到,性别对心理健康有显著的影响作用,这与部分研究结果一致。姚强等人(2016)的研究结果显示女生心理健康水平低于男生,女生在心理健康方面出现敏感、抑郁、焦虑、自我强迫、情绪不稳定等问题的可能性均大于男生。崔怡等人(2019)的研究也发现,男生心理健康水平高于女生。主要原因可能与女生心理生理发展特点有关,她们在进入青春期后,内心体验更深刻、考虑问题更细致,比较在意他人对自己的评价,这一发展特点使得女生更脆弱,容易产生心理问题(张微,张宛筑,袁章奎,2018)。且有研究发现女生在生物学基础上对焦虑、抑郁等心理症状具有易感性(廖友国,连榕,2019)。

(二)中学生心理资本对心理健康的影响

本研究采用追踪研究的方法,对于探讨中学生心理资本与心理健康间的长期作用机制具有重要意义。交叉滞后分析表明,心理资本对心理健康具有显著的预测作用,但心理健康对心理资本没有预测作用。因为对追踪数据运用交叉滞后回归方法进行分析发现,在控制两个变量前测与后测的相关之后,前测的心理资本对后测的心理健康有显著的预测作用,但前测的心理健康却无法预测后测的心理资本。可见,两者的关系并不是相互预测的,心理资本可以影响心理健康、预测心理健康。

关于心理资本,已有理论构想和实证研究均显示,心理资本与心理健康两变量间存在准因果关系具有内在的必然性和合理性。从理论构想角度讲,资源保存理论认为,人们总是努力和维持他们认为有价值的资源,包括自我效能、自尊、韧性等心理资源,这些资源对于人们处理和应对压力具有有效的激励作用(Hobfoll,2001)。且关键性资源理论指出,心理资本作为一种关键性基础资源,能够管理与调整其他心理资源,帮助个体获得令人满意的结果(熊猛,叶一舵,2014)。中学生正处于身心发展的动荡时期,心理资本作为中学生自身的积极心理潜能,对个体的各种心理疾病具有预防和抵制作用,对其心理健康发展更是具有积极的促进作用(方必基,2012)。根据主效应模型,方必基(2012)认为心理资本独立于其他变量,会对心理健康产生直接影响。在实证研究方面,职业健康及心理学研究表明个体的身心健康受到其拥有的希望、坚韧、自我效能、乐观等心理资源的影响(高中华;2012)。张阔等人(2010)针对心理资本与心理健康的关系研究发现,心理资本对心理健康水平有显著的正向预测作用。同时,有研究者在心理资本干预模型的基础上指出,中学生的心理资本水平通过干预活动得到有效提高后,能够增进其心理健康水平(方必基,2012;熊猛,等,2014)。

五、小结

通过前面的分析,可以得出以下几个结论。

(1)中学生的心理健康相对稳定,心理资本存在一定的发展变化,男生的心理资本水平与心理健康水平均高于女生;

(2)心理资本与心理健康之间呈显著正相关关系;

(3)心理资本对心理健康具有显著的预测作用,而心理健康无法预测心理资本。

第七章

中学生手机行为控制、学业倦怠与心理健康的关系

第一节 中学生心理健康对手机行为控制的影响：学业倦怠的中介作用

一、引言

随着社会的发展和进步，5G 时代即将到来，手机作为新媒体的典型代表之一，使用人数正在飞速增长，在社会中的地位越来越重要，成为人们获取信息和休闲娱乐的重要渠道，但是手机在给人们带来便利的同时也同样会带来困扰，尤其是在学生群体中，其在手机使用过程中存在许多问题行为，例如手机成瘾、手机依赖（丁倩，2019；黄园园，谌丁艳，周丽，2017），有研究证实，与成年人相比，年纪小的青少年更容易对智能手机上瘾（Haug et al.，2015），因此，本研究主要探究的是中学生这个群体。

国家卫健委指出，心理健康是人在成长和发展过程中，认知合理、情绪稳定、行为适当、人际和谐、适应变化的一种完好状态。心理健康是一个人具有良好心理素质的体现，是保证整体健康的重要部分，这关乎到个人的健康发展，如今中学生的身心健康越来越受到社会各界的广泛关注（郭晌澄，2018；林丹华，2018），心理健康是基础，保证了中学生的心理健康才能使他们在此基础上有其他方面的良好发展。然而现今，全世界 10% ~20% 的儿童和青少年受到精神健康问题的影响（Kieling et al.，2011），因此，维护中学生良好的心理健康状况在任何时候都是重中之重。

计划行为理论（TPB）认为行为意向是行为最直接的预测源，而态度、主观规范和知觉行为控制影响个体的行为意向(Ajzen,1991)。沈勇根据计划行为理论,将手机行为控制分为三个维度:自我效能控制、依赖性控制和适应性控制,分别表示:对手机使用的信心、对手机依赖的控制和对手机使用环境的控制(沈勇,2009)。研究发现,手机依赖、手机过度使用、手机成瘾等与手机有关的问题行为与个体的心理健康都密切相关(何杰,李莎莎,付明星,2019;祝春兰,等,2015;黄海,等,2014),那么手机行为控制是否也与个体心理健康存在紧密联系?

通过因素分析研究者发现,自我效能感和控制力这两个因素对行为控制有影响(Ajzen,2002)。基于社会学习理论,个体的心理健康状况与个体认为其能够控制内部心理环境的信念(即自我效能感)和外部的行为表达有关,心理系统中控制的缺失或失当都是心理障碍的根源,会影响生命活动的良好运转(石文山,陈家麟,2004),因此,有效地控制和自我效能感是心理健康的重要维度。而自我效能感和控制力又是影响手机行为控制的重要因素,有理由推测心理健康与手机行为控制关系密切。且心理健康作为一个相对稳定的状态,对个体的内在发展与外在表现都有一定的影响,有研究认为心理健康水平可能是影响手机依赖的重要因素,焦虑、精神病性、强迫及恐怖对手机依赖有一定预测作用(黄海,周春燕,余莉,2013),而手机行为控制包括对手机依赖的控制,且手机使用和心理健康之间可能存在因果联系(Thomée,2018),由此提出假设1:心理健康对手机行为控制可能具有预测作用。

心理健康和手机行为控制之间可能存在关联,那它又是如何影响手机行为的呢?研究表明,学业倦怠会使学生产生慵懒行为,如躺着玩手机,因此会出现许多手机使用的问题行为(李宝斌,刘英玲,2019)。学业倦怠的概念源自职业倦怠,吴艳等人将其定义为:一种持续的,负性的且主要发生在学生身上与学习有关的心理状态,并根据 Maslach 的三因素职业倦怠模型,将学业倦怠分为三个维度:心身衰竭、玩世不恭、低效能感。心身衰竭是指个体由于厌倦学习而精力耗损、身体衰竭;玩世不恭是指个体对学习没有兴趣,始终是一种消极负面的态度;低效能感是指个体对自身获得成就信心不足(吴艳,2007)。学业倦怠的学生自我效能感低,自我效能感是影响手机行为控制的重要因素之一,因此,有理由推测学业倦怠可能影响手机行为控制。

而心理健康状况又是影响倦怠的重要因素之一(马玲,王金祥,李昊,李艳艳,2016),倦怠与抑郁症状、生活满意度和睡眠质量密切相关,倦怠症状的增加与心理健康问题的增加有关(Gerber et al. ,2015)。心理健康状况良好的个体有更多的积极情绪,积极情绪的拓展建构理论认为,积极情绪有拓展和建构的功能,拓展功能是指能够拓展个体的思维行动,激发创造性,建构功能是指促进个体身体能量和资源的整体建构(张阔,张雯惠,杨珂,吴捷,2015),心理健康水平较高的中学生拥有的积极情绪也较多,积极情绪既有助于中学生充分利用自身资源,激发更多创造性思维,又可以缓解学业倦怠带来的消极态度。因此,有理由推测,心理健康可能影响学业倦怠。基于上述分析,学业倦怠可能是值得考虑的中介变量,因此,提出假设2:学业倦怠在心理健康和手机行为控制之间存在中介作用。

综合上述,本研究提出假设:①心理健康影响手机行为控制;②学业倦怠在心理健康和手机行为控制之间起到中介作用。并初步构建中介模型如图7–1。

图7–1 中介模型图

二、研究方法

(一)研究对象

随机抽取来自河南省四所中学的720名被试,其中有效问卷570份,有效率为79.1%。其中男生272人(47.7%);女生298人(52.3%);重点中学278人(48.8%),一般中学292人(51.2%);来自城镇395人(69.3%),来自农村175人(30.7%);初一92人(16.1%),初二101人(17.7%),初三71人(12.5%),高一129人(22.6%),高二92人(16.1%),高三85人(14.9%)。

(二)研究工具

1.心理症状自评量表

采用Derogatis编制的,王征宇(1984)翻译的中文修订版,共有90道题目,采用5点式计分法,1表示"没有";5表示"严重"。包括10个因子,包括躯体化、强迫症状、人际关系敏感、抑郁、焦虑、敌对、恐怖、偏执、精神病性,得分越高代表心理健康状况越差,该量表具有良好的信效度,在本研究中,Cronbach's α系数为0.98。

2.手机行为控制调查问卷

采用沈勇编制的手机用户行为控制调查问卷(沈勇,2009),采用5点式计分法,1表示"完全不符合";5表示"完全符合"。共11道题目,包括自我效能控制、依赖性控制和适应性控制三个维度,量表本身的α系数为0.72,依赖性控制得分越高,表示其对手机依赖的控制能力越差;自我效能控制得分越高,表示其对手机使用的信心越高;适应性控制得分越高,表示其对手机使用环境的控制能力越强。在本研究中,Cronbach's α系数为0.79。

3.初中生学习倦怠问卷

采用吴艳、戴晓阳、张锦在Maslach倦怠问卷(Maslach Burnout Inventory,MBI)的基础上编制的初中生学习倦怠问卷(吴艳,戴晓阳,张锦,2007),目的是考察初中生的学业倦怠程度,共有16个项目,采用5点式评分法,1表示"很不符合";5表示"完全符合"。分为身心耗竭分量表、学业疏离分量表和低成就感分量表,具有较好的信度和效度,同质信度系数为0.76~0.89。得分越高代表学业倦怠程度越高。在本研究中,Cronbach's α系数为0.74。

(三)数据处理

运用SPSS20.0进行数据录入和分析,统计分析采用描述性统计,相关分析和回归分析。

三、结果

(一)共同方法偏差检验

在测量过程中采用不记名法进行程序控制。在收集数据后,采用Harman单因子检验法进行共同方法偏差检验,结果显示,特征值大于1的因子有26个,且第一个因子解释的变异量为26.58%,远远小于40%的临界值,所以本研究中不存在明显的共同方法偏差。

(二)中学生心理健康、手机行为控制和学业倦怠的相关分析

通过对中学生心理健康、手机行为控制和学业倦怠三个变量进行描述性分析和相关分析,结果显示,心理健康均值为163.69,标准差为57.74;手机行为控制均值为34.13,标准差为7.91;学业倦怠均值为42.39,标准差为8.60;心理健康、手机行为控制和学业倦怠三者之间两两正相关,且相关显著($p<0.001$),结果如表7-1所示。

表7-1 中学生心理健康、手机行为控制和学业倦怠的相关分析

	$M±SD$	手机行为控制	心理健康	学业倦怠
手机行为控制	34.13±7.91	1		
心理健康	163.69±57.74	0.24***	1	
学业倦怠	42.39±8.60	0.31***	0.44***	1

(三)中学生学业倦怠在心理健康和手机行为控制之间的中介效应分析

本研究中,自变量是心理健康,因变量是手机行为控制,中介变量是学业倦怠,中介效应检验结果见表7-2。

表 7-2 学业倦怠的中介效应检验

变量	第 1 步:手机行为控制			第 2 步:学业倦怠			第 3 步:手机行为控制		
	β	*SE*	*t*	*β*	*SE*	*t*	*β*	*SE*	*t*
年级	0.28	0.19	6.88***	0.04	0.20	1.15	0.27	0.19	6.78***
家庭所在地	−0.12	0.68	−2.98**	−0.03	0.72	−0.80	−0.11	0.67	−2.87**
父母教养方式	0.05	0.40	1.28	0.15	0.42	3.90***	0.02	0.40	0.45
心理健康	0.22	0.01	5.71***	0.42	0.01	11.24***	0.13	0.01	3.06**
学业倦怠	–	–	–	–	–	–	0.22	0.04	5.19***
R^2		0.17			0.22			0.21	
F		28.55***			40.21***			29.26***	

根据温忠麟等人的建议(温忠麟,刘红云,侯杰泰,2012),首先对心理健康、手机行为控制和学业倦怠的得分进行中心化处理,然后采用层次回归法,控制人口学变量的影响后,进行中介效应检验。

根据温忠麟等人提出的检验中介效应的程序(温忠麟,张雷,侯杰泰,刘红云,2004),按以下步骤进行:第一步以心理健康为自变量,手机行为控制为因变量做回归分析,所得回归系数 c 显著($\beta=0.22, p<0.001$);第二步以心理健康为自变量,学业倦怠为因变量做回归分析,所得回归系数 a 显著($\beta=0.42, p<0.001$);第三步把心理健康和学业倦怠作为自变量,手机行为控制作为因变量做回归分析,所得学业倦怠回归系数 b 显著($\beta=0.22, p<0.001$),心理健康回归系数 c' 显著($\beta=0.13, p<0.05$)。a、b、c、c' 均显著,说明存在部分中介效应,中介效应占总效应的比例为 $0.42\times0.22/0.22=42.00\%$,说明中学生学业倦怠在心理健康和手机行为控制之间起部分中介效应。

四、讨论

本研究主要揭示了中学生心理健康与手机行为控制的关系和作用机制，阐明了心理健康是怎样影响手机行为控制的，既可以直接影响，又通过学业倦怠间接影响手机行为控制。

（一）中学生心理健康、手机行为控制和学业倦怠的基本情况

首先，统计分析的结果显示，中学生的心理健康均值为163.96，总均分为1.82，说明中学生总体上有出现躯体化、强迫症状、人际关系敏感、抑郁、焦虑、敌对、恐怖、偏执、精神病性等症状，但不频繁，没有到达严重的程度，存在轻度问题，与已有研究一致（刘洋等，2018；张微，张宛筑，袁章奎，2018），中学生的心理健康问题要时刻引起重视，保障了学生的心理健康才能使其更好地成长和学习，才会有更好的发展。

其次，根据分析结果，中学生的手机行为控制总体水平中等，其中自我效能控制水平较高，说明中学生对手机的使用有较高的信心，这可能与青少年人积极向上的态度和乐于接受新科技有关；依赖性控制水平中等，说明中学生对手机依赖的控制能力大概在平均水平，还没有对手机产生过分依赖；适应性控制水平较高，说明中学生认为自己根据情景的变化控制手机使用程度的能力较为良好，即可以根据场合来使用手机。

最后，结果显示，中学生的学业倦怠水平中等偏低（总平均分2.65低于中值3），说明中学生对学习的厌倦心理较为普遍但并不严重，也需要引起重视，这与以往的研究基本一致（廖红，2013），三个维度中身心耗竭水平接近中值（身心耗竭均值为2.88），低成就感高于中值（低成就感均值为3.07），说明中学生由于厌倦学习而导致的精神上和躯体上的损耗程度较高，身心都受到了影响，呈现疲劳状态，且中学生整体对自身获得成就的信心不足。

（二）中学生心理健康与手机行为控制之间的相关分析

根据数据分析结果可得，中学生心理健康与手机行为控制之间呈显著的正相关关系。即心理健康状况越差的中学生，其手机行为控制能力越高（自我效能控制较好，依赖性控制较差）。心理健康与自我效能控制和依赖性控制均呈显著正相关，自我效能控制得分越高代表个体对手机的使用信

心越高,依赖性控制得分越高表示个体对手机依赖的控制能力越差。心理健康状况就越差,对手机的使用信心越高,控制其产生依赖心理的能力越弱,就越会频繁地使用手机。这与有关研究一致,不同心理健康水平的学生存在不同的手机依赖程度,心理健康水平差的学生会通过玩手机来提高心理健康水平(白瑄,2018),心理健康的双因素模型认为,心理健康是一种完全的状态,既是心理疾病的缺失,也是高水平的主观幸福感(王鑫强,张大均,2011),同样,心理健康状况较差的个体也是心理疾病的存在和低水平主观幸福感的结合,因此,低心理健康水平的个体会通过各种轻松的娱乐方式来缓解心理疾病、提高主观幸福感。心理健康状况较差的中学生可能会表现出失眠、焦虑、强迫症、人际关系敏感、孤独和抑郁等症状,其为了缓解或改善失眠、焦虑、抑郁,就有可能通过移动媒体(手机)这种方式进行娱乐放松,就有可能出现依赖性手机使用行为,拥有较差的依赖性控制能力。

(三)学业倦怠在心理健康和手机行为控制之间的中介作用

本研究发现,心理健康与学业倦怠呈显著正相关关系,这与之前的研究结果基本一致,心理健康在一定程度上反映心理素质的高低,心理素质水平低的学生易出现心理问题,影响心理健康状态(张大均,王鑫强,2012;Zhang et al.,2011),而心理素质能负向预测学业倦怠(朱政光,张大均,吴佳禾,刘广增,张李斌,2018),因此心理健康水平较差的中学生其学业倦怠程度较高,原因可能是其心理健康水平较差,会出现抑郁、焦虑和睡眠不足等问题,这些可能会导致其无法专心学习,对学习失去兴趣,从而出现厌倦等消极情绪。

学业倦怠与手机行为控制呈显著正相关关系,即学业倦怠越高,越容易有较高的手机行为控制能力(自我效能控制较好,依赖性控制较差,适应性控制较好)。中学生学业压力大,生活枯燥,因此使其对手机这类新鲜事物更加感兴趣,手机的便利性和信息多样性可以拓宽其视野,带来丰富的娱乐体验,得到积极的情感体验,从而更增加了手机的使用。与有关研究一致,学业倦怠程度越高,越容易产生手机依赖(刘思佳,金灿灿,2018)。

根据回归分析结果,本研究还发现,中学生学业倦怠在心理健康和手机行为控制中间起着部分中介效应,心理健康不仅会直接影响中学生的手机行为控制,还可以通过学业倦怠间接影响中学生的手机行为控制。即心理健康状况差的学生其学业倦怠程度高,手机行为控制能力较高(自我效能控制较好,依赖性控制较差),这与以往研究结果基本一致(黄启宪,2018),根据马斯洛的需要层次理论,中学生对手机使用出现依赖行为:首先,是为了满足安全需要,中学生群体由于自身处在青春期,遇到困扰后容易出现脆弱、敏感、焦虑、抑郁、强迫症等,为了逃避现实,就会通过手机这个虚拟世界来获得安全感;其次是爱与归属感的需求,心理健康状况差的学生可能会存在人际关系敏感,在与人面对面的交流沟通中可能出现问题和障碍,因此就可能通过手机来弥补,通过手机实现聊天,得到朋友的慰藉;最后,是自我实现的需要,心理素质差的中学生心理健康状况差,而心理素质影响学业倦怠(朱政光,张大均,吴佳禾,刘广增,张李斌,2018),因此心理健康水平较差的中学生其学业倦怠程度较高,他们在学习成绩上无法实现自我,得到别人的称赞,就会转而通过手机媒体(微信朋友圈、微博等)展现自己完美的一面,得到他人的赞美,满足虚荣心,并认为完成了自我实现,得到了心理满足。

(四)本研究的实践启示

本研究发现心理健康和学业倦怠都会对中学生的手机行为控制产生影响,这一结果对中学生手机行为控制的干预有重要意义。启示我们,既可以通过提升中学生的心理健康水平引导其正确使用手机,学会控制对手机的依赖行为,例如通过一些集体娱乐活动增强人际交往,满足学生的积极情感体验,减少手机的使用;也可以通过引导他们改变对学习的看法、减轻学业倦怠来保障其心理健康,老师可以选择丰富多样的教学方式来吸引学生,调动他们的积极性,使其对学习产生兴趣,并注重心理健康教育。因此,学校和家长要加以重视,以他们的身心健康发展为主,不要给学生过大的学习压力,家长应该在家中营造良好的学习氛围,重视孩子对学习的态度,监督其对手机的使用行为。

(五)本研究的贡献

首先,目前国内外对手机行为控制的研究较少,本研究结果为研究个体有关手机方面的心理机制或行为表现进行了补充。其次,虽然国内目前对中学生心理健康状况的研究不少,但大部分都是将心理健康作为结果变量,探究影响心理健康的因素，而本研究将其作为原因变量，探究心理健康状况对个体内部活动和外部行为的影响，扩展了心理健康的研究视角。

五、小结

通过前面的分析，得出以下几点结论。

(1)中学生心理健康、手机使用行为控制和学业倦怠三者之间关系密切；

(2)学业倦怠在心理健康和手机使用行为控制之间起部分中介作用。

第二节 中学生手机行为控制与心理健康的交叉滞后分析

一、引言

心理健康是一个人具有良好心理素质的体现，是保证个人整体健康的重要部分，如今青少年的身心健康越来越受到社会各界的广泛关注（郭晌澄，2018；林丹华，2018），心理健康是基础，保证了青少年的心理健康才能使他们在此基础上有其他方面的良好发展，然而现今，我国青少年的心理健康状况逐渐下降，研究显示初中生心理亚健康状态检出率为11.12%，高中生检出率为17.45%（张志荣，梁佳志，张晋昕，2018），因此，维护青少年良好的心理健康状况在任何时候都是重中之重。生态系统理论认为社会环境影响个体心理发展，个体心理发展会受到外层系统的影响，而对于青少年来说，其心理发展主要会受到家庭环境和新媒体（比如网络、手机和游戏等）的影响（杨钺，刘建平，2017；惠秋平，石伟，何安明，2017；刘洋，邓晨卉，吉园依，等，2018），手机作为新媒体的典型代表，在青少年群体中的地位越来越重要，成为青少年社交娱乐和获取信息的重要渠道。研究者认为与成年人相比，年纪小的青少年更容易对智能手机上瘾（Haug，et al.，2015），此外，中学生在现实生活中感受到的压力会导致他们出现各种心理问题和困扰，为了逃避现实，他们更愿意选择在移动媒体上寻找心理满足，就有可能导致他们对手机出现依赖性或出现问题性手机使用行为，因此，本研究主要探究中学生手机行为控制与心理健康之间的关系。

计划行为理论(TPB)认为行为意向是行为最直接的预测源,而态度、主观规范和知觉行为控制影响个体的行为意向(Ajzen,1991)。沈勇根据计划行为理论,将手机行为控制分为三个维度:自我效能控制、依赖性控制和适应性控制(沈勇,2009)。由于目前国内外关于手机行为控制的研究较少,对手机行为控制与心理健康之间关系的研究少之又少,研究者大多侧重研究手机使用基本情况和手机的过度使用或依赖方面,但已有的相关研究可以间接支持手机行为控制与心理健康的关系。本研究认为心理健康和手机使用行为控制之间可能存在相互预测关系,可从以下证据中得到支持。通过因素分析研究者发现,自我效能感和控制力这两个因素对行为控制有影响(Ajzen,2002),依据社会学习理论,个体的心理健康状况与个体认为其能够控制内部心理环境的信念(即自我效能感)和外部的行为表达有关,心理系统中控制的失当或缺失都是心理障碍的根源,都会影响生命活动的良好运转(石文山,陈家麟,2004),因此,有效地控制和良好的自我效能感都是心理健康的重要维度之一。而自我效能感和控制力又是影响手机行为控制的重要因素,有理由推测手机行为控制与心理健康关系密切。另有研究发现手机使用和心理健康之间可能存在因果联系(Thomée,2018),心理健康水平可能是影响手机依赖的重要因素,焦虑、精神病性、强迫及恐怖对手机依赖有一定预测作用(黄海,周春燕,余莉,2013),由此可以推断,心理健康水平对手机使用行为控制可能具有预测作用;同时,研究发现,智能手机成瘾会影响学生心理健康状况(Choi,2012),手机使用问题行为会导致青少年出现心理健康问题和行为问题(Roser,2016),据此有理由推断手机使用行为控制对心理健康可能存在预测作用。因此,本研究旨在探究手机使用行为控制和心理健康之间的相互预测关系。

研究表明,心理健康在性别上差异显著,男生的心理健康状况显著优于女生(刘媛媛,等,2018;刘洋,等,2018);而另有研究表明男、女生心理状况良好率基本相同,无显著差异(何健,等,2013;张梅,等,2018),因此,心理健康水平是否存在性别差异还没有明确结论。手机行为控制在性别上存在差异,男性的自我效能控制高于女性(沈勇,2009),由于对手机行为控制的研究较少,手机行为控制是否在性别上存在差异有待考察。

目前国内外关于手机行为控制与心理健康的研究较少，多为手机成瘾与心理健康关系的研究，且大部分为横向研究，无法检验变量间的因果关系，缺少动态的纵向研究。本研究基于手机行为控制与心理健康相互作用，相互预测的假设，采用交叉滞后设计，探究两者之间的相互预测关系或准因果关系，以丰富两者的动态关系。

二、研究方法

（一）研究对象

随机抽取来自河南省四所中学的学生，分两次进行测查，第一次测查时间为2017年10月，第二次测查时间为2018年4月，中间间隔6个月，合并前后测数据后，剔除无效数据，最后共获359份有效问卷。其中男生171人（47.6%），女生188人（52.4%）；重点中学162人（45.1%），一般中学197人（54.9%）；来自城镇240人（66.9%），来自农村119人（33.1%）；初一83人（23.1%），初二94人（26.2%），初三25人（7.0%），高一80人（22.3%），高二52人（14.5%），高三25人（7.0%）；平均年龄为14.21±1.74岁。

（二）研究工具

1. 手机行为控制调查问卷

采用沈勇编制的手机用户行为控制调查问卷（沈勇，2009），采用5点式计分法，1表示“完全不符合”；5表示“完全符合”。共11道题目，包括自我效能控制、依赖性控制和适应性控制三个维度，量表本身的Cronbach's α系数为0.72，依赖性控制得分越高，表示其对手机依赖的控制能力越差；自我效能控制得分越高，表示其对手机使用的信心越高；适应性控制得分越高，表示其对手机使用环境的控制能力越强。该量表在本研究的前后测中Cronbach's α系数分别为0.76、0.82。

2. 心理症状自评量表

采用Derogatis编制的，王征宇（1984）翻译的中文修订版，共有90道题目，采用5点式计分法，1表示“没有”；5表示“严重”。包括10个因子，躯体化、强迫症状、人际关系敏感、抑郁、焦虑、敌对、恐怖、偏执、精神病性和睡眠及饮食，得分越高代表心理健康状况越差，该量表具有良好的信效度，该量表在本研究的前后测中 Cronbach's α 系数分别为 0.96、0.98。

（三）数据处理

运用 SPSS20.0 进行数据录入和分析，对手机行为控制和心理健康的总体状况进行描述性统计；对手机行为控制与心理健康之间的相关关系进行 Pearson 相关分析；对两变量间的准因果关系进行交叉滞后回归分析。

三、结果

（一）共同方法偏差检验

由于本研究采用的是自我报告法收集所有数据，尽管在测量过程中采用统一施测，强调保密性等进行程序控制，但仍可能存在共同方法偏差。采用 Harman 单因子检验法，对所收集的数据进行共同方法偏差检验，本研究为纵向追踪研究，因此分别对两次测查结果进行检验，结果显示，两次测量结果中，分别有 24 个、22 个因子的未旋转特征值大于 1，且第一个因子解释的变异量分别为 28.73%、30.91%，小于 40%，所以本研究中不存在明显的共同方法偏差。

（二）手机行为控制与心理健康的稳定性

本研究首先以测查时间（被试内因素，前测和后测）和性别（被试间因素，男和女）为原因变量，以手机行为控制为结果变量进行 2×2 重复测量方差分析，结果显示，测查时间的主效应显著（$F_{(1,357)}=17.80$，$p<0.001$，$\eta_p^2=0.05$），从表 1 也能看出，后测手机行为控制高于前测手机行为控制，手机行为控制在两次测查时间段内存在一定的发展性变化；性别的主效应不显著（$F_{(1,357)}=2.22$，$p=0.14>0.05$）；测查时间与性别的交互作用不显著（$F_{(1,357)}=0.42$，$p>0.05$）。

然后以测查时间（被试内因素，前测和后测）和性别（被试间因素，男和女）为原因变量，以心理健康为结果变量进行 2×2 重复测量方差分析，结果显示，测查时间的主效应不显著（$F_{(1,357)}=1.51$，$p>0.05$）；性别的主效应显著（$F_{(1,357)}=6.70$，$p<0.05$，$\eta_p^2=0.02$），女生的心理健康得分明显高于男生；测查时间与性别的交互作用显著（$F_{(1,357)}=4.51$，$p<0.05$，$\eta_p^2=0.01$），对于女生来说，前后测心理健康之间的差异显著，后测的心理健康得分明显高于前

测，对于男生来说，前后测心理健康之间的差异不显著，说明大学生心理健康的时间效应会受到性别因素的影响和制约，虽然随着时间推移，男女生心理健康程度均会出现一定的变化，但女生心理健康随时间变化的速度快于男生。

（三）手机行为控制与心理健康的相关分析

根据前后两次收集到的数据，对手机行为控制及其 3 因子（自我效能控制、依赖性控制和适应性控制）和心理健康及其 10 因子（躯体化、强迫症状、人际关系敏感、抑郁、焦虑、敌对、恐怖、偏执、精神病性和睡眠及饮食）进行相关分析，结果见表 7–3、表 7–4、表 7–5。

表 7–3　手机行为控制和心理健康的相关分析

	M±*SD*	手机行为控制 T1	手机行为控制 T2	心理健康 T1
手机行为控制 T1	34.22±7.44	1		
手机行为控制 T2	35.67±7.89	0.65***	1	
心理健康 T1	160.49±55.65	0.25***	0.23***	
心理健康 T2	163.81±58.15	0.18***	0.31***	0.65***

表 7–4　前测各变量维度的相关分析

	手机行为控制	自我效能控制	依赖性控制	适应性控制
心理健康	0.25***	0.14**	0.35***	0.02
躯体化	0.22***	0.07	0.31***	0.04
强迫症状	0.32***	0.17**	0.40***	0.08
人际关系敏感	0.24***	0.16**	0.31***	0.04
抑郁	0.18***	0.11*	0.26***	–0.002
焦虑	0.19***	0.11*	0.28***	0.001
敌对	0.23***	0.11*	0.34***	0.01

续表 7-4

	手机行为控制	自我效能控制	依赖性控制	适应性控制
恐怖	0.18**	0.13*	0.26***	−0.02
偏执	0.19***	0.11*	0.26***	0.01
精神病性	0.24***	0.12*	0.28***	0.07
睡眠及饮食	0.16**	0.11*	0.27***	−0.05

表 7-5 后测各变量维度的相关分析

	手机行为控制	自我效能控制	依赖性控制	适应性控制
心理健康	0.31***	0.15**	0.39***	0.12*
躯体化	0.28***	0.15**	0.33***	0.13*
强迫症状	0.35***	0.19***	0.42***	0.15**
人际关系敏感	0.31***	0.16**	0.37***	0.13*
抑郁	0.25***	0.08	0.34***	0.09
焦虑	0.27***	0.13*	0.34***	0.10
敌对	0.32***	0.16**	0.38***	0.13*
恐怖	0.20***	0.08	0.30***	0.03
偏执	0.27***	0.17**	0.31***	0.13*
精神病性	0.23***	0.09	0.28***	0.11*
睡眠及饮食	0.22***	0.10	0.31***	0.07

(四)各变量的二元交叉滞后分析

在相关分析的基础上,把心理健康作为预测变量,把手机行为控制及其 3 因子作为被预测变量,进行交叉滞后回归分析。

在前测中,手机行为控制得分与心理健康得分显著正相关($r=0.25$, $p<0.001$),在后测中,两变量得分之间也显著正相关($r=0.31$, $p<0.001$),前测与后测时间点测得的手机行为控制相关显著($r=0.65$, $p<0.001$),两个时间点测得的心理健康相关显著($r=0.65$, $p<0.001$),说明同步相关和稳定性

相关符合交叉滞后分析的要求。图 7-2 结果显示,在控制了前测的心理健康后,前测的手机行为控制对后测的心理健康无显著预测作用($\beta=0.02, p>0.05$);而控制了前测的手机行为控制后,前测的心理健康对后测的手机行为控制有一定的预测作用($\beta=0.07, p=0.09$,边缘显著)。结果表明:心理健康在一定程度上可以预测手机行为控制。

图 7-2 心理健康与手机行为控制的交叉滞后分析图

在前测中,依赖性控制得分与心理健康得分显著正相关($r=0.35, p<0.001$),在后测中,两变量得分之间也显著正相关($r=0.39, p<0.001$),前测与后测时间点测得的依赖性控制相关显著($r=0.66, p<0.001$),两个时间点测得的心理健康相关显著($r=0.65, p<0.001$),说明同步相关和稳定性相关符合交叉滞后分析的要求。图 7-3 结果显示,在控制了前测的心理健康后,前测的依赖性控制对后测的心理健康无显著预测作用($\beta=0.05, p>0.05$);而控制了前测的依赖性控制后,前测的心理健康对后测的依赖性控制有显著预测作用($\beta=0.11, p=0.01<0.05$)。结果表明:心理健康可以显著预测依赖性控制。

在前测中,自我效能控制得分与心理健康得分显著正相关($r=0.14, p<0.001$),在后测中,两变量得分之间也显著正相关($r=0.15, p<0.001$),前测与后测时间点测得的自我效能控制相关显著($r=0.48, p<0.01$),两个时间点测得的心理健康相关显著($r=0.65, p<0.01$),说明同步相关和稳定性相关符合交叉滞后分析的要求。图 7-4 结果显示,在控制了前测的心理健康后,前测的自我效能控制对后测的心理健康无显著预测作用($\beta=-0.02, p>$

0.05)；而控制了前测的依赖性控制后，前测的心理健康对后测的自我效能控制无显著预测作用($\beta=0.003, p>0.05$)。结果表明：心理健康与自我效能控制无相互预测作用。

在前测中，适应性控制与心理健康及心理健康各因子相关均不显著，不符合交叉滞后的基本假设，因此无法进行交叉滞后分析。

图 7–3 心理健康依赖性控制的交叉滞后分析图

图 7–4 心理健康与自我效能控制的交叉滞后分析图

在相关分析的基础上，把人际关系敏感作为预测变量，把手机行为控制及其 3 因子作为被预测变量，进行交叉滞后回归分析。

在前测中，手机行为控制与人际关系敏感显著正相关($r=0.24, p<0.001$)，在后测中，两变量之间也显著正相关($r=0.31, p<0.001$)；前测与后测时间点测得的手机行为控制相关显著($r=0.65, p<0.001$)，两个时间点测得的人际关系敏感相关显著($r=0.60, p<0.001$)，说明同步相关和稳定性

相关符合交叉滞后分析的要求。图 7-5 结果显示，在控制了前测的人际关系敏感后，前测的手机行为控制对后测的人际关系敏感无显著预测作用（$\beta=0.04, p>0.05$）；而控制了前测的手机行为控制后，前测的人际关系敏感对后测的手机行为控制有显著预测作用（$\beta=0.10, p<0.05$）。结果表明：人际关系敏感可以预测手机行为控制。

图 7-5　人际关系敏感与手机行为控制的交叉滞后分析图

采用上述相同程序，发现依赖性控制和人际关系敏感之间互为因果的关系，结果如图 7-6。

图 7-6　人际关系敏感与依赖性控制的交叉滞后分析图

在相关分析的基础上，把抑郁作为预测变量，把手机行为控制及其 3 因子作为被预测变量，进行交叉滞后回归分析。

采用上述相同程序，发现依赖性控制和抑郁之间是互为因果的关系，结果如图 7-7。

图 7–7　抑郁与依赖性控制的交叉滞后分析图

在相关分析的基础上，把偏执作为预测变量，把手机行为控制及其 3 因子作为被预测变量，进行交叉滞后回归分析。

采用上述相同程序，发现依赖性控制和偏执之间是互为因果的关系，结果如图 7–8。

图 7–8　偏执与依赖性控制的交叉滞后分析图

在相关分析的基础上，把睡眠及饮食作为预测变量，把手机行为控制及其 3 因子作为被预测变量，进行交叉滞后回归分析。

采用上述相同程序，发现睡眠及饮食可以显著预测依赖性控制，结果如图 7–9。

图 7-9　睡眠及饮食与依赖性控制的交叉滞后分析图

在相关分析的基础上，把焦虑及饮食作为预测变量，把手机行为控制及其 3 因子作为被预测变量，进行交叉滞后回归分析。

采用上述相同程序，发现焦虑可以显著预测依赖性控制，结果如图 7-10。

图 7-10　焦虑与依赖性控制的交叉滞后分析图

在相关分析的基础上，把强迫症状作为预测变量，把手机行为控制及其 3 因子作为被预测变量，进行交叉滞后回归分析。

采用上述相同程序，发现强迫症状可以显著预测依赖性控制，结果如图 7-11。

图 7-11 强迫症状与依赖性控制的交叉滞后分析图

四、讨论

(一)中学生手机行为控制与心理健康的稳定性及发展

相关分析结果发现,前后测的手机行为控制显著正相关($r=0.65$, $p<0.001$);方差分析结果显示测查时间对手机行为控制的主效应显著,这表明中学生手机行为控制一方面具有相对稳定性,另一方面在一定时间内又存在发展变化。根据计划行为理论,手机行为控制主要受态度、主观规范和知觉行为控制的影响(沈勇,2009),其中知觉行为控制受内在因素(技术、能力、情绪等)以及外在因素(信息、机会等)的影响(Notani,1998),内在因素的可控性使手机行为控制具有一定稳定性,外在因素的不可控性又会使手机行为控制发生变化,因此,手机行为控制在一定时期内既相对稳定又具有可塑性。

前后测的心理健康也显著正相关($r=0.65$, $p<0.001$),方差分析结果显示性别对心理健康的主效应显著,测查时间与性别的交互作用显著,表明中学生的总体心理健康状况相对稳定,但随测查时间的变化出现性别差异,女生的心理健康状况与男生相比较差,这与之前的研究结果基本一致(张微,等,2018;梅自颖,等,2018;刘媛媛,等,2018)。中学阶段,女生比男生的心理健康状况差的原因可能是女生比男生成熟的早,思考的问题更加有深度有意义,就可能会出现抑郁、焦虑等心理问题,而男生较女生来说心智还不成熟,还处于较为幼稚的阶段,比女生更加无忧无虑,出现的心理问题就相

对较少。

(二)中学生手机行为控制与心理健康的相关分析

根据数据分析结果可知,中学生心理健康得分与手机行为控制得分之间呈显著的正相关关系。即心理健康状况越差的中学生,其手机行为控制能力越高(自我效能控制较好,依赖性控制较差)。心理健康得分与自我效能控制和依赖性控制得分均呈显著正相关,自我效能控制得分越高代表个体对手机的使用信心越高,依赖性控制得分越高表示个体对手机依赖的控制能力越差,心理健康状况就越差,对手机的使用信心越高,控制其产生依赖心理的能力越弱,就会更加频繁地使用手机。这与有关研究一致,不同心理健康水平的学生存在不同的手机依赖程度,心理健康水平差的学生会通过玩手机来提高心理健康水平,中学生学业压力大,生活枯燥而手机可以拓宽其视野,参与丰富的娱乐活动,带来积极的情感体验,从而进一步增加了手机的使用(白瑄,2018)。

(三)心理健康对手机行为控制的影响

交叉滞后分析结果显示,在控制了前测的心理健康后,前测的手机行为控制对后测的心理健康无显著预测意义;而控制了前测的手机行为控制后,前测的心理健康对后测的手机行为控制有一定的预测力,表明心理健康对手机行为控制有一定的正向预测作用。

研究结果还发现,在手机行为控制各因子与心理健康的关系上,心理健康对依赖性控制有显著的正向预测作用,而依赖性控制对心理健康没有显著预测作用;在心理健康各因子与手机行为控制的关系上,人际关系敏感对手机行为控制有显著的正向预测作用,其余各因子与手机行为控制之间均无预测关系;在心理健康各因子与手机行为控制各因子的关系上,人际关系敏感和依赖性控制之间,抑郁和依赖性控制之间,偏执和依赖性控制之间都是互为因果的关系,睡眠及饮食、焦虑、强迫症状都可以显著预测依赖性控制,其余各因子之间均无预测关系。

大多数研究都在探讨心理健康的影响因素,将手机作为其因素之一,探究手机过度使用或依赖对心理健康的影响,而本研究发现心理健康对手机行为控制也有正向预测作用。低心理健康水平可能会造成高手机行为控制,造成高依赖性控制和高自我效能控制,进而使个体对手机依赖的控制力减弱,对使用手机的自信心增强,从而更多的使用手机,使手机依赖程度加深。心理健康的双因素模型认为,心理健康是一种完全的状态,既是心理疾病的缺失,也是高水平的主观幸福感(王鑫强,张大均,2011),同样,心理健康状况较差的个体也是心理疾病的存在和低水平主观幸福感的结合,因此,低心理健康水平的个体会通过各种轻松的娱乐方式来缓解心理疾病、提高主观幸福感。心理健康状况较差的中学生可能会表现出失眠、焦虑、强迫症、人际关系敏感、孤独和抑郁等症状,其为了缓解或改善失眠、焦虑、抑郁,就有可能通过移动媒体(手机)这种方式进行娱乐放松,就有可能出现依赖性手机使用行为。

人际关系敏感的中学生由于与人交往存在问题,就有可能更多地使用手机、依赖手机,同样,如果中学生对手机的依赖程度很高,就会把大量时间花在手机上,从而影响人际关系;有强迫症状的中学生,他们对自我强迫性使用行为的控制能力的减弱,从而增加了强迫性手机使用行为。这与国内外的研究结果基本一致,研究发现个体的心理健康因素能有效预测手机依赖(黄海,侯建湘,余莉,周春燕,2014);孤独或社交能力不强的人,会形成强烈的强迫性网络使用行为,依赖网上活动,减少或逃避现实生活中的麻烦(Kim et al.,2009);孤独感会导致个体出现手机依赖(Kim,2018);社交焦虑会使个体强迫性使用智能手机,可能会通过依赖手机减少社交接触时的不适感(Lee et al.,2014)。相反,高心理健康水平可能会造成低手机行为控制,依赖性控制降低,进而使个体对手机依赖的控制力增强,手机依赖程度减弱,即心理健康状况较好的中学生具有良好的人际关系,各方面需求可以从现实社会得到满足,因此出现依赖性控制能力差的可能性较小。

五、小结

通过前面的分析,可以得出以下几个结论。

(1)中学生手机行为控制存在一定的发展变化,心理健康相对稳定;

(2)中学生手机使用行为控制与心理健康显著负相关;

(3)心理健康可以预测手机行为控制,但手机行为控制不能预测心理健康;

(4)人际关系敏感可以预测手机行为控制,心理健康可以预测依赖性控制;

(5)人际关系敏感、抑郁和偏执与依赖性控制均互为因果;

(6)睡眠及饮食、焦虑、强迫症状均可以显著预测依赖性控制。

第三节　中学生学业倦怠与心理健康的交叉滞后分析

一、引言

学业倦怠的概念源自职业倦怠,吴艳等人将其定义为:一种持续的,负性的且主要发生在学生身上与学习有关的心理状态,并根据 Maslach 的三因素职业倦怠模型,将学业倦怠分为三个维度:心身衰竭、玩世不恭、低效能感。心身衰竭是指个体由于厌倦学习而精力耗损、身体衰竭;玩世不恭是指个体对学习没有兴趣,始终是一种消极负面的态度;低效能感是指个体对自身获得成就信心不足(吴艳,2007)。中学生如果在学习中付出大量时间精力而成绩没有提升,就极易出现学业倦怠的情况,从资源保存理论的个体资源投入与产出不平衡的角度来看,当个体投入了大量的时间精力金钱等资源时,却没有得到等价的回报,就会出现一系列消极情绪(曹霞,瞿皎姣,2014),而这种消极情绪会使其心理健康水平下降。研究证实,学业倦怠和心理健康之间有密切联系,学业倦怠程度高的学生会出现抑郁、焦虑等问题,从而会影响学生的心理健康状况(白婧,和静,贾甜甜,吴广霞,霍雨艳,2018;王黎华,2015),因此,本研究假设学业倦怠对心理健康有预测作用。

心理健康是一个人具有良好心理素质的体现,是保证整体健康的重要部分,如今青少年的身心健康越来越受到社会各界的广泛关注(郭眴澄,2018;林丹华,2018),心理健康是基础,保证了青少年的心理健康才能使他们在此基础上有其他方面的良好发展,然而现今,我国青少年的心理健康状况逐渐下降,研究显示初中生心理亚健康状态检出率为 11.12%,高中生检出率为 17.45%(张志荣,梁佳志,张晋昕,2018),因此,维护青少年良好的心理健康状况在任何时候都是重中之重。心理素质对心理健康有直接影响,并对心理健康起支配作用(张大均,王鑫强,2012);研究显示,心理素质能够显著预测学业倦怠水平(朱政光,张大均,吴佳禾,刘广增,张李斌,2018);且倦怠与抑郁症状、生活满意度和睡眠质量密切相关,倦怠症状的增加与心理健康问题的增加有关(Gerber,et al. ,2015),因此,本研究假设心理健康对学业倦怠也有预测作用。

研究表明,心理健康在性别上差异显著,男生的心理健康状况显著优于女生(刘媛媛,等,2018;刘洋,等,2018);而另有研究表明男、女生心理状况良好率基本相同,无显著差异(何健,等,2013;张梅,等,2018),因此,心理健康水平是否存在性别差异还没有明确结论。有研究者认为学业倦怠在性别上存在差异,男生的学业倦怠程度高于女生(吴胜红,眭国荣,高军,2018),但也有研究者未发现学业倦怠存在性别差异(杨红君,等,2013;Galán, Sanmartín,Polo & Giner,2011),学业倦怠是否在性别上存在差异有待考察。

目前已经有不少对学业倦怠的研究,但大多是研究应对方式、归因方式、心理资本、学习动机等与学业倦怠的关系,研究其与心理健康关系的较少,且大多为横向研究,无法检验变量间的因果关系,缺少动态的纵向研究。本研究基于学业倦怠与心理健康相互作用、相互预测的假设,采用交叉滞后设计,探究两者之间的相互预测关系或准因果关系,以丰富两者的动态关系。

二、研究方法

(一)研究对象

随机抽取来自河南省四所中学的学生,分两次进行测查,第一次测查时间为2017年10月,第二次测查时间为2018年4月,中间间隔6个月,合并前后测数据后,剔除无效数据,最后共有359份有效问卷。其中男生171人(47.6%),女生188人(52.4%);重点中学162人(45.1%),一般中学197人(54.9%);来自城镇240人(66.9%),来自农村119人(33.1%);初一83人(23.1%),初二94人(26.2%),初三25人(7.0%),高一80人(22.3%),高二52人(14.5%),高三25人(7.0%);平均年龄为14.21±1.74岁。

(二)研究工具

1. 初中生学习倦怠问卷

采用吴艳、戴晓阳、张锦在 Maslach 倦怠问卷(Maslach Burnout Inventory, MBI)的基础上编制的初中生学习倦怠问卷(吴艳,戴晓阳,张锦,2007),目的是考察初中生的学业倦怠程度,共有 16 个项目,采用 5 点式评分法,1 表示"很不符合";5 表示"完全符合"。分为身心耗竭分量表、学业疏离分量表和低成就感分量表,具有较好的信度和效度,同质信度系数为 0.76 ~ 0.89。得分越高代表学业倦怠程度越高。该量表在本研究的前后测中 Cronbach's α 系数分别为 0.74、0.61。

2. 心理症状自评量表

采用 Derogatis 编制的,王征宇(1984)翻译的中文修订版,共有 90 道题目,采用 5 点式计分法,1 表示"没有";5 表示"严重"。包括 10 个因子,包括躯体化、强迫症状、人际关系敏感、抑郁、焦虑、敌对、恐怖、偏执、精神病性和睡眠及饮食,得分越高代表心理健康状况越差,该量表具有良好的信效度,该量表在本研究的前后测中 Cronbach's α 系数分别为 0.96、0.98。

(三)数据处理

运用 SPSS20.0 进行数据录入和分析,对学业倦怠和心理健康的总体状况进行描述性统计;对学业倦怠与心理健康之间的相关关系进行 Pearson 相关分析;对两变量间的准因果关系进行交叉滞后回归分析。

三、结果

(一)共同方法偏差检验

由于本研究采用的是自我报告法收集所有数据,尽管在测量过程中采用统一施测,强调保密性等进行程序控制,但仍可能存在共同方法偏差。采用 Harman 单因子检验法,对所收集的数据进行共同方法偏差检验,本研究为纵向追踪研究,因此分别对两次测查结果进行检验,结果显示,两次测量结果中,分别有 24 个、23 个因子的未旋转特征值大于 1,且第一个因子解释的变异量分别为 29.52%、32.05%,小于 40%,所以本研究中不存在明显的共同方法偏差。

（二）学业倦怠与心理健康的稳定性

本研究首先以测查时间（被试内因素，前测和后测）和性别（被试间因素，男和女）为原因变量，以学业倦怠为结果变量进行 2×2 重复测量方差分析，结果显示，测查时间的主效应显著（$F_{(1,357)}=25.31$，$p<0.001$，$\eta_p^2=0.07$），从表 7-6 也能看出，后测学业倦怠明显高于前测学业倦怠，学业倦怠在两次测查时间段内存在一定的发展性变化；性别的主效应不显著（$F_{(1,357)}=0.037$，$p>0.05$）；测查时间与性别的交互作用不显著（$F_{(1,357)}=0.048$，$p>0.05$）。

然后以测查时间（被试内因素，前测和后测）和性别（被试间因素，男和女）为原因变量，以心理健康为结果变量进行 2×2 重复测量方差分析，结果显示，测查时间的主效应不显著（$F_{(1,357)}=1.51$，$p>0.05$）；性别的主效应显著（$F_{(1,357)}=6.70$，$p<0.05$，$\eta_p^2=0.02$），女生的心理健康得分明显高于男生；测查时间与性别的交互作用显著（$F_{(1,357)}=4.51$，$p<0.05$，$\eta_p^2=0.01$），对于女生来说，前后测心理健康之间的差异显著，后测的心理健康得分明显高于前测，对于男生来说，前后测心理健康之间的差异不显著，说明大学生心理健康的时间效应会受到性别因素的影响和制约，虽然随着时间推移，男女生心理健康程度均会出现一定的变化，但女生心理健康随时间变化的速度快于男生。

（三）学业倦怠与心理健康的相关分析

对学业倦怠和心理健康进行相关分析，结果见表 7-6。

表 7-6 学业倦怠和心理健康的相关分析

	$M\pm SD$	学业倦怠 T1	学业倦怠 T2	心理健康 T1
学业倦怠 T1	42.39±8.60	1		
学业倦怠 T2	45.01±6.86	0.42***	1	
心理健康 T1	160.49±55.65	0.41***	0.30***	
心理健康 T2	163.81±58.15	0.34***	0.52***	0.65***

（四）学业倦怠与心理健康的二元交叉滞后分析

图 7-12 中的双向箭头表示相关分析的结果，数据为相关系数，单向箭

头表示采用 Enter 法得到的二元回归分析结果，数据为标准化偏回归系数(β)。

根据相关分析结果，在前测中学业倦怠得分与心理健康得分显著正相关($r=0.41, p<0.001$)，在后测中两变量得分之间也显著正相关($r=0.52, p<0.001$)，前测与后测时间点测得的学业倦怠相关显著($r=0.42, p<0.001$)，两个时间点测得的心理健康相关显著($r=0.65, p<0.001$)，说明同步相关和稳定性相关基本上一致，符合交叉滞后设计的基本假设。

首先，分析学业倦怠对心理健康的预测作用。以前测学业倦怠和心理健康为自变量，后测心理健康为因变量，以强制指定方法先后进入回归方程，进行回归分析。分析结果显示，在控制了前测的心理健康后，前测的学业倦怠对后测的心理健康有显著预测作用($\triangle R^2=0.43, \beta=0.16, p<0.01$)。

其次，考查心理健康对学业倦怠的预测作用。以前测学业倦怠和心理健康为自变量，后测学业倦怠为因变量，以强制指定方法先后进入回归方程，进行回归分析。分析结果显示，在控制了前测的学业倦怠后，前测的心理健康对后测的学业倦怠也有预测作用($\triangle R^2=0.20, \beta=0.09, p<0.05$)。

结果表明：学业倦怠可以预测心理健康，心理健康也可以预测学业倦怠。

图 7-12 学业倦怠与心理健康的交叉滞后分析

四、讨论

(一)中学生学业倦怠与心理健康的稳定性及发展

相关分析结果发现,前后测的学业倦怠显著正相关($r=0.65$,$p<0.001$);方差分析结果显示测查时间对学业倦怠的主效应显著,这表明中学生学业倦怠一方面具有相对稳定性,另一方面在一定时间内又存在发展变化。随着时间的增长,中学生的年级也在增长,面临的学业压力越来越多,学业倦怠程度就会加深,多项研究显示,学业倦怠会随着年级增长而加重,高年级的学生比低年级学生倦怠程度更强(罗云,赵鸣,王振宏,2014;林崇德,等,2013);性别对学业倦怠的主效应不显著,这与以往研究一致(吕斯欣,等,2014;Galán,Sanmartín,Polo & Giner,2011),因此,学业倦怠在一定时期内既相对稳定又具有可塑性。

前后测的心理健康也显著正相关($r=0.65$,$p<0.001$),方差分析结果显示性别对心理健康的主效应显著,测查时间与性别的交互作用显著,表明中学生的总体心理健康状况相对稳定,但随测查时间的变化出现性别差异,女生的心理健康状况与男生相比较差,这与之前的研究结果基本一致(张微,等,2018;梅自颖,等,2018;刘媛媛,等,2018)。中学阶段,女生比男生的心理健康状况差的原因可能是女生比男生成熟的早,思考的问题更加有深度有意义,就可能会出现抑郁、焦虑等心理问题,而男生较女生来说心智还不成熟,还处于较为幼稚的阶段,比女生更加无忧无虑,出现的心理问题就相对较少。

(二)中学生学业倦怠与心理健康的相关

相关分析结果显示,学业倦怠得分与其心理健康得分呈显著正相关关系,与前人研究结果一致(Puig,2012;王伯军,等,2013)。中学生的学业倦怠程度越严重,其心理健康状况越差;反之亦然,心理健康水平会随学业倦怠程度的减轻而提升。学业倦怠容易出现情绪不稳定,心理承受能力低,对什么都提不起兴趣,害怕受挫,出现抑郁、焦虑、低自尊等心理问题,影响心理健康。而出现心理问题后,学生就更没有精力投入学习,于是就会出现学业倦怠。

(三)中学生学业倦怠对心理健康的影响

交叉滞后回归分析结果发现,学业倦怠对心理健康有显著负向预测作用,因为在前测心理健康被控制了之后,前测学业倦怠与后测心理健康之间进行回归的标准化偏回归系数显著,表明前测学业倦怠能够显著预测后测心理健康。

基于学业倦怠的 COR 理论,人的自身资源是有限的,倦怠主要是由于情感耗尽,能量资源耗竭,生理和心理能量都受到了侵蚀(Hobfoll,1989),可用的资源越来越少,无法应对持续不断的压力,所以就容易出现抑郁、焦虑等消极情绪,导致心理健康水平降低。这与已有研究结果基本一致,学业倦怠对学生的积极和消极心理状况起到有效的预测作用(钱康杰,等,2015)。出现学业倦怠的学生主要表现为学习时感觉身体疲劳;对学习失去兴趣;学习效率低,自我效能感低。身体疲劳会导致躯体化疾病、睡眠质量下降,兴趣丧失可能导致抑郁、人际关系敏感、不良饮食等,自我效能感低会导致抑郁、焦虑等。对学习的投入越多,心理健康状况越好(巢传宣,周志鹏,2019),学业倦怠程度弱或者没有出现倦怠的中学生,对学习的投入很多,从中收获的成就也就较多,就会提升其幸福感、自豪感,得到心理满足,因此心理健康状况就会比学业倦怠的学生好。

(四)中学生心理健康对学业倦怠的影响

交叉滞后回归分析结果发现,心理健康对学业倦怠有显著负向预测作用,因为在前测学业倦怠被控制了之后,前测心理健康与后测学业倦怠之间进行回归的标准化偏回归系数显著,表明前测心理健康能够显著预测后测学业倦怠。

心理健康水平较高的中学生,其学业倦怠程度较低。从理论角度来看,积极情绪的拓展-建构理论认为,积极情绪有拓展和建构的功能,拓展功能是指能够拓展个体的思维行动,激发创造性,建构功能是指促进个体身体能量和资源的整体建构(张阔,张雯惠,杨珂,吴捷,2015)。心理健康水平较高的中学生拥有的积极情绪也较多,积极情绪既有助于中学生充分利用自身资源,激发更多创造性思维,又可以缓解学业倦怠带来的消极态度,且实证研究也证实了这一点,心理健康状况是影响倦怠的因素之一(马玲,王金祥,李昊,李艳艳,2016),因此,心理健康对学业倦怠有预测作用。

综上所述,学业倦怠与心理健康互为准因果关系,既可以通过降低学业倦怠程度来提升心理健康水平,也可以从改善心理健康状况来避免学业倦怠的发生。

五、小结

通过前面的分析,可以得出以下几点结论。

(1)中学生的学业倦怠存在一定的发展变化,心理健康相对稳定;

(2)中学生学业倦怠与心理健康之间存在负相关关系;

(3)学业倦怠与心理健康之间互为准因果关系。

第八章

大学生手机依赖、生活满意度与心理健康的关系

第一节 大学生心理健康与生活满意度的交叉滞后分析

一、问题的提出

生活满意度是衡量个体幸福感和生活质量的重要指标。近年来，随着人们对美好生活向往和追求的日益增长，随着积极心理学的兴起与发展，主观幸福感、心理幸福感、生活满意度、感恩等积极情绪和体验成为心理学关注的新热点。生活满意度是指个体根据自己的选择标准对自己大部分时间或持续一定时期生活状况的总体性认知评估（Shin & Johnson，1978），是主观幸福感重要的认知成分（Diener，1996；姚本先，石升起，方双虎，2011）。生活满意度不仅影响个人生活质量，而且会影响个体的全面发展。大学生正处在人生发展的关键期，因此，在现阶段关注中国大学生生活满意度问题，探讨他们生活满意度的影响因素，对提高他们的生活满意度、增强其幸福感水平和生活质量具有积极的现实意义。现有关于生活满意度影响因素的研究涉及主客观两个方面。客观方面主要考查人口统计学变量、父母教养方式、社会支持、生活事件、同伴关系、心理资本、文化等因素，主观方面集中关注自尊、自我概念、感恩、应对方式、正念、心理韧性、乐观等人格和认知因素（曾强，2018；贾林祥，王保健，2018；齐晓栋，2013；魏军锋，2014；贾士昱，刘建平，叶宝娟，2018；陈世平，乐国安，2001）；缺乏对心理健康的有效关注。

心理健康是影响当今社会发展的重大公共卫生问题和社会问题。研究发现，大学生心理健康问题的发生率、症状的严重程度及其对高校心理咨询服务的使用率和治疗时间等都呈现上升趋势（Schaefer et al.，2017；Conley et al.,2017)。大学生是社会中一个重要而特殊的群体,他们的心理健康问题受到了更多关注,但现实情况不容乐观:统计数据显示全世界 10% ~20% 的儿童和青少年患有心理健康问题,心理健康问题占全球疾病负担的很大一部分(Kieling,2011);心理健康问题在大学生中普遍存在,许多大学生面临着各种亚临床水平的心理症状(Conley et al.,2017)。由此可见,心理健康已成为阻碍个体与社会发展的重大问题。另一方面,大学生的心理健康水平是影响其毕生发展的重要因素,心理健康问题不仅会损害青少年自身成长,还会危及其社会发展、生活满意度和幸福感等生活品质(王勍,俞国良,2017),影响大学生学习、生活的方方面面。因此,开展大学生心理健康影响作用研究的重要性与迫切性不言而喻。然而,综观相关研究不难发现,目前学界集中关注心理健康的现状、各种主客观因素对心理健康的影响及作用机制、心理健康的干预和教育(Kieling,2011;高猛,2017 张志龙,2011;姜永志,2014;张镇,2016),缺乏对心理健康作用和影响的探究,更缺乏心理健康影响生活满意度的专门化研究。

然而,迄今关于心理健康与生活满意度关系的研究寥若晨星。仅有极少数横向研究在一个横断面上考查了心理健康与生活满意度之间的关系,Fergusson 等(2015)发现个体的心理问题越严重,对生活越不满意,而心理越健康,生活满意度越高。徐寰宇(2018)调查的相关分析发现,心理健康与生活满意度显著负相关,回归分析结果显示,心理健康对生活满意度具有显著的负向预测作用。Cruz-Ferreira 等(2011)发现抑郁、焦虑等内化的负性情绪会影响生活满意度,但目前尚缺乏心理健康与生活满意度关系的纵向研究。

此外,马川(2019)研究发现,男女大学生心理健康的性别差异显著,男大学生的心理健康状况优于女生,而石玮等(2018)则发现,除心理健康的抑郁因子不存在性别差异外,心理健康其他因子及心理健康总体状况均存在显著的性别差异,男大学生的心理健康状况劣于女生;欧阳乐(2017)发现大学生生活满意度的性别差异不显著,潘莉莉(2017)则发现大学生生活满意度的性别差异显著,女生的生活满意度高于男生。由此可见,大学生心理健康和生活满意度是否存在性别因素上的显著差异尚无定论。

基于上述分析,为了弥补现有研究的不足,为了将心理健康与生活满意度间的关系研究推向深入,为了进一步明确两个变量在性别因素上到底是否存在差异,本研究采用纵向研究设计,在检验心理健康与生活满意度相关关系的基础上,进一步考察两者之间的相互预测关系或准因果关系,为从心理健康视角提高大学生的生活满意度提供实证依据,为后继研究提供启迪。

二、研究方法

(一)被试

采用方便取样法进行取样,共选取河南某高校的 259 名大学生为研究对象,调查分两次进行,2013 年 9 月进行第一次施测,2014 年 4 月进行第二次施测。将两次施测数据按照序号对应合并在一起,删除不认真答题的、有缺失值的、只有一次测查结果的等无效问卷后,最终得到 259 份前后两次测查都有效的问卷。其中,性别方面:男 121 人,女 138 人;生源地方面:农村 143 人,城镇 116 人;年级方面:大一 82 人,大二 86 人,大三 91 人;独生与否方面:非独生子女 136 人,独生子女 123 人;学科专业方面:文科 137 人,理工科 122 人;被试年龄范围为 17 岁到 24 岁,平均年龄 20±1.8 岁。

(二)工具

1. 心理症状自评量表(SCL-90)

该量表由 Derogatis 编制,由王征宇(1984)翻译成中文,一直以来是国内调查心理健康状况应用最广泛的量表之一。共 90 个题目,包含躯体化、强迫症状等 10 个方面,采用 5 点式评分法,1 代表“没有”,5 代表“严重”,被试得分越高,表示其心理健康程度越低。在不同群体被试中试用,发现该量表信效度较好(陈树林,李凌江,2003)。该量表在本研究前后测中的 Cronbach's α 系数分别为 0.97、0.98。

2. 生活满意度量表

由王宇中(2003)编制的大学生生活满意度评定量表(Life Satisfaction Scales Applicable to College Students,CSLSS),CSLSS 用于测评我国大学生个人生活满意度及生活质量。共 6 个条目,李克特 7 点式计分法,包含客观满意度和主观满意度两个方面,在编制时主要以我国大学生群体为样本,信效度指标良好,内部一致性较高,4 周重测信度为 0.69 ~ 0.84,与 SCL-90 及消极应对显著负相关、与积极应对显著正相关。该量表在本研究前后测中的

Cronbach's α 系数分别为 0.69、0.68。

(三)统计方法

数据处理通过 SPSS16.0 软件进行,采用 Pearson 相关分析,从纵横向两个方面考察心理健康与生活满意度之间的相关关系;运用交叉滞后回归分析技术,考察心理健康与生活满意度之间的相互预测关系(或准因果关系)。

三、结果与分析

(一)心理健康与生活满意度的重复测量方差分析结果

以测查时间(被试内因素,包括前测 T1 和后测 T2 两个时间点)和性别(被试间因素,分为男生和女生)两个因素为原因变量,以心理健康为结果变量,进行 2×2 重复测量方差分析。分析结果显示,测查时间的主效应不显著($F_{(1,257)}=1.73, p>.05$),从表 8-1 也可看出,前后测心理健康得分之间差异不大,说明心理健康在一定时期内具有相对稳定性;性别的主效应也不显著($F_{(1,257)}=0.02, p>.05$)。测查时间与性别两因素之间的交互作用显著($F_{(1,257)}=4.34, p<.05, \eta_p^2=.02$)。对于男生来说,前后测心理健康之间的差异显著,后测的心理健康得分明显低于前测,对于女生来说,前后测心理健康之间的差异不显著,说明大学生心理健康的时间效应会受到性别因素的影响和制约,虽然随着时间推移,男女生心理健康程度均会出现一定的变化,但男生心理健康随时间变化的速度快于女生。

以测查时间和性别两个因素为原因变量,以生活满意度为结果变量,进行 2×2 重复测量方差分析。分析结果显示,测查时间的主效应不显著($F_{(1,257)}=0.40, p>.05$),从表 1 也可看出,两次测查时的生活满意度水平比较相近;性别的主效应也不显著($F_{(1,257)}=2.33, p>.05$)。测查时间与性别两因素之间的交互作用也没有达到统计学上的显著性水平($F_{(1,257)}=1.79, p>.05$)。

(二)心理健康、生活满意度的前后测平均数、标准差和相关分析

表 8-1 心理健康与生活满意度的均值、标准差和相关分析

	M	*SD*	心理健康 T1	心理健康 T2	生活满意度 T1
心理健康 T1	162.49	41.03			
心理健康 T2	159.11	43.84	.41***		
生活满意度 T1	26.73	3.82	-.32***	-.15*	
生活满意度 T2	26.58	3.90	-.24***	-.24***	.28***

相关分析结果表明(见表 8-1),心理健康前后测间的 $r=.41$,生活满意度前后测间的 $r=.28$,两侧测量的显著性水平均达到了.001,表明在 10 个月内,大学生心理健康与生活满意度均具有相对稳定性。心理健康与生活满意度间的同时性相关显著,在前测时,两者之间的 $r=-.32(p<.001)$;在后测时,两者之间的 $r=-.24(p<.001)$,表明心理健康与生活满意度存在着密切的内在联系。

(三)心理健康与生活满意度的交叉滞后分析

采用交叉滞后回归分析,考查心理健康与生活满意度之间的相互预测关系,如图 8-1 所示。

首先,分析心理健康对生活满意度的预测作用。以前测心理健康和生活满意度为自变量,后测生活满意度为因变量,进行回归分析,考查控制了前测生活满意度的影响后,前测心理健康对后测生活满意度的单独预测效果。分析结果显示,前测的心理健康能显著负向预测后测的生活满意度($\triangle R^2=0.03, \beta=-.17, p<.01$)。

其次,考查生活满意度对心理健康的预测效应。同样采用强制指定方法,以前测心理健康和生活满意度为自变量,后测心理健康为因变量,进行回归分析,考查控制了前测心理健康的影响后,前测生活满意度对后测心理健康的单独预测效果。分析结果显示,前测的生活满意度无法显著预测后测的心理健康($\triangle R^2=0.01, \beta=-.02, p>.05$)。

图 8-1 心理健康与生活满意度的交叉滞后分析图

四、讨论

(一)心理健康与生活满意度的稳定性及发展

通过比较心理健康的前后测得分发现,前后测心理健康差异很小;相关分析发现前后测心理健康的相关较高;进一步方差分析结果也发现,测量时间因素影响心理健康的主效应不显著,这与石玮等人(2018)的研究结论基本一致,石玮等人研究发现,除了人际关系敏感因子外,大学生心理健康其他因子的年级差异均不显著。表明大学生的心理健康状况具有相对稳定性,短期内变化不大。

前后测生活满意度水平的比较表明,生活满意度在前后测之间的差异很小;相关分析结果发现,前后测生活满意度的相关较高;进一步方差分析结果也发现,测量时间因素影响生活满意度的主效应不显著。这与欧阳乐的研究结果基本一致,欧阳乐(2017)发现大学生生活满意度的年级差异不显著。说明大学生的生活满意度稳定性较强,短期内变化很小。生活满意度具有相对稳定性也符合当前学界对生活满意度所达成的共识:生活满意度是指个体根据自己的选择标准对自己大部分时间或持续一定时期生活状况的总体性认知评估(Shin & Johnson,1978),作为衡量个体幸福感和生活质量的重要指标,大学生生活满意度在不同时间、不同年级中普遍存在。

重复测量方差分析结果显示,性别因素对心理健康和生活满意度均没有显著的影响作用,这进一步支持了部分已有研究结果。吴忧(2018)的研究发现大学生心理健康的性别差异不显著。出现这一结果一方面可能是因为青少年心理健康问题不同程度地普遍存在,具有跨性别等的普遍一致性;另一方面可能是因为随着社会的进步,“男女平等”观念的日益深入人心,使得心理健康水平的高低不受性别原因的影响。欧阳乐(2017)发现大学生生活满意度的性别差异不显著。这可能是因为,在大学时期,男女大学生的身心都已基本成熟、较为稳定,生活满意度作为人生的重要命题和追求,在不同性别的大学生中普遍存在,手机依赖和生活满意度具有跨性别的一致性。

(二)心理健康与生活满意度的相关

相关分析结果显示,大学生心理健康与生活满意度之间相关显著,该结果与已有相关实证研究结果一致(徐寰宇,2018),说明随着心理健康程度的增强,大学生生活满意度水平也会随之提高;反之亦然,大学生生活满意度水平提高,也会增强其心理健康程度。

(三)心理健康对生活满意度的影响

交叉滞后回归分析结果发现,心理健康能够显著负向预测生活满意度,因为在控制了前测生活满意度的情况下,前测心理健康与后测生活满意度之间进行回归的标准化偏回归系数显著,表明前测心理健康能够显著预测后测生活满意度。与此不同,生活满意度对心理健康的预测作用不显著,因为在控制了前测心理健康的情况下,前测生活满意度单独预测后测心理健康的标准化偏回归系数不显著,表明生活满意度不能显著预测心理健康。根据 Hunsley 和 Meyer 提出的“一个变量对另一个变量进行预测时的递增效度$\Delta R \geqslant 0.15$即表明预测变量的贡献有效”的阐述(Hunsley & Meyer, 2003),本研究中后测生活满意度在对前测心理健康和生活满意度进行回归时,在控制了前测生活满意度的影响后,前测心理健康预测后测生活满意度的标准化偏回归系数$\beta=-.17$,预测效度$\Delta R^2=0.03$(递增效度$\Delta R=0.17$),说明在心理健康与生活满意度两变量之间,心理健康是前因变量,生活满意度是后果变量,心理健康是生活满意度的预测因素,对生活满意度具有显著的正向预测作用,个体的心理健康程度可以显著预测生活满意度状况、影响其生活满意度水平。

在实证研究方面,已有横向研究发现,心理健康与生活满意度两变量之间存在显著的相关关系,心理健康对生活满意度具有显著的正向预测作用

(Cruz-Ferreira, Fernandes, Gomes, et al., 2011; Fergusson, Mcleod, Horwood, et al., 2015; 徐寰宇, 2018), 大学生的心理健康水平越高,其生活满意度程度也往往越高。原因可能在于,健康是幸福、快乐的基石,没有健康,幸福感就很难产生。心理健康的个体,更多积极认知和情绪情感,更少体验到焦虑、抑郁等消极情绪,心理韧性强,心理资源丰富;这种良好的心理状态可以优化个体对自身生活状态的认知,强化对其生命质量的良性评价,使其对内外环境更加乐观满意,从而有助于增加其对生活的满意程度。

五、小结

通过前面的分析,得出以下几点结论。

(1)心理健康和生活满意度均具有相对稳定性,短期内变化较小;

(2)心理健康与生活满意度之间存在着密切的内在联系;

(3)心理健康对生活满意度具有显著的正向预测作用,而生活满意度却不能有效地预测心理健康。

第二节 大学生手机依赖与生活满意度的交叉滞后分析

一、问题的提出

生活满意度是衡量个体幸福感和生活质量的重要指标。近年来,随着人们对美好生活向往和追求的日益增长,随着积极心理学的兴起与发展,主观幸福感、心理幸福感、生活满意度、感恩等积极情绪和体验成为心理学关注的新热点。生活满意度是指个体根据自己的选择标准对自己大部分时间或持续一定时期生活状况的总体性认知评估(Shin & Johnson, 1978),是主观幸福感重要的认知成分(Diener, 1996)。生活满意度不仅影响个人生活质量,而且会影响个体的全面发展。作为社会中的一个重要而特殊的群体,大学生正处在人生发展的关键期,因此,在现阶段关注中国大学生生活满意度问题,探讨他们生活满意度的影响因素,对提高他们的生活满意度、增强其幸福感水平和生活质量具有积极的现实意义。

现有关于生活满意度影响因素的研究涉及主客观两个方面。客观方面主要考查人口统计学变量、父母教养方式、社会支持、生活事件、同伴关系、心理资本、文化等因素，主观方面集中关注自尊、自我概念、感恩、应对方式、正念、心理韧性、乐观等人格和认知因素（曾强，2018；贾林祥，王保健，2018；齐晓栋，2013；魏军锋，2014；贾士昱，刘建平，叶宝娟，2018；陈世平，乐国安，2001）；缺乏对手机依赖的关注。

手机依赖（又称手机成瘾）是指个体因使用手机行为失控，导致其生理、心理、社会功能明显受损的痴迷状态，其实质是一种类似游戏成瘾的行为成瘾（刘红，王洪礼，2012）。在手机时代，相比其他人群，大学生作为手机使用的主力军，更容易形成手机依赖，更容易受到手机依赖的影响。手机依赖作为一种客观的社会存在必然会愈发深远地影响着现代人身心的诸多方面。已有研究表明，手机依赖（成瘾）与心理健康、抑郁、自尊、认知失败、学业倦怠、人际关系等变量密切相关，对它们具有显著的影响作用（梁艳，等，2018；张雨晴，等，2018；惠秋平，石伟，何安明，2017）。因此，从逻辑上讲，手机依赖也应该会对生活满意度产生影响。

然而，迄今关于手机依赖与生活满意度关系的研究寥若晨星。仅有极少数研究考查了手机依赖与生活满意度之间的关系，在欧阳乐（2017）、阚建辉（2015）和徐倩倩等（徐倩倩，李嘉嘉，周斌，2018）以大学生为对象的研究中，相关分析发现，手机依赖与生活满意度存在显著负相关，回归分析结果显示，手机依赖对生活满意度具有显著的负向预测作用。更为遗憾的是，现有的极少数有关手机依赖与生活满意度的关系研究在研究设计上均属于横向研究，均是在一个横断面上考查两个变量之间的关系，缺乏纵向研究设计；而横向研究无法检验变量间的相互预测关系或因果关系。

此外，欧阳乐（2017）和阚建辉（2015）的研究显示大学生手机依赖的性别差异显著，男大学生的手机依赖程度高于女大学生，梁艳等（2018）的研究则发现大学生手机依赖的性别差异不显著；欧阳乐（2017）发现大学生生活满意度的性别差异不显著，潘莉莉（2017）则发现大学生生活满意度的性别差异显著，女生的生活满意度高于男生。由此可见，大学生手机依赖和生活满意度是否存在性别因素上的显著差异尚无定论。

基于上述分析，为了弥补现有研究的不足，为了将手机依赖与生活满意度间的关系研究推向深入，为了进一步明确两个变量在性别因素上到底是否存在差异,本研究采用纵向研究设计,在检验手机依赖与生活满意度相关关系的基础上,进一步考查两者之间的相互预测关系或准因果关系,为在手机媒体时代切实提高大学生的生活满意度提供实证依据,为后续研究提供启迪。

二、研究方法

(一)被试

采用方便取样法进行取样,共选取河南某高校的259名大学生为研究对象,调查分两次进行,2013年9月进行第一次施测,2014年4月进行第二次施测。将两次施测数据按照序号对应合并在一起,删除不认真答题的、有缺失值的、只有一次测查结果的等无效问卷后,最终得到259份前后两次测查都有效的问卷。其中,性别方面:男121人,女138人;生源地方面:农村143人,城镇116人;年级方面:大一82人,大二86人,大三91人;独生与否方面:非独生子女136人,独生子女123人;学科专业方面:文科137人,理工科122人;被试年龄范围为17岁到24岁,平均年龄20±1.8岁。

(二)研究工具

1.手机依赖量表

采用徐华等人(2008)编制的大学生手机依赖量表(Mobile Phone Dependence Inventory for College Students,CSMPDI)。该量表包括耐受性、戒断性、社会功能、生理反应4个维度,共13个条目,5点式计分法,“1”完全不符合自己的情况,“5”完全符合自己的情况,得分高低代表被试的手机依赖状况。该量表信效度较好。该量表在本研究前后测中的Cronbach's α系数分别为0.84、0.86。

2.生活满意度量表

由王宇中(2003)编制的大学生生活满意度评定量表(Life Satisfaction Scales Applicable to College Students,CSLSS),CSLSS用于测评我国大学生个人生活满意度及生活质量。共6个条目,采用李克特7点式计分法,包含客观满意度和主观满意度两个方面,在编制时主要以我国大学生群体为样本,信效度指标良好,内部一致性较高,4周重测信度为0.69~0.84,与SCL-90

及消极应对显著负相关、与积极应对显著正相关。该量表在本研究前后测中的 Cronbach's α 系数分别为 0.69、0.68。

3. 统计方法

数据处理通过 SPSS16.0 软件进行，采用重复测量方差分析，考查手机依赖、生活满意度在时间和性别因素上的差异；采用 Pearson 相关分析，从纵横向两个方面考查手机依赖与生活满意度之间的相关关系；运用交叉滞后回归分析技术，考查手机依赖与生活满意度之间的相互预测关系（或准因果关系）。

三、结果与分析

（一）手机依赖与生活满意度的重复测量方差分析结果

以测查时间（被试内因素，包括前测 T1 和后测 T2 两个时间点）和性别（被试间因素，分为男生和女生）两个因素为原因变量，以手机依赖为结果变量，进行 2×2 重复测量方差分析。分析结果显示，测查时间的主效应显著（$F_{(1,257)}=7.38, p<.01, \eta_p^2=.03$），从表 8-2 也可看出，后测手机依赖水平明显高于前测手机依赖水平，手机依赖在前后测之间存在一定的发展变化；性别的主效应不显著（$F_{(1,257)}=1.17, p>.05$）。测查时间与性别两因素之间的交互作用显著（$F(_{1,257})=3.89, p<.05, \eta_p^2=.02$），对于男生来说，前后测手机依赖之间的差异不显著，对于女生来说，前后测手机依赖之间的差异显著，后测的手机依赖得分明显高于前测，说明大学生手机依赖的时间效应会受性别因素的影响和制约，虽然随着时间推移，男女生手机依赖程度均会增强，但女生手机依赖随时间变化的速度快于男生。

以测查时间和性别两个因素为原因变量，以生活满意度为结果变量，进行 2×2 重复测量方差分析。分析结果显示，测查时间的主效应不显著（$F_{(1,257)}=0.40, p>.05$），从表 8-2 也可看出，两次测查时的生活满意度水平比较相近；性别的主效应也不显著（$F_{(1,257)}=2.33, p>.05$）。测查时间与性别两因素之间的交互作用也没有达到统计学上的显著性水平（$F_{(1,257)}=1.79, p>.05$）。

(二)手机依赖、生活满意度的前后测平均数、标准差和相关分析

表 8-2 手机依赖与生活满意度的均值、标准差和相关分析

	M	*SD*	手机依赖 T1	手机依赖 T2	生活满意度 T1
手机依赖 T1	27.87	7.74			
手机依赖 T2	29.23	8.25	.54***		
生活满意度 T1	26.73	3.82	-.24***	-.05	
生活满意度 T2	26.58	3.90	-.23***	-.13*	.28***

相关分析结果表明(如表1),前后测手机依赖间的 $r=.54$,前后测生活满意度间的 $r=.28$,均达到了.001 的显著性水平,表明在 10 个月内,大学生手机依赖与生活满意度具有相对稳定性。手机依赖与生活满意度间的同时性相关显著,在前测时,两者之间的 $r=-.24(p<.001)$;在后测时,两者之间的 $r=-.13(p<.05)$,表明手机依赖与生活满意度之间关系密切。

(三)手机依赖与生活满意度的交叉滞后分析

对手机依赖与生活满意度之间的相互预测关系进行交叉滞后回归分析(见图 8-2)。

图 8-2 手机依赖与生活满意度的交叉滞后分析图

首先,分析手机依赖对生活满意度的预测作用。以前测手机依赖和生

活满意度为自变量,后测生活满意度为因变量,以强制指定方法先后进入回归方程,进行回归分析,以考察在前测生活满意度的影响被控制之后,前测手机依赖预测后测生活满意度的独特作用。分析结果显示,前测的手机依赖能显著负向预测后测的生活满意度($\triangle R^2=0.03$,$\beta=-.17$,$p<.01$)。

其次,考察生活满意度对手机依赖的预测效应。将两个变量的前后测成绩配对,前测手机依赖和生活满意度为自变量,后测手机依赖为因变量,还是采用强制指定方法进行回归分析,以考察在前测手机依赖的影响被控制之后,前测生活满意度预测后测手机依赖的独特作用。分析结果显示,前测的生活满意度无法显著预测后测的手机依赖($\triangle R^2=0.01$,$\beta=.08$,$p>.05$)。

四、讨论

(一)手机依赖与生活满意度的稳定性及发展

通过比较手机依赖的前后测得分发现,前测手机依赖与后测手机依赖水平具有一定差异;相关分析发现前后测手机依赖的相关较高;进一步方差分析结果也发现,测量时间因素影响手机依赖的主效应显著,这与阚建辉的研究结论基本一致,阚建辉(2015)研究显示大学生手机依赖的年级差异显著,大一学生显著低于其他年级。说明在手机时代,大学生的手机依赖一方面相对稳定,大学生手机依赖在不同时间、不同年级中普遍存在;另一方面又具有可塑性,在手机日益普及、功能日益强大和多样便捷的情况下,随着大学生手机使用时间的增长,手机依赖在一定时期内会表现出一定的发展变化。

前后测生活满意度水平的比较表明,前后测生活满意度之间的差异很小;相关分析结果发现,前后测生活满意度的相关较高;进一步方差分析结果也发现,测量时间因素影响生活满意度的主效应不显著。这与欧阳乐的研究结果基本一致,欧阳乐(2017)发现大学生生活满意度的年级差异不显著。说明大学生的生活满意度稳定性较强,短期内变化很小。生活满意度具有相对稳定性也符合当前学界对生活满意度所达成的共识:生活满意度是指个体根据自己的选择标准对自己大部分时间或持续一定时期生活状况的总体性认知评估（Shin & Johnson，1978），作为衡量个体幸福感和生活质量的重要指标，大学生生活满意度在不同时间、不同年级中普遍存在。

重复测量方差分析结果显示，性别因素对手机依赖和生活满意度均没有显著的影响作用，这进一步支持了已有研究结果。梁艳等（2018）的研究发现大学生手机依赖的性别差异不显著，欧阳乐（2017）发现大学生生活满意度的性别差异不显著。这可能是因为，在大学时期，男女大学生的身心都已基本成熟、较为稳定，手机依赖作为一种普遍社会现象，生活满意度作为人生的重要命题和追求，在不同性别的大学生中普遍存在，手机依赖和生活满意度具有跨性别的一致性。

（二）手机依赖与生活满意度的相关分析

纵横向相关分析结果均显示，个体手机依赖与生活满意度呈显著负相关关系，该结果与已有手机依赖与生活满意度之间关系的横向实证研究结果一致（欧阳乐，2017；阚建辉，2015；徐倩倩，李嘉嘉，周斌，2018），说明手机依赖与生活满意度之间存在着密切的内在联系，个体的手机依赖程度越重，其生活满意度水平越低；反之亦然，随着生活满意度水平的提高，其手机依赖水平也往往会随之降低。

（三）手机依赖对生活满意度的影响

交叉滞后回归分析结果发现，手机依赖对生活满意度的负向预测作用显著，因为在前测生活满意度被控制了之后，前测手机依赖与后测生活满意度之间进行回归的标准化偏回归系数显著，表明前测手机依赖能够显著预测后测生活满意度。与此不同，生活满意度对手机依赖的预测作用不显著，因为在前测的手机依赖被控制了之后，前测的生活满意度与后测的手机依赖之间进行回归的标准化偏回归系数不显著，表明生活满意度不能显著预测手机依赖。根据 Hunsley 和 Meyer 提出的"一个变量对另一个变量进行预测时的递增效度$\triangle R \geq 0.15$即表明预测变量的贡献有效"的阐述（Hunsley & Meyer，2003），本研究中后测生活满意度在对前测手机依赖和生活满意度进行回归时，在控制了前测生活满意度的影响后，前测手机依赖预测后测生活满意度的标准化偏回归系数$\beta = -.17$，预测效度$\triangle R^2 = 0.03$（递增效度$\triangle R = 0.17$），说明在手机依赖与生活满意度两变量之间，手机依赖是前因变量,生活满意度是后果变量,手机依赖是生活满意度的预测因素,对生活满意度具有显著的负向预测作用,个体的手机依赖程度可以显著预测生活满意度状况、影响其生活满意度水平。

已有关于手机依赖的理论构想和实证研究证据均显示,手机依赖与生活满意度两变量间存在因果关系具有内在的必然性和合理性。从理论构想角度讲,根据手机依赖沉浸理论(Csikszentmihalyi,1990),手机依赖(成瘾)者在手机使用过程中会完全自主地关注手机提供的信息,自我意识和时间感消失,这种体验令人愉悦,以至人们会以更高的代价维持该状态,其中明显的代价就是牺牲睡眠时间、现实的正常活动、真实的认识和情感体验。生活满意度作为一种个体对自己一定时期生活状况的总体性认知评估和由其产生的体验,必然会因为个体过度沉溺于手机的虚拟世界而受到影响和消弱。在实证研究方面,已有横向研究发现,手机依赖(成瘾)对生活满意度、心理健康、抑郁、自尊、认知失败、学业倦怠、人际关系等诸多重要生活变量均具有显著的预测作用(梁艳,等,2018;张雨晴,等,2018;徐倩倩,李嘉嘉,周斌,2018;惠秋平,石伟,何安明,2017;欧阳乐,2017;阚建辉,2015)。原因可能在于:在手机时代,手机依赖作为一种客观存在,作为一种日益普遍的社会现象,必然会影响现代人生活的方方面面,必然会对诸多重要生活变量产生或显性或隐性,或直接或间接的影响作用;作为一种越发受关注、重视的重要生活变量,生活满意度受手机依赖的影响和制约具有内在的逻辑性和现实的合理性。

五、小结

通过上面的分析,得出以下几点结论。

(1)大学生手机依赖存在一定的发展变化,生活满意度相对稳定;

(2)手机依赖与生活满意度之间呈显著负相关关系;

(3)手机依赖对生活满意度具有显著的负向预测作用,而生活满意度却不能有效地预测手机依赖。

青少年心理资本与手机使用动机的关系

心理资本是个体在成长和发展过程中表现出来的一种积极心理状态(Luthans & Youssef,2007)。它由乐观、希望、自我效能和韧性四个要素组成,分别代表个体对当下和未来的积极信念(乐观)、认为自己有能力锁定目标并通过恰当路径实现目标(希望)、在面对有挑战性任务时相信自己有能力完成任务从而取得成功(自我效能)以及在面对困难和逆境时能够坚持不懈地付出努力以克服困难(韧性)(Luthans,Avolio,Avey & Norman,2007)。心理资本作为一种积极心理状态,正向影响着青少年的学业绩效(花慧,宋国萍,李力,2016)、生活满意度(王建坤,陈剑,郝秀娟,张平,2018)和主观幸福感(李雪平,李双双,2016),青少年的心理资本日益受到学界的重视。

中国互联网络信息中心发布的"2018 年中国互联网络发展状况统计报告"显示:截至 2018 年 12 月,我国互联网普及率达 59.6%,网民约 8.29 亿,其中手机网民占 98.6%(中国互联网络信息中心,2019)。随着手机功能的进一步扩展,除了传统的通信功能,当下的手机用户能够参与线上社交网络,观看影视作品及体育赛事,创建和分享个人照片和视频,以及浏览来自互联网的大量信息。此外,手机的移动性使得人们几乎可以随时随地使用这些功能(Andrew,Jian,Barkley & Saba,2015)。而手机收集资讯、人际沟通与上网娱乐的使用动机,恰好与个体认知、社会交往以及放松休闲的需要一一对应(刘红,王洪礼,2011;方小平,2017),也就是说,手机所能提供的各项功能满足了人们的各项需求(肖祥,2014),手机使用动机便因此产生。对于世界观、价值观等处在快速发展过程中的青少年来说,手机由于具有海量咨询、功能丰富、交往不受时空限制、携带方便等特点,日益受到他们的青睐(黄海,等,2015)。

心理资本的直接效应模型(direct effect model)/主效应模型(main effect

model)认为心理资本会对个体的态度和行为产生直接影响,并对个体的态度与情感产生积极影响(李斌,马红宇,郭永玉,2014)。而手机作为青少年生活中的必备品,作为他们生活的一部分(冯子铭,2014),与手机相关的行为与态度势必会受到心理资本的影响。

目前关于心理资本与手机使用动机关系的研究显示,心理资本水平高的个体拥有丰富的心理资源,在遇到困难时会积极地从各种途径寻求解决方式,主动探索的需求强烈(Luthans, Avolio, Avey & Norman, 2007),个体会通过人际沟通或搜集相关信息以解决问题,由于手机的功能能够满足这些需要,从而使心理资本高的个体在遇到困难时更多地通过手机寻求解决方法,其手机使用动机的程度就会提高。且心理资本各个因子与手机使用的关系已经被研究证实,如自我效能感与手机使用动机呈正相关关系(Chen, Chen & Yen, 2011),心理韧性与手机使用动机呈正相关关系(Sailaxmi & Maya, 2017)。综上可得,心理资本及其部分因子与手机使用动机之间关系密切。但已有的研究集中于探讨积极心理资本及其因子与手机使用动机的相关关系,缺乏从因果层面上考察心理资本与手机使用动机关系的研究。

基于上述理论和实证分析可知,心理资本与手机使用动机相关显著,个体心理资本可以显著影响、预测其手机使用动机,手机使用动机可能是心理资本的结果变量。心理资本水平高的个体,表现为对现状与未来积极的态度,对实现目标充满希望并将努力付诸实践的决心,面对高难度任务时给予自己有效的激励,主动应对困难、解决困难,这些思维与行为习惯增强了青少年探索的积极主动性,期望通过手机使用中满足个人多方面的需求,提高了手机使用动机程度。

遗憾的是,迄今尚无心理资本与手机使用动机关系的纵向研究,为了深化心理资本与手机使用动机的关系研究,本研究在横向分析的基础上,通过对追踪数据进行纵向分析,系统考查心理资本与手机使用动机之间相关关系和相互预测关系。

第一节 青少年心理资本与手机使用动机的现状及相关

一、研究方法

（一）被试

选取河南省、黑龙江省、江西省、山东省的12所大学和中学的青少年为研究对象，采用随机抽样法进行两次测查。测试前向学生说明调查目的，征得同意。第一次测查在2017年10月中旬，第2次测查在2018年4月下旬，在合并前后测数据的基础上删除无效数据，最终删选出2次测查均有效的问卷604份。其中，初中生205人（33.4%），高中生157人（25.9%），大学生245人（40.6%）；平均年龄16岁。

（二）工具

1. 大学生心理资本量表

选用许海元（2016）编制的大学生心理资本量表。该量表共33个题目，包括自我效能、希望、乐观、韧性分量表，采用Liker 5点自评量表编排，1代表“非常不符合”，5代表“非常符合”，得分越高，表明心理资本水平越高。该量表的Cronbach's α系数为0.96，显示该量表信度良好。在本研究中，该量表的前后测Cronbach's α系数分别为0.96、0.97。

2. 大学生手机使用动机问卷

采用肖祥（2014）编制的大学生手机使用动机问卷，共25个项目，包括自我表达、娱乐休闲、信息获取和人际沟通维度。采用Liker 5点自评量表编排，1代表“非常不符合”，5代表“非常符合”。所得分数越高，表明手机使用动机越强烈。该问卷的Cronbach's α系数为0.89，显示该量表信度良好。在本研究中，该问卷的系数为Cronbach's α系数为0.89、0.91。

（三）数据处理

所用问卷在统一指导语下进行团体施测，当场回收问卷。采用SPSS20.0软件进行数据分析。对青少年心理资本和手机使用动机的稳定性进行重复测量方差分析、对心理资本和手机使用动机进行相关分析、对心理资本和手机使用动机之间的互相预测关系进行回归分析。

二、结果

(一)共同方法偏差检验

由于本研究所有变量数据均来自被试的自我报告,可能存在共同方法偏差。采用 Harman 单因子检验法,对所收集的数据进行共同方法偏差检验,本研究为纵向追踪研究,因此分别对两次测查结果进行检验,结果显示,两次测量中,分别有 11 个、9 个因子的未旋转特征值大于 1,且第一个因子解释的变异量分别为 26.64%、32.42%,小于 40% 的临界值,所以本研究中不存在明显的共同方法偏差。

(二)心理资本、手机使用动机的前后测平均数、标准差和相关分析

相关分析结果表明(如表 9-1 所示),前后测心理资本间的 $r=0.50$ ($p<0.01$),前后测手机使用动机间的 $r=0.53$($p<0.01$),均达到了 0.01 的显著性水平,表明青少年心理资本与手机使用动机在 6 个月内具有相对稳定性。

表 9-1　心理资本与手机使用动机的均值、标准差和相关分析

变量	*M*	*SD*	心理资本 T1	心理资本 T2	手机使用动机 T1
心理资本 T1	106.04	24.02			
心理资本 T2	107.33	24.93	0.50**		
手机使用动机 T1	83.57	17.05	0.25**	0.18**	
手机使用动机 T2	85.63	17.07	0.22**	0.35**	0.53**

心理资本与手机使用动机间的同时性相关显著,两者之间在前测时的 $r=0.25$;两者之间在后测时的 $r=0.35$。与此类似,两变量间的继时性相关在前后测中也是显著的,后测心理资本与前测手机使用动机间的 $r=0.18$,后

测手机使用动机与前测心理资本间的 $r=0.22$。表明两者之间关系密切，变量间的同步相关和稳定性相关基本一致，适合进一步做交叉滞后回归分析。

三、讨论

相关分析结果显示，个体心理资本与手机使用动机呈显著的正相关关系，该结果与已有的相关实证研究结果一致（Chen, Chen, & Yen, 2011; Sailaxmi & Maya, 2017），说明个体的心理资本水平越高，其手机使用动机程度越高；反之亦然，随着个体的手机使用动机程度的增强，其心理资本水平也会随之提高。自信、对待困难态度积极的个体更乐于接受挑战，接收新讯息，具有更多探索世界的意愿，所以青少年心理资本水平高，手机使用动机程度也较高。

四、小结

青少年心理资本与手机使用动机呈显著正相关，两者之间关系密切。

第二节　青少年心理资本与手机使用动机的交叉滞后分析

一、研究方法

被试和工具同本章第一节。

对心理资本和手机使用动机之间的互相预测关系进行回归分析。

二、结果

首先，对心理资本与手机使用动机之间的相互预测关系进行交叉滞后回归分析（见图 9-1）。从图 9-1 可见，在前测中心理资本与手机使用动机相关显著（$r=0.27, p<0.01$），在后测中，两变量之间相关也显著（$r=0.36, p<0.01$），前测与后测时间点测得的心理资本相关显著（$r=0.49, p<0.001$），两个时间点测得的手机使用动机相关显著（$r=0.51, p<0.001$），说明本研究中的同步相关和稳定性相关基本一致（王重鸣，1990）。在控制了前测的心

理资本后，前测的手机使用动机不能显著预测后测的心理资本（$\beta=0.06$，$p>0.05$）；而在前测手机使用动机的作用被控制后，前测的心理资本能够显著预测后测的手机使用动机（$\triangle R^2=0.29$，$\beta=0.10$，$p<0.01$）。结果表明：心理资本可以预测手机使用动机。

其次，对心理资本各因子与手机使用动机之间的相互预测关系进行交叉滞后回归分析。从图 9-2 可见，在前测中，乐观与手机使用动机相关显著（$r=0.25$，$p<0.01$）；在后测中，两变量之间相关也显著（$r=0.32$，$p<0.01$），前测与后测时间点测得的乐观相关显著（$r=0.48$，$p<0.001$），两个时间点测得的手机使用动机相关显著（$r=0.51$，$p<0.001$）。在控制了前测的乐观后，前测的手机使用动机无法显著预测后测的乐观（$\beta=0.06$，$p>0.05$）；而控制了前测的手机使用动机后，前测的乐观对后测的手机使用动机有显著预测意义（$\triangle R^2=0.25$，$\beta=0.09$，$p<0.05$）。结果表明：乐观可以预测手机使用动机。

从图 9-3 可见，在前测中，希望与手机使用动机相关显著（$r=0.21$，$p<0.01$）；在后测中，两变量之间相关也显著（$r=0.32$，$p<0.01$），前测与后测时间点测得的希望相关显著（$r=0.46$，$p<0.001$），两个时间点测得的手机使用动机相关显著（$r=0.51$，$p<0.001$）。在控制了前测的希望后，前测的手机使用动机无法显著预测后测的希望（$\beta=0.05$，$p>0.05$）；而控制了前测的手机使用动机后，前测的希望对后测的手机使用动机有显著预测意义（$\triangle R^2=0.29$，$\beta=0.10$，$p<0.01$）。结果表明：希望可以预测手机使用动机。

从图 9-4 可见，在前测中，自我效能与手机使用动机相关显著（$r=0.24$，$p<0.01$），在后测中，两变量之间相关也显著（$r=0.33$，$p<0.01$），前测与后测时间点测得的自我效能相关显著（$r=0.46$，$p<0.001$），两个时间点测得的手机使用动机相关显著（$r=0.51$，$p<0.01$），说明本研究中的同步相关和稳定性相关基本上一致，符合交叉滞后设计的基本假设。在控制了前测的自我效能后，前测的手机使用动机无法显著预测后测的自我效能（$\beta=0.06$，$p>0.05$）；而控制了前测的手机使用动机后，前测的自我效能对后测的手机使用动机具有显著的预测意义（$\triangle R^2=0.29$，$\beta=0.10$，$p<0.01$）。结果表明：自我效能可以预测手机使用动机。

从图 9-5 可见，在前测中，韧性与手机使用动机相关显著（$r=0.25$，

$p<0.01$);在后测中,两变量之间相关也显著($r=0.37, p<0.01$),前测与后测时间点测得的韧性相关显著($r=0.46, p<0.001$),两个时间点测得的手机使用动机相关显著($r=0.51, p<0.001$)。在控制了前测的韧性后,前测的手机使用动机对后测的韧性有显著预测意义($\triangle R^2=0.24, \beta=0.10, p<0.01$);而控制了前测的手机使用动机后,前测的韧性对后测的手机使用动机有显著预测意义($\triangle R^2=0.28, \beta=0.08, p<0.05$)。结果表明:韧性与手机使用动机可以相互预测。

图 9-1　心理资本与手机使用动机的交叉滞后分析图

图 9-2　乐观与手机使用动机的交叉滞后分析图

图 9-3　希望与手机使用动机的交叉滞后分析图

图 9-4　自我效能与手机使用动机的交叉滞后分析图

图 9-5　韧性与手机使用动机的交叉滞后分析图

三、讨论

交叉滞后回归分析结果发现，心理资本对手机使用动机的正向预测作用显著。因为在控制了前测手机使用动机之后，前测心理资本与后测手机使用动机之间进行回归的标准化偏回归系数显著，且根据 Hunsley 和 Meyer 的阐述“一个变量对另一个变量进行预测时的递增效度$\triangle R \geqslant 0.15$即表明预测变量的贡献有效”（Hunsley & Meyer，2003）。本研究中前测心理资本预测后测手机使用动机的标准化偏回归系数$\beta=0.51$，预测效度$\triangle R^2=0.29$（递增效度$\triangle R=0.54$），说明在心理资本与手机使用动机两变量之间，心理资本是手机使用动机的原因变量，手机使用动机是心理资本的结果变量，个体的心理资本可以预测其手机使用动机。与此不同，手机使用动机对心理资本的预测作用不显著，因为在控制了前测的心理资本之后，前测的手机使用动机与后测的心理资本之间进行回归的标准化偏回归系数不显著，表明手机使用动机不能显著预测心理资本。因此，在因果层面上，心理资本是原因变量，手机使用动机是结果变量，心理资本对手机使用动机具有显著的正向预测作用。

此外，研究结果显示，在心理资本各因子与手机使用动机的关系上，乐观、希望、自我效能与韧性均对手机使用动机有显著的正向预测作用，且韧性与手机使用动机之间是互为因果的关系，而手机使用动机对心理资本其他因子的预测作用不显著。这与已有的横向研究的结果基本一致。Bandura（1977）认为，自我效能感是指人们对自身能否利用所拥有的技能去完成某项工作行为的自信程度，自我效能影响或决定行为的选择。李永兰（2019）的研究显示网络自我效能感越高，个体对自己在网络使用过程中的操作能力、信息搜索能力等越自信，个体使用手机的计划与目的就越明确。乐观程度高的个体表现出外向、社交能力强、开朗、合群等特点，他们希望通过网络与家人和朋友更加便捷地沟通，研读所学专业的发展动向或前沿资讯，浏览国内外新闻等，将网络（包括使用电脑与手机为接入媒介）视为人际交往、学习、拓展知识面的工具（谭文芳，2006）。陈霞（2017）的研究显示，心理韧性水平高的个体，对现实生活压力或者挫折有更好的应对方式和能力，能更妥善地处理在网络人际交往的过程中产生的困难，从中获得满足感，从而更多地通过网络开展人际交往。Luthans(2007)认为,希望是指对既定目标锲而不舍,为了实现目标,在必要时能够调整行动计划,选择实现目标的最佳方式。希望水平高的人往往有更强的毅力去克服在生活与工作中遇到的困难,并且将这种困难看作是提升自身能力的契机(刘孟超,黄希庭,2013),从而用积极的态度应对所遇到的挑战。他们会通过多种方式(包括手机)寻找解决困难的方法,如通过网络更多地搜集资讯以及与他人沟通,得到处理困难的方案,从而更多地使用手机。

无论是从实证研究还是理论模型角度来看,心理资本对手机使用动机的预测作用都能得到印证。在管理领域和工作场所进行的研究证明,心理资本能够有效提升员工助人与合作的意愿与行为(Peterson, et al. ,2011)。高校的心理资本建设通过引导大学生人际交往的正面心理及思维,对其人际关系的形成与发展产生了正向影响(姜永杰,白蕾,2015)。自我效能感理论认为,自我效能感的调节功能,能够有效促进人际沟通,调节个体的人际关系。而自我效能感作为心理资本的重要组成部分,其对于人际沟通的影响也代表着心理资本对人际沟通的影响。综上所述,我们便不难理解心理资本对手机使用动机的正向预测作用。心理资本水平高的个体倾向于寻求更多人际沟通与交往,手机的人际沟通功能恰好能满足这一需要。因此,心理资本对手机使用动机具有显著的正向预测作用。

就理论贡献而言,这一研究结果支持直接效应模型(direct effect model)/主效应模型(main effect model),说明心理资本会对个体的某些行为产生影响。目前的研究集中探讨了心理资本对工作方面变量的影响,有关心理资本影响手机使用的研究较少。而近期研究发现,心理资本也会对网络与手机使用的动机与行为产生影响(Chen, Chen & Yen, 2011; Sailaxmi & Maya, 2017),本研究则为青少年的心理资本影响手机使用的观点提供了实证支撑。

综上所述,本研究关注"手机使用"这一社会热点现象中的"手机使用动机",采用两阶段追踪设计和交叉滞后分析,考查了青少年心理资本及各因子与手机使用动机的相关与因果关系。不过,本研究仅通过两次追踪调查开展,并未涉及其他方法进行研究。未来研究可以采用实验的方法进一步探讨青少年心理资本与手机使用动机的关系。

四、小结

通过前面的分析可知，青少年心理资本与手机使用动机之间存在着单向因果关系，心理资本可以预测手机使用动机。

第十章

大学生情绪智力、手机依赖、手机使用动机、社会支持与心理健康的关系

第一节 大学生情绪智力与心理健康的关系：社会支持的中介作用和手机依赖的调节作用

一、引言

2016 年国家卫生计生委等 22 部委联合发布的《关于加强心理健康服务的指导意见》指出，心理健康是影响当今社会发展的重大公共卫生问题和社会问题，鼓励社会各界加强对心理健康相关科学的研究。研究发现，大学生心理健康问题的发生率、症状的严重程度及其对高校心理咨询服务的使用率和治疗时间等都有上升趋势（Schaefer et al.，2017；Conley et al.，2017）。日益严重的大学生心理健康问题促使我们思考：是什么因素在影响着大学生的心理健康？生态系统理论（Bronfenbrenner，1979）假定人的发展不是单一因素的产物，而是个体因素（如情绪智力）与生态环境因素（如社会支持）交互作用的结果。基于该理论模型，要探寻影响大学生心理健康的因素需要从个体与生态环境因素“共同入手”。根据生态系统理论，大学生心理健康的发展受多因素的影响，如个体因素（情绪智力、手机依赖）、社会环境因素（社会支持），因此探究各个因素对心理健康的影响及其作用机制是有必要的。

情绪智力（Emotional Intelligence，EI）是个体准确、有效加工情绪信息的能力，核心是觉知、使用、理解和管理情绪的能力，是通过学习和经验发展起来的情绪技能，具有广泛的社会适应功能（Salovey & Mayer，1990，1997）。研究发现，情绪智力显著影响心理健康问题的产生与变化（Zeidner et al.，2009；黄敏儿，戴健林，1997）。人与人之间情绪智力的差异使其压力源体验也有所不同（Toshiyuki et al.，2012），例如，低水平的情绪智力会使个体产生脆弱性，而高水平的情绪智力则会作为保护资源对个体的心理健康发挥作用（Zeidner et al.，2009）。研究表明，情绪智力对大学生心理健康起着关键作用（Mavroveli et al，2011；王莉，蔡敏，2015），情绪智力高的个体在面对日常事件时能有效地识别出适当的情绪反应，扩大洞察力的范围，并对事件和情绪产生积极的态度。因此，有能力控制和使用这些情绪情感的人会获得更多的社会支持以及更高水平的心理健康（Abpeyma & Keshavarz，2017）。然而，以往研究大多关注情绪智力与心理健康两变量的相关关系（Martins，Ramalho，& Morin，2010；梁晓燕，汪岑，2018；孙淑芬，2013；潘明军，钱兵，2012），极少探讨情绪智力影响心理健康的内在作用机制，现有的极少数这方面的研究成果局限于考察感知的压力和社会适应在情绪智力与心理健康之间的调节作用或应对方式在其中的中介作用（罗榛，金灿灿，2016；周树银，王智群，2013），缺乏对其他因素（如社会支持、手机依赖等）在情绪智力影响心理健康过程中的内在作用机制分析。

阶段环境匹配理论指出，青少年的发展需要与他们所处的社会环境所提供的机会匹配时，有利于其积极心理的发展（Eccles et al.，1993；张永欣，周宗奎，丁倩，魏华，2018）。在人与人之间的相互交往中，社会支持作为一种社会环境因素，会对个体心理健康产生非常重要的影响（徐子淇，2015），它反映了他人（家人、朋友、邻居、社区成员等）在个体生活有需要时提供的资源支持，如情感、友情、金钱、物质支持等（Hyde & Gorka，2011），对个体心理健康状况具有维护和保健作用。社会支持在社会关系中存在潜能，它可以作为更好的身心健康的预测指标（Hakulinen et al.，2016），对促进和维持身心健康，尤其是缓冲或改善不良事件负面影响心理健康发挥巨大作用，增加对个体的社会支持有益于其心理健康（李相南，李志勇，张丽，2017）。此外，研究发现，情绪智力与社会支持关系密切，情绪智力较高的个体可以在主观和客观上获得更多的支持，并能充分利用所得到的支持（竺培梁，2006），个人情感能力较高有助于其社会能力的获得，从而提高人际关系的质量以及社会支持的水平（Kong，Zhao，& You，2012），情绪智力得分高的个体倾向于感受更多的社会支持,并报告了对人际关系更高的满意度。社会支持是个体成长环境的一部分,属于情境系统,良好的社会支持在一定程度上反映了个体与各微观系统之间的和谐关系,必然会促进个体认知的发展、个性的形成以及良好的社会适应,由此提升个体的心理健康(张大均,朱政光,刘广增,李阳,2019)。随着Seligman(2000)对积极心理学的提出和倡导,越来越多的研究者开始关注个人的积极特征、积极的团体和社会制度以及积极的情绪和情感对个体心理健康的影响(俞国良,李森,2018;边玉芳,吴洪健,张玲玲,2018;曹新美,刘翔平,2008)。情绪智力和社会支持作为积极的保护性因素,在个体—环境交互作用理论的支持下,可能会成为一股"合力"共同作用于大学生心理健康(Cummings, Davies, & Campbell,2002;邓林园,武永新,孔荣,方晓义,2014)。情绪智力水平较高的个体可能引起其社会支持水平的提升,进而增进其心理健康,社会支持可能在情绪智力影响心理健康的过程中发挥中介作用,达到"锦上添花"的效果。此外,在不少研究中,社会支持常被作为一个中介变量进行考察(Dehghani,2018;Zeidner & Matthews,2016;肖雯,侯金芹,2017),例如,社会支持在情绪智力与生活满意度之间发挥中介作用(Kong,Zhao,& You,2012)。由此,我们提出假设H1:社会支持在情绪智力对心理健康的影响中起中介作用。

虽然情绪智力可能会通过社会支持影响心理健康,但这种影响在不同个体身上所起的作用可能不同。手机作为一种新兴的大众传媒,在与时俱进的大学生群体中扮演着重要的角色。大学生在生理上正处于发育期和活跃期,心理上好奇心强,行为上控制力相对较弱,容易产生手机依赖问题(Bhise,Ghatule,& Ghatule,2014;贺金波,陈昌润,鲍远纯,雷玉菊,2012)。何安明,惠秋平(2015)的研究表明,大学生是手机依赖的主要群体,作为一种新出现的社会化因素,个体的手机依赖程度不仅直接影响其心理健康状况(Babadi et al. ,2014;Tan,Pamuk,& Donder,2013;刘沛汝,姜永志,白晓丽,2014),而且可能与其他因素交互作用共同影响心理健康(惠秋平,石伟,何安明,2017)。有研究指出,过多使用手机的个体是为了寻求更多的伙伴关系,女生较男生可能会更多地通过使用手机来维持她们的社会关系(杜刚,徐莹,赵馨,刁绵君,2014)。"富者更富模型"认为,那些社会化良好的个体不仅在现实社会中能够获得较多的社会支持,而且他们也倾向于通过手机互联网与人交往而获得更多的社会支持，由此获得线上线下的双重社会支持，进而提升他们的自尊和主观幸福感，降低和减少孤独感、疏离感和消极情感（雷雳，2010）。高文斌等（2005）提出了“失补偿”假说，他们认为，当个体心理发展受到阻碍时，上网作为一种补偿行为会对个体产生影响。即当个体的社会支持、人际交往存在问题时，个体可以通过网络交往平台获得新的社会支持，从而对个体在现实生活中的社会支持的缺失进行补偿。手机能够将一个人与周围环境之外的其他人建立实际联系，在社会支持不能满足个体需要的时候，可以通过使用手机减少社会排斥带来的负面心理（Schick et al.，2018），大学生手机依赖程度因人而异，手机依赖的高低可能会在社会支持与心理健康之间发挥不同的作用。有研究认为，大量使用手机的人不会那么孤独，会更多的与他人联系，社会支持水平较高，从而利于改善个体的心理健康（Kim，Seo，& David，2015）。本研究将手机依赖作为调节变量，考察手机依赖对“情绪智力→社会支持→心理健康”这一中介路径的调节作用，有助于揭示情绪智力影响心理健康环境机制的个体差异。由此，我们提出假设 H2：手机依赖调节情绪智力通过社会支持影响大学生心理健康的中介过程的后半段路径。

综上，本研究将构建一个有调节的中介效应模型，综合考察情绪智力影响心理健康的作用机制与边界条件，探讨社会支持在这一过程中的中介作用，以及手机依赖对这一中介路径的调节作用。本研究结果在理论上有利于深入揭示大学生心理健康的影响因素及内在机制，为大学生心理健康教育和咨询提供科学依据，丰富该领域的理论研究成果；在实践上有助于加深心理和教育工作者对提高大学生情绪智力水平、社会支持程度的重要性和必要性的认识，有助于对大学生使用手机进行科学管理，充分发挥手机的积极作用，控制其负面影响，有助于从多角度共同着手，增强大学生心理健康。

二、研究方法

（一）被试

采取整群抽样法选取黑龙江、天津、江西、河南的 850 名在校大学生作为研究对象，删除漏填、多选、不认真作答等无效问卷后，最终得到 621 份有效问卷。其中男生330名,女生291名;大一为221名,大二为127名,大三为172名,大四为101名;独生子女230名,非独生子女391名;平均年龄19.86±1.56岁。本研究使用G * Power软件对样本量进行估计,结果显示,当把α设定为0.05,β设定为0.8,效应量设定为中等大小(0.15)时,需要的样本量为92;其他条件不变,把β改为0.99,则样本量应为184。Mai、Zhang和Wen(2018)的模拟研究表明,当样本容量较大时,回归系数的相对偏差较小。因此,为了获得尽可能精确的参数估计值,本研究实际取样远远超过了估计的样本量。

(二)工具

1. 情绪智力量表(EIS)

该量表是由Schutte等人编制,王才康(2002)翻译的一份自陈问卷,是国内研究情绪智力中所使用的具有代表性的量表之一。量表共33个条目,部分条目反向计分(如“我觉得我很难理解别人的身体语言”),包括调控自我情绪、感知情绪、运用情绪、调控他人情绪4个维度,采用5点式评分法,1代表“完全不符合”,5代表“完全符合”,在大学生中试用,发现有良好的信度(α系数为0.84)和效度(张秋艳,张卫,岳颂华,王才康,2004)。将反向计分条目得分正向处理之后,各条目得分均值代表被试的情绪智力水平,被试得分越高,表示其情绪智力水平越高。该量表的Cronbach's α系数在本研究中为0.92。

2. 心理症状自评量表(SCL-90)

该量表由Derogatis编制,由王征宇(1984)翻译成中文,一直以来是国内调查心理健康状况应用最广泛的量表之一。共90个题目,包含躯体化(如:“头晕或昏倒”)、强迫症状(如“做事必须反复检查”)等10个方面,采用5点式评分法,1代表“没有”,5代表“严重”,各条目得分均值代表被试的心理健康程度,被试得分越高,表示其心理健康程度越低。在不同群体被试中试用,发现该量表信效度较好(陈树林,李凌江,2003)。该量表的Cronbach's α系数在本研究中为0.98。

3. 青少年社会支持评定量表(SSSUS)

采用叶悦妹等人(2008)编制的青少年社会支持评定量表,共17个条目,有客观支持(如“在困难的时候,我可以依靠家人或亲友”)、主观支持(如“大多数同学都很关心我”)和支持利用度(如“当有烦恼时,我会主动向家人、亲友倾诉”)3 个维度,采用 5 点式评分法,1 代表“不符合”,5 代表“符合”,各条目得分均值代表被试的社会支持水平,被试得分越高,表示其社会支持水平越高。该量表在编制时就被证明有良好的信效度,在大学生群体中的 Cronbach's α 系数为 0.91,间隔 2 周的重测信度为 0.82;*RMSEA* 为 0.03,*NFI*、*NNFI*、*CFI* 均在 0.90 以上,结构效度良好。该量表的 Cronbach's α 系数在本研究中为 0.94。

4. 手机依赖指数量表(MPAI)

该量表由 Leung(2008)编制,黄海等人(2014)翻译成中文,共 17 个条目,有失控性(如“你从未觉得在手机上花够了时间”)、戒断性(如“没有手机你会心神不定”)、逃避性(如“当感到被孤立时,你会用手机与别人聊天”)、低效性(如“在手机上耗费的时间直接导致你的办事效率降低”)这 4 个维度,采取 5 点式评分法,1 表示“几乎没有”,5 表示“总是”,各条目得分均值代表被试的手机依赖程度,得分越高表示手机依赖程度越高。该量表在编制时已经证明具有良好的信效度,其中量表的 Cronbach's α 系数为 0.91,量表的 Cronbach's α 系数在本研究中为 0.88。

(三)程序

由经过严格培训的心理学研究生担任主试。在征得本人的知情同意后,在各个学校以班级为单位,进行团体施测。问卷填写采用无记名方式,完成后当场收回,完成整个问卷大概需要 20 分钟。使用 SPSS21.0 和 Mplus7.0 对数据进行分析处理。

三、结果

(一)共同方法偏差控制与检验

本研究在测量过程中采用不记名方法、一些条目使用反向计分方式等进行控制。在收集数据之后,采用 Harman 单因子检验法对共同方法偏差进行检验(周浩,龙立荣,2004)。结果显示,共有 28 个因子的特征根大于 1,并且第一个因子只解释了 26.48%(<40%)的变异量,说明共同方法偏差不会

对研究结果造成显著影响。

(二)各变量的描述性统计与相关分析

相关分析表明，情绪智力、社会支持与心理健康均呈显著负相关，情绪智力与社会支持呈显著正相关。手机依赖除了与心理健康存在呈显著的正相关外，与情绪智力、社会支持的相关都不显著(见表10-1)，该相关分析结果符合调节效应检验的条件，适合进一步做有调节的中介效应分析。

表10-1　各变量的平均数、标准差和相关分析

变量	*M*	*SD*	1	2	3	4	5	6
1. 性别	0.47	0.50	1					
2. 年龄	19.86	1.56	−0.28**	1				
3. 情绪智力	3.55	0.52	0.10*	−0.02	1			
4. 社会支持	3.65	0.77	0.13**	0.01	0.24***	1		
5. 手机依赖	2.70	0.70	−0.08*	0.12**	−0.07	0.03	1	
6. 心理健康	1.67	0.63	−0.07	−0.04	−0.32***	−0.28***	0.34***	1

注：*M*为平均数，*SD*为标准差。性别为虚拟变量，男生=0，女生=1；下同。

(三)有调节的中介模型检验

以情绪智力为自变量(X)，社会支持为中介变量(W)，手机依赖为调节变量(U)，心理健康为因变量(Y)，构建一个有调节的中介模型。按照温忠麟等(2014)建议方法，首先对情绪智力、心理健康、社会支持、手机依赖得分做标准化处理，然后将手机依赖与情绪智力相乘(UX)，社会支持与手机依赖相乘(UW)，分别作为交互作用的分数。为了检验情绪智力对心理健康的直接效应是否受手机依赖的调节，在做中介效应分析之前，需要先建立方程1：$Y=c_0+c_1X+c_2U+c_3UX+e_1$，检验系数$c_1$、$c_3$是否显著。结果表明，在控制了性别和年龄后，情绪智力对心理健康的影响显著($c_1=-0.29$，$p<0.001$)，手机依赖对心理健康的影响显著($c_2=0.33$，$p<0.001$)，手机依赖与情绪智力的交互作用项对心理健康的影响不显著($c_3=-0.02$，$p>0.05$)，说明情绪智力与心理健康的直接效应没有受到手机依赖的调节。然后，建立有调节的中介模型，检验方程分别为：$W=a_0+a_1X+a_2U+a_3UX+e_2$（方程2）和 $Y=c'_0+c'_1X+c'_2U+b_1W+b_2UW+e_3$（方程3）。方程2检验结果表明，情绪智力对社会支持的影响极其显著（$a_1=0.23, p<0.001$），情绪智力与手机依赖的交互作用项不能显著预测社会支持（$a_3=-0.01, p>0.05$），即社会支持中介作用的前半路径没有受到手机依赖的调节。方程3的检验结果表明，情绪智力对心理健康的影响显著（$c'_1=-0.24, p<0.001$）；手机依赖对心理健康的影响显著（$c'_2=0.32, p<0.001$）；社会支持对心理健康的影响显著（$b_1=-0.20, p<0.001$），在社会支持进入回归方程之后，虽然情绪智力依然能够显著影响心理健康，但是回归系数降低（$\beta=-0.29$ 降低为 $\beta=-0.24$），说明社会支持在情绪智力与心理健康之间起部分中介作用，中介效应占总效应的比例为15.86%；"手机依赖×社会支持"的交互作用项对心理健康的影响显著（$b_2=-0.12, p<0.001$），说明手机依赖对中介路径的后半段起着调节作用（见表10-2）。

表10-2 情绪智力、社会支持、手机依赖与心理健康间的回归分析

变量	方程1（效标：心理健康）		方程2（效标：社会支持）		方程3（效标：心理健康）	
	β	t	β	t	β	t
性别	−0.07	−0.85	0.24	3.06**	−0.03	−0.46
年龄	−0.06	−2.44*	0.03	1.32	−0.05	−2.16*
情绪智力	−0.29	−7.29***	0.23	5.27***	−0.24	−5.89***
手机依赖	0.33	8.41***	−0.01	−0.23	0.32	9.37***
情绪智力×手机依赖	−0.02	−0.48	−0.01	−0.22		
社会支持					−0.20	−5.35***
社会支持×手机依赖					−0.12	−3.60***
R^2	0.21		0.08		0.27	

为了进一步揭示调节作用的实质，将被试分组，高、低于平均数一个标准差分为高、低手机依赖组，考查在不同程度手机依赖水平上社会支持对心理健康的影响。如图 10-1 所示，对高手机依赖的大学生来说，随着社会支持水平的提高，大学生心理健康水平提升显著（$b_{simple} = -0.32, t = -5.33, p < 0.001$）；对低手机依赖的大学生来说，随着社会支持水平的提高，大学生心理健康水平的上升趋势明显变缓（$b_{simple} = -0.08, t = -1.96, p = 0.050$；$\beta = -0.32$ 减弱为$\beta = -0.08$）。对两种条件下的简单斜率进行差异检验（温忠麟，刘红云，侯杰泰，2012），结果表明，二者之间存在显著差异（$\Delta b_{simple} = -0.25, t = -3.60, p < 0.001$）。

图 10-1 手机依赖对社会支持与心理健康之间关系的调节作用

最后，进行条件中介效应检验，即检验不同手机依赖水平下，中介效应的大小是否存在显著性差异。结果显示，手机依赖水平较高时，社会支持在情绪智力和心理健康之间的中介效应为-0.321［$p < 0.001$，95% CI =

(-0.436,-0.202)];手机依赖水平较低时,社会支持在情绪智力和心理健康之间的中介效应为-0.075[$p > 0.05$,95% CI =(-0.151,0.002)],二者的差异为-0.247,达到了统计上的显著性水平[$p < 0.001$,95% CI =(-0.382,-0.113)]。由此可见,社会支持的中介效应大小和手机依赖(调节变量)的取值有关,即有调节的中介模型得到验证。

四、讨论

心理健康是影响当今社会发展的重大公共卫生问题和社会问题。本研究选取大学生作为研究对象,基于生态系统理论,构建了一个有调节的中介模型,综合考查了个体因素(情绪智力、手机依赖)、环境因素(社会支持)对心理健康的影响,考察了社会支持和手机依赖在情绪智力与心理健康之间的作用。本研究结果有助于全面地揭示大学生心理健康问题发生机制,对提高大学生心理健康水平以及从多方面预防大学生心理健康问题的出现具有积极指导意义。

(一)社会支持的中介作用

研究结果与假设一致,本研究发现社会支持在情绪智力与心理健康之间具有中介效应。即情绪智力不仅对心理健康有直接影响,也通过社会支持对其产生间接影响。这一结果与 Zeidner 和 Matthews(2016)的研究结果一致,他们认为社会支持在情绪智力对心理健康(包括痛苦和幸福感)的影响中发挥中介作用。情绪智力较高的大学生能更好地感知和体会自己与他人的情绪、情感,也能敏锐地接收到来自家人、朋友等给予的社会支持,并可以熟练地运用和利用他人的支持,从而促进自身的心理健康。根据自我决定理论(Self-Determination Theory,SDT)的观点,支持性的人际环境能够满足青少年的安全感、亲密关系、归属感等心理需求;而破坏性的人际环境使青少年的心理需求受到阻碍(Ryan & Deci,2000),从而可能产生消极情绪或不良行为。可见,社会支持在情绪智力和心理健康之间起着桥梁作用,能够减少心理健康症状的出现。本研究中社会支持的中介作用显著说明个体心理健康水平的高低不仅与个人特质(如情绪智力)有关,也与外部环境(如社会支持)的影响有关,这与个体—环境交互作用理论相吻合。

（二）手机依赖的调节作用

本研究构建了一个有调节的中介模型，对手机依赖在情绪智力与社会支持及心理健康关系中的调节作用进行了考查。结果发现，手机依赖能够对“情绪智力→社会支持→心理健康”这一中介链条起调节作用。具体而言，手机依赖显著调节中介路径的后半段，与低手机依赖个体相比，社会支持更容易对高手机依赖个体的心理健康产生积极影响。该结果表明手机依赖作为个体的一种行为活动，能够在社会环境因素对个体心理健康的影响中起调节作用。这一研究结果与以往研究并不相符，以往研究大多认为手机依赖给个体生理、心理带来极大的负面影响（姜永志，白晓丽，2014；Walsh，White，& Cox，2011），手机依赖会导致个体心理和社会功能受损。但在本研究中高手机依赖没有减弱反而增强了社会支持对大学生心理健康的影响，这与“富者更富模型”相吻合。这可能是因为虽然情绪智力较高的大学生能更多地获得并感受来自外界的支持，从而更加积极地面对生活，促进个体的心理健康，但是大学生独自求学在外，与家人、朋友相隔甚远，他们往往难以在日常生活中获得足够的社会支持（刘文俐，蔡太生，2015），而在手机时代，大学生可以更多地借助手机这一工具，通过微信、QQ、微博等网络社交平台感受到来自同伴、家人的支持，增强积极情感，从而使获得的社会支持更好的发挥作用，促进个人心理健康的良好发展。社会支持一直是个体对生活是否满意和健康与否的关键，但获得社会支持的方式正在随着新通讯工具的发展而变化（Oh，Ozkaya，& LaRose，2014）。众多研究均显示，手机已经成为大学生不可或缺的交流工具，手机在他们的日常生活、学习和交往中扮演着愈发重要的角色（Bakker & Rickard，2018；张凌瑞等，2018）。手机依赖的利弊正在随着时代的变化而变化，我们应该合理看待手机使用和依赖问题，积极发挥手机对大学生生活及个人发展的促进作用。

（三）研究启示与不足

本研究对大学生心理健康问题的干预和预防具有一定的启示。首先，要充分重视个人特质（如情绪智力）在预防大学生心理健康问题中的作用。高校教育工作者要在日常生活管理中关心学生，鼓励学生正确表达情绪，有意识地引导大学生感受情绪变化，用语言、文字等方式表达自己的情感体验。其次，要积极提升大学生社会支持水平，这有利于增强积极情绪体验对大学生心理健康的促进作用，遏制消极情绪对心理健康的干扰。教育工作者应尊重大学生心理发展规律，提供与大学生心理需求相匹配的社会环境，促进大学生积极心理的发展。再次，在给大学生提供良好社会环境的同时，也要注意个体行为差异在社会环境影响个体心理健康中的不同作用。当手机依赖较高时，社会支持对心理健康的作用更大，情绪智力较高的大学生才能从良好的社会环境中获得更大的收益。

本研究也存在一些不足，在以后的研究中需要进一步改善。首先，本研究仅采用横断设计考查了变量之间的相关关系和作用机制，研究不足以明确各变量之间的因果关系，在后续的研究中可采用纵向追踪设计，进一步检验、丰富本研究的发现。其次，手机依赖问题在大学生群体中越来越普遍，关于手机依赖在变量间的作用机制研究多采用问卷的形式，因此，未来研究中可尝试采用相对科学的实验研究范式，比如运用 ERP、近红外成像等技术探索手机依赖形成的神经生理机制，运用行为实验法，尽可能用更为生态化的行为数据来考察手机使用、手机依赖对个体认知和行为的影响效应，更深入全面地考查手机依赖在情绪智力与心理健康之间的作用机制。

五、小结

通过上面的分析，可以得出以下几点结论。

(1)在控制了性别、年龄后，情绪智力对心理健康具有直接预测作用，同时通过社会支持的中介作用间接影响心理健康。

(2)情绪智力通过社会支持影响心理健康的间接效应受到手机依赖的调节，相对于低手机依赖的大学生，间接效应对于高手机依赖的大学生更显著，表明手机依赖作为一种个体因素，能够在社会环境因素对心理健康的影响中发挥调节作用。因此，有调节的中介模型成立，情绪智力与心理健康之间既有间接效应，又存在调节效应。

第二节 情绪智力对大学生心理健康的影响：社会支持和手机使用动机的多重中介作用

一、引言

心理健康是影响当今社会发展的重大公共卫生问题和社会问题。有研究指出，心理健康问题在大学生中普遍存在，许多大学生面临着各种亚临床水平的心理症状（Conley et al.，2017）。大学生心理健康问题值得关注，存在心理健康问题的学生面临学习成绩下降和辍学的风险（Kosidou et al.，2014），这会给学生个人及学校带来损失。生物-心理-社会医学模型认为人类的健康取决于生物、心理、社会等各种因素，要想使人类更加健康，就要从个人特质及行为、生活环境、社会公共卫生服务等多方面努力。因此对于影响大学生心理健康的因素，我们应该从个体、社会等方面综合分析和思考。

诸多实证研究表明，在大学生心理健康问题的产生与发展中，个人特质因素起到了关键作用（惠秋平，石伟，何安明，2017；周宗奎，刘丽中，2015）。情绪智力混合模型将情绪智力看作是人格特质和社会能力的混合体，是影响心理健康的重要因素之一（Matthews et al.，2017；罗榛，金灿灿，2016）。有研究指出，情绪智力高的个体在面对日常事件时能有效地识别出适当的情绪反应，扩大洞察力的范围，并对事件和情绪产生积极的态度。因此，有能力控制和使用这些情感能力的人会获得更多的社会支持以及更高水平的心理健康（Abpeyma & Keshavarz，2017）。在 Thomas 等人（2018）的研究中指出，情绪智力高的男性比情绪智力低的男性对不良情绪的感知水平显著低下，从而可以更好地保护个体心理健康。然而，当前学界很少有人关注情绪智力影响大学生心理健康的内在机制和过程。

在人与人之间的交往中，社会支持作为一种社会环境因素，会对个体心理健康产生非常重要的影响（徐子淇，2015），它反映了他人（家人、朋友、邻居、社区成员等）在个体生活有需要时提供的资源支持，如情感、友情、金钱、物质支持等，对个体心理健康状况具有维护和保健作用。社会支持在社会关系中存在潜能，缓冲理论认为社会支持对促进和维持身心健康，尤其是缓冲或改善不良事件负面影响心理健康发挥巨大作用，增加对个体的社会支持有益于其心理健康（李相南，李志勇，张丽，2017）。此外，研究发现，情绪智力与社会支持关系密切，它被认为是影响社会支持的一个重要因素（Metaj-Macula，2017），情绪智力较高的个体可以在主观和客观上获得更多的支持，并能充分利用所得到的支持（竺培梁，2006）。因此，情绪智力、社会支持、心理健康三变量之间关系密切，情绪智力可能直接影响心理健康，也可能通过社会支持的中介作用间接影响心理健康。据此我们提出假设1：社会支持在情绪智力对大学生心理健康的影响中起中介作用。

第43次《中国互联网络发展状况统计报告》显示，截至2018年12月，中国手机网民规模达8.17亿，以手机为中心的智能设备成为“万物互联”的基础。手机作为一种新兴的大众传媒，由于其具有可移动性、便携性、易操作性等特点，在与时俱进的大学生群体的生活中扮演着重要的角色。新闻传播学认为，新闻受众完全依据自己的需求、动机、态度、意志选择媒介，选择信息（国家广电总局人事教育司，2003），从而使个体得到满足，而手机所能提供的信息传输功能、教育辅导功能、娱乐休闲功能等恰好满足了大众的各项需求，于是产生了手机使用动机。惠秋平等人（2017）研究发现，手机使用动机与心理健康呈显著正相关，可以通过减少手机使用动机的强度改善个体心理健康状况。潘月游等人（2015）将大学生使用手机动机分为两类：工具性动机和逃避性动机，研究结果表明，工具性动机与心理健康呈显著负相关，逃避性动机与心理健康呈显著正相关。此外，已有研究大多关注人格特质（如大五人格、自尊）对手机使用动机的影响，研究结果显示，人格特质能很好的预测手机使用动机（董玲，任怡臻，彭咏梅，周世杰，2017；何安明，石伟，惠秋平，2016），情绪智力作为个人的核心人格特质，也可能会对手机使用动机产生影响。据此我们提出假设2：情绪智力还可能通过手机使用动机的中介作用影响大学生心理健康。

实证研究表明，社会支持与手机使用动机关系密切，手机能够将一个人与周围环境之外的其他人建立实际联系，在社会支持不能满足个体需要的时候，可以通过使用手机减少社会排斥带来的负面心理（Schick et al.，2018）。据此我们提出假设3：情绪智力可能通过社会支持和手机使用动机的链式中介作用对大学生心理健康产生影响。

综上所述,本研究将探索大学生情绪智力与心理健康的关系,并考察社会支持和手机使用动机的多重中介作用,以期深入揭示影响大学生心理健康的因素及其内在机制,为大学生心理健康咨询与教育提供科学依据,为改善大学生心理健康给予理论参考。

二、研究方法

(一)被试

采取整群抽样法选取黑龙江、天津、江西、河南的在校大学生作为研究对象,共发放850份问卷,最终回收有效问卷621份。其中男生330人,女生291人;大一221人,大二127人,大三172人,大四101人;独生子女230人,非独生子女391人;平均年龄19.86±1.56岁。

(二)工具

1.情绪智力量表(EIS)

该量表由Schutte等人编制,王才康(2002)翻译,是国内研究情绪智力中所使用的具有代表性的量表之一。量表共33个条目,包括调控自我情绪、感知情绪、运用情绪、调控他人情绪4个维度,采用5点式评分法,1代表"完全符合",5代表"完全不符合",在大学生及中学生中试用,发现有良好的信度(α系数为0.84)(张秋艳,张卫,岳颂华,王才康,2004)。部分题目反向计分,被试得分越高,表示其情绪智力水平越高。在本研究中该量表的Cronbach's α系数为0.92。

2.心理症状自评量表(SCL-90)

该量表由Derogatis编制,王征宇(1984)翻译成中文,一直以来该量表在国内对心理健康水平的实证研究中应用广泛。共90个题目,包含躯体化、强迫症状等10个方面。采用5点式评分法,1代表"没有",5代表"严重",被试得分越高,表示心理健康状况越不乐观。在不同群体被试中试用,发现该量表信效度较好(陈树林,李凌江,2003)。在本研究中该量表的Cronbach's α系数为0.98。

3.大学生社会支持评定量表(SSSUS)

该量表由叶悦妹等人(2008)编制。有客观支持、主观支持和支持利用度3个维度,共17个条目,采用5点式评分法,1代表“不符合”,5代表“符合”,被试得分越高,表示其社会支持水平越高。该量表在编制时就被证明有良好的信效度,其 Cronbach's α 系数为0.91。在本研究中该量表的 Cronbach's α 系数为0.94。

4. 手机使用动机问卷

该量表由肖祥(2014)编制,共25个题目,包含自我表达、娱乐休闲、信息获取以及人际沟通4个维度。采用5点式评分法,1代表“非常不符合”,5代表“非常符合”,问卷得分越高说明被试手机使用动机越强。在本研究中该量表的 Cronbach's α 系数为0.88。

(三)数据处理

调查所得数据均在 SPSS20.0 上进行录入和统计分析,在 AMOS23.0 上进行结构方程建模。

三、结果

(一)共同方法偏差控制与检验

本研究在测量过程中采用不记名方法、一些条目使用反向计分方式等进行控制。在收集数据之后,采用 Harman 单因子检验法对共同方法偏差进行检验。结果表明,共有31个因子的特征根大于1,并且第一个因子只解释了25.30%(<40%)的变异量,说明共同方法偏差不会对研究结果造成显著影响。

(二)各变量的描述性统计与相关分析

相关分析表明,情绪智力、社会支持、手机使用动机三变量之间均呈显著的两两正相关;与心理健康均呈显著的负相关(见表10-3)。

表10-3 各变量的平均数、标准差和相关分析

变量	*M*	*SD*	1	2	3	4
1. 情绪智力	117.24	17.27	1			
2. 心理健康	150.01	56.93	-0.32**	1		

续表 10-3

变量	*M*	*SD*	1	2	3	4
3. 社会支持	62.06	13.03	0.24**	-0.28**	1	
4. 手机使用动机	88.60	14.43	0.36**	-0.21**	0.22**	1

（三）社会支持和手机使用动机在情绪智力与心理健康之间的中介作用

根据前文提出的假设模型，通过 AMOS23.0 进行路径分析，得到最终模型，如图 10-2 所示。该模型的拟合指数：c^2/df = 3.89，NFI = 0.94，CFI = 0.96，RMSEA = 0.07，模型拟合较好。

图 10-2 情绪智力、社会支持、手机使用动机和心理健康关系的模型结果

中介分析结果表明，社会支持在情绪智力影响心理健康的关系中具有部分中介作用（中介效应量为-0.13），手机使用动机在情绪智力影响心理健康的关系中具有部分中介作用（中介效应量为-0.19），情绪智力还可以通过对社会支持的作用影响手机使用动机，进而影响心理健康，此路径的效应值

为-0.02。综合4条路径,情绪智力对心理健康的预测总效应为-0.70。其中,社会支持的单独中介效应占总效应的18.6%,手机使用动机的单独中介效应占总效应的27.1%,社会支持和手机使用动机的连续路径占总效应的2.9%。

(四)中介效应的显著性检验

采用偏差校正非参数百分比 Bootstrap 程序对效应进行显著性检验,重复取样2000次,计算95%的置信区间。由表10-4可知,在各条路径中所对应的置信区间均不包含0,验证了社会支持和手机使用动机在情绪智力与心理健康间的多重中介作用。

表10-4 多重中介效应的显著性检验

路径	效应值	效果量	SE	95%置信区间	
				上限	下限
间接效应1 情绪智力→社会支持→心理健康	-0.13	18.6%	0.01	-0.08	-0.03
间接效应2 情绪智力→手机使用动机→心理健康	-0.19	27.1%	0.01	-0.05	-0.00[1]
间接效应3 情绪智力→社会支持→手机使用动机→心理健康	-0.02	2.9%	0.00	-0.01	-0.00[1]

注:[1]实为-0.0002,四舍五入保留两位小数后约等于-0.00。

四、讨论

(一)变量间的相关性

生态系统理论(Ecological Systems Theory; Bronfenbrenner, 1979)假定人的发展不是单一因素的产物,而是个体因素(如情绪智力、心理健康)与生态环境因素(如社会支持)交互作用的结果。基于该理论模型,本研究从个体与生态环境因素共同入手,选择情绪智力、社会支持、手机使用动机三个变量,综合考察了它们与心理健康之间的关系。相关分析结果显示,情绪智力、社会支持、手机使用动机、心理健康四个变量之间两两相关均达到显著水平($p<0.01$)。这与以往国内外研究结果一致(罗榛,金灿灿,2016;文雅,2016;Toshiyuki et al.,2012)。

(二)社会支持和手机使用动机的中介作用

研究结果发现,社会支持在情绪智力与心理健康之间发挥着部分中介作用。具体而言,情绪智力较高的大学生能更好地感知和体会自己与他人的情绪、情感,也能敏锐地接收到来自家人、朋友等给予的社会支持,并可以熟练地运用他人的支持,从而促进自身的心理健康。可见,社会支持在情绪智力和心理健康之间起着桥梁作用,能够减少心理健康症状的出现。社会支持的中介作用在 Zeidner 等人(2016)的研究中也得到了支持。本研究中社会支持的中介作用显著说明个体心理健康水平的高低不仅与个人特质(如情绪智力)有关,也与外部环境(如社会支持)的影响有关,这与个体—环境交互作用理论吻合。

除了社会支持的中介作用以外,本研究还验证了手机使用动机的中介作用,即情绪智力可以直接影响大学生的心理健康,也能通过手机使用动机间接影响大学生心理健康。动机是驱动个体行为的内在刺激,是人类大多数行为的基础,不同的动机会对人产生不同的影响(董玲,任怡臻,彭咏梅,周世杰,2017)。肖祥(2014)把手机使用动机分为四个维度,即自我表达动机、娱乐休闲动机、信息获取动机和人际沟通动机。个体情绪智力的高低会影响他们的动机和行为,情绪智力高的个体在面对日常事件时能有效地识别适当的情绪反应,能敏锐地感知正负性情绪,手机社交软件的匿名性、自由性等特点能够满足大学生自我表达以及人际沟通等需求,可以有效补救现实生活中消极情绪的影响,从而促进个体心理健康(Hoffner & Lee,2015)。

与此同时,本研究验证了假设 3,情绪智力通过社会支持和手机使用动机的多重中介作用对大学生心理健康产生影响,这一结果反映了社会支持和手机使用动机的密切联系。情绪智力较高的大学生可以更好地感受来自家人、朋友的社会支持,也能充分利用这些支持。社会支持一直是个体对生活是否满意和健康与否的关键,手机媒体为长期求学在外的大学生提供了一种新的交流方式,大学生获得社会支持的途径正在随着新通讯工具的发展而变化(Oh,Ozkaya,& LaRose,2014)。使用与满足理论(UGT)把受众看作是有着特定“需求”的个人,他们的媒介接触活动是有特定需求和动机并得到“满足”的过程(Elhai et al.,2017)。众多研究均显示,手机已经成为大学生不可或缺的交流工具,手机在他们的日常生活、学习和交往中扮演着愈发重要的角色(Bakker & Rickard,2018;张凌瑞等,2018)。社会支持较多的大学生也会更频繁地通过手机社交软件和家人朋友交谈,从而增加了手机使用动机,通过手机增强自己的愉悦程度,也可以了解同伴的生活,满足自己的同伴需求和归属感(Hall & Baym,2012),最终使个体心理健康水平不断提高。

五、小结

通过上述分析,可以得出以下几点结论。

(1)情绪智力、社会支持、手机使用动机、心理健康四个变量之间两两相关;

(2)社会支持和手机使用动机在情绪智力与心理健康之间起多重中介作用,情绪智力既可以直接影响心理健康,也可以通过社会支持、手机使用动机各自独立的中介作用和社会支持、手机使用动机的链式中介作用影响大学生心理健康。

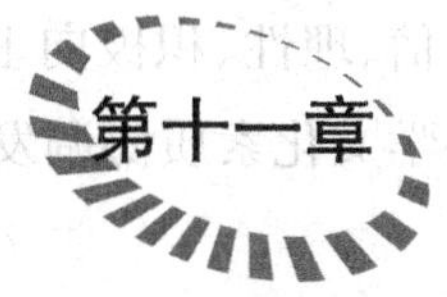

第十一章

手机时代青少年的心理健康教育

随着手机时代的到来,手机使用的低龄化趋势日益严重,绝大多数青少年都已成为名副其实的“手机世代”。手机以其在传递方式、媒介功能等方面独特的优势满足了青少年视、听等多方面的需求,日益深刻地影响着青少年身心的发展,影响着他们健康的成长与成才。学校等教育部门应该针对当前青少年使用手机的状况,及时开展相关的信息媒介素养教育,引导青少年科学合理地使用手机,充分发挥手机在青少年身心健康方面的积极作用,减少其负面影响;帮助青少年树立科学的世界观、人生观、价值观,建立健康和谐的学习和生活方式,促进其身心健康发展。

1989 年联合国世界卫生组织(WHO)对健康作了新的定义:即“健康不仅是没有疾病,而且包括躯体健康、心理健康、社会适应良好和道德健康”(联合国世界卫生组织文件,1989)。从某种意义上来讲,健康的一半是心理健康。面对 21 世纪的激烈竞争,心理健康问题在国内外越来越受人们的关注,心理素质在个体发展中的地位和作用日益重要。未来的人才不仅要具有全面的能力、强健的体魄,而且要有健全的人格和良好的心理素质。对于青少年来说,智力发展,综合能力、竞争能力、适应能力、创新意识的形成与发展都离不开良好的心理素质。因此,科学有效地开展心理健康教育、提升青少年心理素质,是当前教育工作者的一个重要课题。

“以人为本”是手机时代青少年心理健康教育的大前提,立足点应该是青少年的成长成才、青少年的发展(吕冬诗,2005)。因此,有利于青少年的健康成长是青少年心理健康教育的出发点和归宿。学校和社会团体等要坚持心育与德育统一,以网络为基础,以学生为中心,建立“社会—学校—家庭—个人”“四位一体”的教育模式,社会、学校和家庭相互联系、相互配合以满足学生心理健康教育服务需求,引导学生正确认识义与利、群与己、成与败、得与失,培育学生自尊、自信、理性、积极向上的健康心态,促进学生心理健康素质与思想道德素质、科学文化素质协调发展。

第一节 青少年心理健康概述

一、心理健康

(一)心理健康的内涵

对于心理健康的概念,国内外学者一直没有达成一致的结论。《简明不列颠百科全书》把心理健康定义为:“个体心理在本身及环境条件许可的范围内所能达到的最佳功能状态。”第三届国际心理卫生大会把心理健康定义为:“个体的身体、智能、情感在不与他人的心理健康发生冲突的前提下,个体自身的心境达到并保持在一种最佳状态。”心理健康应该是人与环境、人与人之间的效率达到最高以及精神上最快乐的时候所显现出来的状态,是在人的生活中,心理的各个指标和各个方面以及心理活动的各个过程全部处在良好的氛围和正常的状态(肖汉仕 2012)。

那么心理健康究竟是什么?本书把心理健康定义为:个体的基本心理活动过程内容完整、和谐统一,即个体的认知、情感、意志统一,人格健全,行为协调,且能较好的适应社会、社会同步,有效地发挥其身心潜力及社会功能。

(二)心理健康的评价标准

本书依据各位学者以往的研究,并充分考虑了青春期这一独特阶段青少年身心发展的特点,将青少年心理健康的评价标准定义为以下几个方面:

1. 认知能力正常

认知能力包含记忆力、观察力、注意力和想象力。认知能力正常是青少年身心发展的重要心理条件,也是衡量青少年心理健康的一个重要标准。

2. 人格健全

人格健全是指个性稳定、有安全感、控制能力良好,对自己有全面、客观、正确的认知与评价,能有效的调控个性心理和个体行为,能专注于自身的事业发展。

3. 心态积极

能从容应对压力，以积极向上的心态面对挫折和困难，有理想、有自信、有抱负，对未来充满希望。

4. 情绪稳定

能长期保持乐观向上的态度，受消极情绪影响时，能积极调控、稳定自我情绪。

5. 意志坚定

对青少年而言，意志坚定主要是指其行为上有毅力和自制力，面对挫折和困难时能够积极主动地应对，在学习和生活中能坚持不懈、持之以恒。

6. 良好的人际关系

热情大方、善于并喜欢与人交往，在人际交往中坦率、真诚、有见解，既不盲目从众、附和他人，也不强迫他人。

二、青少年心理健康教育

青少年心理健康教育是指运用教育学、心理学及社会学等多种学科的理论与技术，通过多种途径与方法提高青少年心理机能、发挥其心理潜能，培养他们良好的心理素质，从而促进青少年个性和谐发展及身心素质全面提高的教育。在日常的教学活动中，教育者可以根据青少年所处的特殊时期所具备的生理和心理上的特征，运用教育学、心理学等学科的理论与技术对青少年进行心理健康教育，培养其良好的心理素质，促进其身心全面、和谐发展，健康成长、成才。而对于青少年学生来讲，心理健康教育也是素质教育的重要内容之一。

综合以上观点，笔者认为，青少年心理健康教育就是教育者通过运用心理疏导的方式和方法，让青少年了解心理健康知识，帮助他们调适与矫正身心发展过程中不利于自身心理健康发展的思想与行为，进而促进青少年知、情、意、行达到最佳状态的一种教育实践活动。

第二节　手机时代青少年心理健康现状及开展青少年心理健康教育工作的困境

青少年心理健康状况和发展特点是开展心理健康教育的根据和出发点，也是提升青少年心理素质的重要依据（肖龙江，2000）。科学分析与评估青少年的心理问题程度是心理健康教育的前提（刘春梅，2012）。青少年心理健康状况的调查结果显示，当前青少年心理问题的发生率为16.18%～19.26%，且呈日益增多趋势。如，某市一名初二女生，因母亲没答应她买最新款的苹果手机，她想不通便去自杀；天津市某中学初中一年级三名学生，因上网成瘾，逃课躲在网吧连续两天两夜打游戏，第三天凌晨猝死在网吧电脑前；更有甚者，某市一个年仅7岁的小女孩，因一道数学题不会做，害怕被父母训斥，竟咬掉自己的一根手指头；此外，还有一些青少年厌学情绪严重、手机上网成瘾，甚至萌生厌世等念头。大量事实和案例表明，越来越多的青少年正受到心理问题的困扰。

一、手机时代青少年心理健康现状

（一）家庭教育方法不当，弱化青少年心理素质

青少年心理健康的状况和发展与其家庭教育有着密切的关系。父母不当教育方式对孩子的人格特征和人际交往都会产生很大的影响。这些生活在父母不当教育方式下的孩子往往性格内向、不愿或不敢与人在现实中交往，只想躲在虚拟的网络世界。有些父母对孩子过度呵护、溺爱、期望值过高，有些父母对孩子放任自流、缺乏关爱与沟通，还有一些父母夫妻双方感情不和、分居甚至离异，这些都有可能导致青少年出现心理问题。此外，全国每年都有大批青少年因为网络成瘾而辍学。

（二）学校监管不到位，阻碍青少年心理健康的发展

一方面，学校教育理念落实不到位，心理健康教育新媒体形态趋于形式化。在进行心理健康教育时，传统的学校教育新媒体运用不足，很多学校仅仅是建立了网站、论坛，或开通微博、微信等服务于青少年学生，心理健康教

育形式基本上仍以宣讲式、讲座式等传统的单向心理灌输方式为主；还有一些学校虽然设立了心理咨询网站，但很少有学生关注，实际运用效果不佳。另一方面，媒体时代学校心理健康教育队伍信息素养低。据了解，当前学校有相当一部分心理健康教育教师不能熟练使用新媒体，甚至有些年纪稍长的教师根本不愿用、不会用新媒体，这些都可能加深老师与学生之间的代沟。其次，不少中小学教师根本就没有系统学习过心理健康知识，不但不会运用心理健康知识帮助学生，甚至过于严厉、使用不当的惩罚手段。如，某小学有位学生不小心写错了一个字，教师竟罚他抄写三十页，这个受惩罚的学生从此怕见同学、恐校、厌学。此外，学校也没有意识到青少年手机依赖、成瘾问题的严重性而去及时进行引导教育，对于青少年在课堂上接电话、发信息、玩手机等行为，也没有制定行之有效的措施，为青少年手机依赖和手机成瘾制造了“温床”。

（三）新媒体的冲击，青少年手机网络成瘾

当前，在以升学率为主导的教育背景下，青少年承受着来自家庭、学校和社会的重重压力，不少青少年产生了厌学情绪，他们通过玩手机来发泄自己的不满与怨恨，逃避学习，甘愿成为“手机奴隶”。调查中，很多青少年反映：当发觉自己没有带手机就会心神不宁、情绪烦躁、无所适从；手机突然没信号或是手机信号弱就开始不安、担心；当发觉手机有一段时间不响、没电话、短信减少，便感到心烦意乱；时常产生幻觉，总是听到手机在响，或是在包里、口袋里震动等；每天一定要随身携带手机或要把手机放在随时都能看到、拿到的地方才能安心，即便是睡觉时也要把手机放在床边够得到的地方。这些不仅影响了青少年正常的生活和学习，而且也给他们的身心健康带来了极大的危害。

（四）青少年心理素质低，抗压能力差

青少年自身的心理素质是影响其心理健康的主要原因，来自社会各方面的压力成为当前青少年心理问题的主要“病根”。很多青少年学生自己无法解除内心强烈的冲突，感到茫然、无所适从，最终产生心理问题。调查发现，青少年心理问题主要发生在自我认识方面，如自我感觉、体验、评价不当；学习方面，如学习障碍、考试焦虑、受挫情绪；人际关系方面，如亲子关

系、师生关系、同学关系、异性关系紧张等。这些心理问题导致青少年出现心理脆弱、抗挫抗压能力差,情绪易怒、易走极端,适应能力差、成绩不理想,交往恐惧症等,给青少年成长留下难以估量的隐患。近年来,青少年自杀率呈逐年上升趋势,且具有低龄化的倾向。浙江某小学三年级一位品学兼优的学生,因期中考试成绩名列全班第5名竟服毒自杀;广州某大学一名大二学生,因害怕英语四级考不过而跳楼身亡。

二、手机时代开展青少年心理健康教育工作的困境

面对复杂多变的社会环境,手机媒体给了广大青少年学生一个广阔的空间,在一定程度上满足了学生情感和交往的需求。同时,这也给学校心理健康教育工作的开展提出了新的挑战。

(一)教育环境复杂

手机时代信息快速传递和共享,各种社会思潮和价值观念纷至沓来、汇聚碰撞,在这种开放性和多样性的环境下,学生随时获取心理健康知识在很大程度上具有不确定性。加之网络监管不严,虚假信息、不良信息混杂其中,对学生的思想认知和道德观念带来深远影响,如一部分学生对现实世界极度不满、失望,追求享乐、爱慕虚荣,喜欢刺激,过分依赖网络等。这些都使心理健康教育工作的效果大打折扣。

(二)教育对象思想多变

随着手机等媒体的普及,青少年学生的个性化倾向强烈、思想状况日益复杂化。成长中的青少年学生在面对大量的信息,缺乏足够的辨识能力和认知水平,不能在众多信息中去伪存真,对良莠不齐的信息难以做出客观、准确的评价。加之他们自控能力较差,极其容易沉迷于网络世界而无法自拔。从而影响他们的社会交往能力,最终与现实社会脱节。

(三)教师主体地位削弱

传统的心理健康教育主要是通过知识宣传、讲座等方式进行,教师处于主体地位。学生被动接受信息,他们的主观意愿难以表达。在手机媒体环境下,在很大程度上改变了老师和学生地位不对等的状况,信息资源丰富且方式开放,学生们可自由获取心理健康知识和寻求解决心理问题的方法,每

一位学生都可以成为信息的发布者、接收者和传播者，心理健康教师的主导地位被削弱。

(四)教育工作者能力局限

心理健康工作是一个相对专业的工作，很多辅导员虽然学习了心理学、教育学及教育心理学等相关知识，但对学生心理辅导的理论和技巧缺乏系统掌握、没有实战经验，加上辅导员本身事务性工作繁多，很难及时发现并帮助学生解决心理困惑。

第三节 手机时代青少年心理健康教育基本原则及主要目标

青少年心理健康教育在当前教育中起着至关重要的作用，心理健康教育目标是有效地实施心理健康教育的基本依据和先决条件，心理健康教育目标界定的科学与否将直接影响心理健康教育的具体操作和实施。

《中国青少年心理健康素质调查研究》中明确提出了青少年心理健康教育工作的主要目标：培养青少年的心理健康素质(沈德立，2009)。中共中央在《关于进一步加强和改进学校德育工作的若干意见》中指出，学校要"通过多种方式对学生进行心理健康教育和指导，健全学生人格，增强学生挫折承受力、环境适应能力，帮助学生提升心理素质"(韩丹，2010)。青少年心理健康教育的目标不只是防治各种异常心理和行为，而是要帮助青少年最终实现其个性完满发展、心理潜能最大开发，达到其心理功能的最佳状态。

基于以上观点，结合手机时代青少年心理健康的特点，提出青少年心理健康教育的原则和目标。

一、学校心理健康教育的原则

(一)教育性原则

心理健康教育是学校教育的一个重要组成部分，对提高青少年学生其他素质有着至关重要的影响。青少年心理健康教育目标的制定要在遵循教育发展规律的前提下，根据党的教育方针和国家教育目标的要求，培育社会主义优秀的建设者和接班人。

(二)发展性原则

坚持发展性为前提,以提高学生心理素质为主目标。立足于学生未来发展及走向社会、面对竞争和挑战的需要,培养学生全面发展所应具备的心理素质,为实现青少年学生顺利适应社会发展做准备。

(三)科学性原则

心理健康教育不是心理学知识的简单传授,也不是单一的一门具体学科教育教学活动,而是一项系统的教育实践活动。因此,心理健康教育目标的制定需要遵循心理学、教育学、德育学、社会学等学科的基本原理和基本要求。

(四)针对性原则

遵循学生身心发展规律,根据不同年龄阶段学生的心理特点和需求,有针对性地处理不同阶段学生的主要矛盾和困难,帮助学生化解心理矛盾与危机,从而促进学生心理的健康发展。

(五)可操作性原则

心理健康教育的目标应当具体、明确、易于理解和把握,能有效地指导学校及心理健康教育工作者开展心理健康教育。

二、学校心理健康教育的目标

学校心理健康教育的总目标是:通过开展心理健康教育开发学生潜能,提高学生心理素质,解除学生的心理困惑,培养学生乐观向上的心理品质,促进学生人格的健康健全发展(吴先超,2005)。学校心理健康教育目标可以分为初级目标、中级目标、高级目标三个层次。

(一)初级目标

首先,心理健康教育工作者对青少年在生活、学习及成长中的心理问题进行及早干预和引导。其次,通过开展心理健康教育,增强学生心理健康意识,调节自我情绪,提高自身心理健康水平。

(二)中级目标

提升学生心理素质,促进其全面发展。学校和教育工作者要根据现代社会文化要求，通过对学生的认知、情感、意志及个性心理品质的培养，提升学生与当前学习、生活相适应的心理素质，实现其德、智、体、美、劳诸方面的全面发展。

（三）高级目标

每个人都有自己的潜能，且每个人的潜能发展的方面也是不同的，当前的教育也没有充分开发和利用人的心理潜能。因此，开发学生的心理潜能就是学校心理健康教育的高级目标。

第四节 以学校教育为重点的青少年心理健康教育体系的构建

随着手机使用的日益普及，手机已深入社会生活的方方面面，成为人们工作和生活的必需品。手机媒体以其开放性、便携性、功能多样性等优势成为当前青少年获取信息、进行交流的主要途径。学校和教育工作者必须认识到，传统的心理健康教育模式已经不能适应手机时代青少年学生的个性特征，学校需要采用新的手段、新的教育方式才能有效对青少年学生进行心理健康教育。

一、更新学校心理健康教育理念

（一）更新教育理念，增强实效性

学校要挖掘新媒体潜力，使其服务于学校心理健康教育。心理健康媒体资源在遵循有利于学生身心健康的前提下，增加学生感兴趣的、样式新颖、教育价值性颇高、适宜学生接受的实用性强的内容。如，可通过微博、微信等把心理健康教育资源分享至微信朋友圈、QQ空间等，建立知识性、思想性、趣味性和服务性有机结合的主题心理健康教育网站。

（二）创新学校心理健康教育新媒体思维

首先，教育工作者要构建虚实结合的教学空间，一方面使用传统的课堂传授心理健康知识，另一方面要注重手机、网络等媒体优势的运用。如通过建立专业的心理网站、开通网络热线与咨询、共享网络心理电影等多渠道进行心理健康教育,从而提升学生心理素质。其次,教育工作者可以依托在线新媒体,如BBS论坛、微博、微信等让学生参与其中,加强师生之间、学生之间的情感交流、互动,将充分发挥教师的主导性与学生主体地位相结合,增强学校心理健康教育的实效性。

二、加强手机时代学校心理健康教育教师队伍建设

(一)提升学校心理健康教育队伍的新媒体素养

心理健康教育教师应该与时俱进适应新时代的新要求。首先,心理健康教育教师要不断提升自己的教育理念、教育方式、新媒体操作技能等各个方面的能力,对新媒体要有识别力和理解力、对新媒体信息要有判断力和质疑力、对新媒体的使用要有创新意识。其次,心理健康教育教师要熟练使用微信、微博、论坛等新兴媒体形式,了解它们的新特点,掌握它们的运作方式方法,科学客观地指引学生信息观念的选择。再次,心理健康教育教师要提高自己识别信息的敏感力、分析和判断舆论的能力、纠正和引导学生思想的能力,做到引导正面力量顺势发展,在面对负性事件冲击时,能及时通过摆事实、讲道理迅速掌握话语权,积极干预校园危机的传播。

(二)鼓励心理健康教育队伍使用新媒体

熟练使用新媒体是当前学校心理健康教育教师进行心理健康教育的基本前提。学校官网、官方微博等新媒体平台要建立心理健康教育专栏,要求心理健康教育教师积极参与、网络技术人员对心理健康教育信息进行监控,及时发现学生不良的心理状态、反馈给心理健康教育工作教师。学校心理健康教育教师应及时开通微博、微信等新媒体平台,以积极向上的言论指引网络舆论方向,利用新媒体通过心理健康教育课程及日常的教育活动及时掌握学生的思想动态,及时给予关注与引导。

三、拓展手机时代学校心理健康教育阵地

(一)建立即时通讯平台体系

伴随着智能手机的盛行和普及,即时通讯工具日新月异并为广大青年学生接受和使用,学校心理健康教育要跟上时代潮流,利用好新兴通讯工具

服务于广大学生。如,学校可以打造"QQ"交流平台、"微博"交流平台、"微信"交流平台等,通过其即时方便的语音短信、视频通话、随拍随传等功能优势,积极关注学生微动态,及时了解他们的心理状况;组织编写心理问题、心理危机预防与处理微信报,并以微信的方式分享给学生,将线上预测与学习、校园文化建设、心理危机干预等引入其中,拓宽学生心理健康教育的渠道。

(二)加强校园网站及论坛建设

校园论坛是大多学生使用率较高、参与性较强的网站,也是学生了解动态、发表观点、宣泄情绪的场域。学校要加强心理健康主题教育网站建设和利用,把思想性、知识性、趣味性和服务性有机融为一体,增强学生登录心理健康教育网站的兴趣。例如,充分完善优化网页浏览、互动形式、语言特点等,使网站网页主题突出、形式美观;内容上,为学生的学习和生活提供更多的服务和帮助;语言上,符合学生语言特点,生动活泼、避免枯燥。最终形成线上教育与线下教育相结合的教育模式,网站平台及资源的利用要避免形式化。

(三)建立新媒体慕课平台

慕课是当前网络环境下一种非常流行的学习模式。学校可以把心理健康教育知识、自我调节控制技能等制成在线学习小视频、小测试、讲课视频等相应的学习材料,通过新媒体式慕课平台供学生学习。从而有效缓解学生心理障碍问题,提升学生心理健康水平。

四、构建手机时代学校心理健康教育机制

(一)设立学校心理健康教育监管机制

议题设置严格把关,加强内容监管力度。把学生平时所关注的心理热点问题设置为心理健康教育的主要议题,使学生在轻松浏览网页的同时,把对当今社会的心理热点问题与学校的心理健康教育知识结合起来;心理健康教育工作者要选择那些学生熟悉的、乐于参与的心理话题引导学生展开讨论、开展相关的心理活动,提高心理健康教育的有效性。

(二)构建学校心理健康教育的预警机制

当前学校心理健康教育预警机制的构建和实施过程必须充分运用新媒体手段进行。有效利用 BBS 论坛、在线调查、网络咨询、微信动态等新媒体技术了解和把握学生的心理状况和心理动态,并把动态信息及时反馈给上级领导。领导层根据反馈信息进行分析,给出指示性的预警建议,执行部门通过对各类预警信息进行归类总结,在结合学生实际情况的基础上,及早采取相应措施干预学生心理危机,提高学校心理健康教育的实效性,促进学校心理健康教育理性发展。

(三)建立学校心理健康教育新媒体平台的联动机制

根据当前学生的身心发展特点,学校可以建立起“学工部、心理咨询中心、辅导员、心理委员、学生”五级网络化心理监控联动机制,对心理健康教育网站进行定期、规范和专业排查,建立形式新颖、内容丰富、吸引力强的心理健康教育网站专栏;建立网络心理咨询室,对学生心理障碍性问题、心理发展性问题进行教辅;辅导员可通过个人微博、微信、QQ 空间、E-mail 等对学生的心理问题进行了解和咨询;心理委员可借助班级微信群、QQ 群等平台关注班级学生的心理状况,并及时汇报给辅导员;鼓励学生积极参与网络心理健康教育,充分认识心理健康对自我成长的重要性,进行自我调节与教育。

第五节 手机时代青少年心理健康教育实施策略

在手机媒体背景下,青少年心理健康教育工作要与时俱进,结合学生的心理发展特点及动态,不断进行工作创新。建立社会、学校、家庭和个人自我发展“四位一体”的教育模式,利用网络传播便捷、信息丰富等的特点,顺应青少年对媒体网络的需求心理,开展内容丰富、形式多样的心理健康教育活动,增强青少年的心理健康意识,提高其心理健康水平,使网络成为青少年心理健康教育的重要阵地。

一、管理部门加强网络信息管理力度,净化网络知识渠道

一方面,管理部门要加强网络信息管理,过滤掉网络中负面的、不利于

青少年身心发展的信息，为青少年提供一个正向的、健康的获取知识的网络渠道。另一方面，管理部门要利用现代传媒的优势对青少年进行心理健康教育。课余时间上网、打游戏已成了青少年生活的一部分，管理部门可以根据青少年活动的特点创作一批适合青少年的节目，普及青少年成长心理健康知识。如创办讲座专题节目、竞赛类节目等寓教于乐，让青少年在娱乐的同时受到良好的心理熏陶；在电视节目编排、采制过程中，严格把关，坚决禁止不良道德风气、色情暴力等内容的节目播出，为青少年营造良好的成长氛围；增加为青少年服务的互动节目，如心理咨询热线、网络互动聊天等为心理健康教育活动；利用寒暑假与大中专院校联合开办夏令营、冬令营等活动，训练提升青少年的意志力、抗挫折能力、人际交往能力及心理承受能力。

二、拓展心理健康教育渠道，完善网络心理健康教育体系

（一）加强网络健康教育和网络德育教育

学校要充分利用新媒体，建立心理健康教育主题网站、开通网络心理热线、设立网络咨询信箱，及时帮助学生解决在网络中产生的困惑和问题，减轻或消除学生手机依赖、上网综合症等，帮助学生形成健康的网络心理。通过专家讲座、师生互动讨论等形式，倡导诚实、守信、自尊、自爱，规范学生的网络道德准则，加强青少年网上道德教育，引导青少年学生正确、客观、理性地对待现实世界和网络虚拟世界。

（二）完善学生心理问题预警机制

学校要严格认真地开展学生的心理健康摸排工作，通过心理健康测试、心理诊断等手段，构建和完善学生心理问题预警机制，做到心理问题及早发现、及时预防、有效干预。

（三）提升学校心理健康教育工作队伍的专业化

对辅导员和班主任进行系统化、专业化的培训，加强学校心理健康工作队伍的专业化水平。要求辅导员、班主任及心理健康教育工作者参加心理、教育理论知识的培训，熟练掌握、运用心理咨询和干预技能；提升心理健康教育工作者新媒体的运用能力，提升心理健康教育工作队伍的工作实效。

三、建立和谐民主的家庭氛围,重视孩子心理健康发展

家庭是个体成长的第一环境,是个体心理发展的基础环境。家庭结构的完整,和谐民主的家庭氛围,父母自身素质的提升及父母对孩子的陪伴、关爱,这些都有利于促进孩子人格的健全与完善。

(一)重视孩子的心理健康,不存功利心

现在很多家长在对孩子的教育中往往存有功利心。不少家长一味强调学习成绩,给孩子制定了远远超过其实际能力的目标,完全不考虑孩子的实际能力、不顾及孩子的感受,孩子再怎么努力也很难使父母满意,于是就产生焦虑、恐慌甚至抑郁;有的家长独断专制,完全不理会孩子自己的兴趣、爱好,把自己的爱好强加给孩子,使得孩子对所做的事毫无兴趣、叛逆,甚至厌学。因此,家长在对孩子教育的过程中,不要存有功利心,不要把成绩当成评价孩子的唯一标准,注重培养孩子健全的人格,加强孩子对心理健康教育。

(二)家长要和学生保持良好的沟通

在青少年的成长过程中必然会遇到各种困惑,需要与人交流沟通。而父母是青少年期最亲近、最值得信任的人,通过跟父母沟通交流,在一定程度上可以解决青少年的困惑,帮助其发泄不良情绪、保持积极乐观的心态。因此,作为家长不应当在孩子面前过于严肃、高高在上,让孩子不敢接近、不敢违抗、压抑着自己的想法,造成孩子不良情绪长期积压而造成心理障碍。而是积极地去营造一个和谐、民主的家庭氛围,和孩子平等沟通交流,可以及时了解孩子的内心动态,以便及早发现孩子的心理问题,并及时治疗。

(三)重视家庭教育,不过度依赖学校教育

当前生活节奏快,人们生活工作繁忙,很多家长无暇顾及和关心自己孩子的学习,认为孩子的教育和学习都是学校和老师的事,根本认识不到家庭教育对青少年学生健康成长的重要作用。青少年时期是个体人生观、价值观形成和发展的关键期,也是个体身心发展的重要阶段,这个时期的教育仅靠学校和教师的力量无法完成,需要家庭教育的支持和参与。家长要积极配合学校和教师,将学校教育和家庭教育有机地结合在一起,从而使对学生

教育的效果达到最优化。大量事实证明,家长能够积极地配合学校和教师的,学生的身心都相对健康,而家长不重视或忽略家庭教育的,学生就比较容易出现心理问题(梁晓燕,2008)。因此,作为家长,一定要重视孩子的家庭教育,积极和学校、老师联手努力,促进青少年学生身心全面健康发展。

(四)父母要与时俱进,提升自己的媒体素养

在新媒体时代,父母和孩子沟通交流的方式及时调整非常关键。当前手机媒体成了青少年学生学习、生活的必需品,如何让手机媒体发挥其对青少年的积极作用而摒弃其消极影响,成了父母最头疼的问题。要想让孩子认识手机网络的积极作用、合理使用手机、健康上网,仅通过单纯阻止、限制孩子使用手机网络收效甚微。许多研究表明,青少年越是清楚地了解互联网的功能就越能健康合理地使用网络(王伟,周浩,雷雳,2014)。因此,在家庭教育中,父母应采取适当的方式和孩子沟通,及时排解其心理烦恼和困惑,引导他们正确对待网络交往。

四、培养青少年的自制力,提高心理健康的自我教育能力

(一)培养良好的自制力

青少年应当学会有效管理时间,不断提高自我监控水平,立足于求知、开阔眼界健康的上网动机,适度、适时、适地宣泄不良情绪,使"网络虚拟世界中的自我"接近受制于社会道德和法制的"现实中的自我"。

(二)提升媒介素养

当前新媒体尤其是手机媒体是青少年接受信息、传播信息最主要的载体。在手机时代,青少年要努力提高自己的网络媒介认知、网络鉴别、网络安全等方面的能力,提升媒介素养,养成健康的媒体行为习惯,充分利用媒介资源完善自我、发展自我,并积极参与社会发展,发挥新媒体在心理健康自我教育中的积极作用。

(三)提高自我心理健康教育能力

青少年可以利用新媒体主动学习网络中的心理健康专栏知识,借助网上心理测试系统进行自我心理评估,主动上好网络心理健康知识课程和讲

座,科学地运用心理健康知识解决心理困惑。

(四)提升人际交往能力

在手机时代,网络并不是生活的全部,青少年要建立正确的网络认知,保持良好的交际心态,客观、正确地评价自己。自尊、自重、乐观、积极向上,有效地调控自我情感,积极主动地适应环境,不断完善自我人格;建立良好的现实情感系统,遇到无法排解的交际难题时要积极勇敢去面对,不要一味躲避在虚拟的网络世界里;正确对待区分网络世界与现实生活中的人际交往,不断提升自己的人际交往能力。

总之,在手机日益普及,其强大的功能和吸引力对青少年影响日益加深的形势下,青少年心理健康教育迫在眉睫、意义重大。手机媒体的迅速普及与广泛应用,不仅给青少年的心理健康教育提出新的挑战,同时也给心理健康教育工作者提出了新的要求。作为手机时代的心理健康教育工作者,开展青少年心理健康教育,要在遵循青少年身心发展特点和规律的基础上,与时俱进,积极学习和掌握新媒体知识和技术,科学有效地教育和引导青少年学生正确、合理地使用、利用手机等新媒体;针对手机媒体网络的特点,努力开拓创新,不断完善青少年心理健康教育的内容、形式和方法,使手机时代的青少年心理健康教育工作真正落到实处、教出特色、育出实效。

参考文献

[1]白婧，和静，贾甜甜，吴广霞，霍雨艳. 民办医学院校学生心理健康和学习倦怠的关系调查分析[J]. 科技视界，2018,(20):84-85.

[2]白瑄. 不同心理健康水平学生严重手机依赖的质性研究[J]. 教学与管理，2018(24)，25-28.

[3]边玉芳，吴洪健，张玲玲. 积极心理学视角下学校心理健康教育体系的构建[J]. 江西师范大学学报(哲学社会科学版)，2018，51(6)：115-118.

[4]曹光海，赵洁. 山东省青少年抑郁、社会支持和自我效能感的特点研究[J]. 济宁学院学报，2017,38(4)：111-115.

[5]曹霞，瞿皎姣. 资源保存理论溯源、主要内容探析及启示[J]. 中国人力资源开发，2014(15):75-80.

[6]曹新美，刘翔平. 从习得无助、习得乐观到积极心理学：Seligman 对心理学发展的贡献[J]. 心理科学进展，2008，16(4):562-566.

[7]曾强. 郑州大学生生活满意度和心理韧性状况调查及关系分析[J]. 现代预防医学，2018，45(12):2195-2199.

[8]巢传宣，周志鹏. 大学生学习投入水平与心理健康自杀意念的关系[J]. 中国学校卫生，2019 (1):138-140.

[9]陈国民. 个性及心理健康测验的稳定性及相关性分析[J]. 第四军医大学学报，2006 (20):1907-1909.

[10]陈世平，乐国安. 城市居民生活满意度及其影响因素研究[J]. 心理科学，2001，24(6):664-666+765.

[11]陈树林，李凌江. SCL-90 信度效度检验和常模的再比较[J]. 中国神经精神疾病杂志，2003，29(5):323-327.

[12]陈维，赵守盈，韩会芳，韦唯，张进辅. 高中生社会支持、学业自我效能感与学习倦怠的关系[J]. 教学与管理，2016 (6):70-73.

[13]陈武，李董平，鲍振宙，闫昱文，周宗奎. 亲子依恋与青少年的问题性网络使用：一个有调节的中介模型[J]. 心理学报，2015，47(5)：

611-623.

[14]陈霞. 大学生社会支持对网络人际交往的影响：心理韧性的中介作用[D]. 成都:四川师范大学. 2017.

[15]陈秀珠，赖伟平，麻海芳，陈俊，单彦彤. 亲子关系与青少年心理资本的关系：友谊质量的中介效应与学校联结的调节效应[J]. 心理发展与教育，2017,33(5):544-553.

[16]褚朋朋，高峰强，王鹏，田雨，张利会，韩丕国. 大学新生网络成瘾与应对方式的交叉滞后分析[J]. 中国特殊教育,2016(9):90-96.

[17]崔玉玲，彭美，韩玉莹，黄敏侠. 大学生手机依赖与自尊、孤独感的关系. 中国健康心理学杂志[J],2015，23(8)：1193-1196.

[18]邓林园，武永新，孔荣，方晓义. 冲动性人格、亲子沟通对青少年网络成瘾的交互作用分析[J]. 心理发展与教育,2014，30(2):169-176.

[19]邓兆杰，黄海，桂娅菲，牛露颖，周春燕. 大学生手机依赖与父母教养方式、主观幸福感的关系[J]. 中国心理卫生杂志，2015,29(1)：68-73.

[20]丁倩，孔令龙，张永欣，周宗奎，胡伟. 父母“低头族”与初中生手机成瘾的交叉滞后分析[J]. 中国临床心理学杂志,2018,26(05):122-125.

[21]丁倩，张永欣，周宗奎. 父母低头族与中学生手机成瘾的关系：父母监控的调节作用[J]. 中国特殊教育，2019(1)：66-71.

[22]董玲，任怡臻，彭咏梅，周世杰. 青少年智能手机使用动机的初步编制[J]. 中国临床心理学杂志,2017,25(5)：863-867.

[23]董晓蕾，刘冀萍，王瑞敏，宋蕾. 基于心理资本视角的高校家庭经济困难学生心理健康状况调查与对策研究[J]. 思想教育研究,2016(10)：122-126.

[24]董泽松，张大均. 中学生心理素质、情绪调节策略与生活满意度的关系[J]. 西南大学学报(社会科学版)，2015(6):99-103.

[25]杜刚，徐莹，赵馨，刁绵君. 大学生手机成瘾倾向与生活事件、社会支持的关系[J]. 中国健康心理学杂志,2014，22(12):1896-1898.

[26]樊子强. 高中生使用手机现象的原因分析及对策建议[J]. 科学大众(科学教育)，2018(11):41-42.

[27]方必基. 青少年学生心理资本结构、特点、相关因素及团体干预研究[D]. 福州:福建师范大学. 2012.

[28]方晨晨."望子成龙""望女成凤"有用吗:基于 CEPS2014 调查数据的经验研究[J]. 上海教育科研, 2018(2): 33-37.

[29]方小平. 职教师资本科生手机成瘾和使用动机关系的研究[J]. 职教论坛, 2017,33(32):91-96.

[30]房香莲. 中学生手机依赖的现状及其对学业成绩、心理健康的影响研究[D]. 福州:福建师范大学. 2013.

[31]冯正直, 张大均. 中学生心理素质特点的研究[J]. 中华行为医学与脑科学杂志,2003,12(2):194-196.

[32]冯子铭. 以微信为契机的大学思政教育发展策略分析[J]. 吉首大学学报(社会科学版), 2014,35(S2):96-97.

[33]高猛, 李雨辰, 张伟. 父母冲突与儿童青少年心理健康: 自我概念的中介作用[J]. 中国当代儿科杂志,2017,19(4): 446-451.

[34]高中华, 赵晨, 李超平, 吴春波, 洪如玲. 高科技企业知识员工心理资本对其离职意向的影响研究:基于资源保存理论的调节中介模型[J]. 中国软科学,2012 (3):138-148.

[35]葛续华, 祝卓宏. 青少年社会支持与手机成瘾关系的实证研究[J]. 中国卫生统计,2014 (5):830-832.

[36]顾倩, 程乐森, 张婧雅, 王娜. 高中生社会支持、归因方式与学习倦怠的相关性[J]. 中国健康心理学杂志, 2017,25(1):92-96.

[37]郭昫澄. 青年的生理心理状况: 40 年的变化轨迹[J]. 青年探索, 2018 (1):20-35.

[38]郭英, 何相材. 大学生社会支持与手机依赖的关系:基于中国样本的元分析[J]. 四川师范大学学报(社会科学版),2017, 44(6): 91-101.

[39]国家广电总局人事教育司. 新闻传播学基础知识[M]. 北京:北京广播学院出版社,2003.

[40]海曼, 熊俊梅, 龚少英, 秦屹, 高苗苗. 心理健康双因素模型指标的再探讨及稳定性研究[J]. 心理科学, 2015,38(6): 1404-1410.

[41]韩佳红. 青少年归因方式、心理弹性与心理健康的关系研究[D]. 扬州:

扬州大学. 2016.

[42]韩箫剑. 高中生领悟社会支持与手机社交媒体依赖关系研究：学业倦怠的中介作用[D]. 西安:陕西师范大学. 2017.

[43]何安明，惠秋平，刘华山. 大学生感恩与自我和谐的交叉滞后分析[J]. 中国临床心理学杂志,2013,21(5)：804-806.

[44]何安明，惠秋平，刘华山. 大学生自我和谐与情绪智力的交叉滞后分析[J]. 中国心理卫生杂志,2013,27(12)：955-956.

[45]何安明，惠秋平，刘华山.（2015）. 大学生情绪智力与感恩的交叉滞后分析[J]. 心理科学,2015,38(2):349-354.

[46]何安明，惠秋平. 手机时代青少年的价值观和社会化问题研究[M]. 北京:科学出版社,2015.

[47]何安明，饶淑园. 心理学[M]. 北京：中国传媒大学出版社,2009.

[48]何安明，石伟，惠秋平. 中学生大五人格特质与手机使用动机的交叉滞后分析[J]. 中国临床心理学杂志,2016,24(5):917-920.

[49]何安明，王晨淇，惠秋平. 大学生孤独感与手机依赖的关系：消极应对方式的中介和调节作用[J]. 中国临床心理学杂志，2018,26(6)：1222-1225.

[50]何健，张丁，孙经，杨汴生，王旭. 河南省中学生心理健康现况分析[J]. 中国学校卫生，2018,34(3)：310-312+316.

[51]何杰，李莎莎，付明星. 高职学生手机成瘾与心理健康自我控制及自尊关系[J]. 中国学校卫生,2019, 40(1):79-82.

[52]贺金波，陈昌润，鲍远纯，雷玉菊. 青少年手机依赖的测量、危害和发生机制[J]. 中国临床心理学杂志,2012, 20(6)：822-825.

[53]胡恒德，张琰，高云涛，朱霞. 军医大学生学业倦怠与主观幸福感的关系及心理资本的中介作用[J]. 第二军医大学学报，2018,39(11)：1284-1287.

[54]胡军生，程淑珍. 师范大学生生活事件和应对方式对心理健康的影响[J]. 中国临床心理学杂志，2008,16(2):186-188.

[55]胡胜利. 高中生心理健康水平及其影响因素的研究[J]. 心理学报，1994,26(2):153-160.

[56]花慧，宋国萍，李力. 大学生心理资本在心理压力与学业绩效关系中的中介作用[J]. 中国心理卫生杂志,2016，30(4):306-310.

[57]黄海，侯建湘，余莉，周春燕. 大学生网络和手机依赖及其与心理健康状况的相关性[J]. 中国学校卫生，2014,35(11):1654-1656+1659.

[58]黄海，李翠景，桂娅菲，周春燕，吴和鸣，张建育. 大学生冲动性与手机依赖的关系：疏离感的中介作用[J]. 中国临床心理学杂志,2015,23(4):674-677.

[59]黄海，牛露颖，周春燕，吴和鸣. 手机依赖指数中文版在大学生中的信效度检验[J]. 中国临床心理学杂志,2014，22(5)：835-838.

[60]黄海，周春燕，余莉. 大学生手机依赖与心理健康的关系[J]. 中国学校卫生，2013,34(9):1074-1076.

[61]黄林娟，林丹华. 中学生手机心理需求与手机依赖的关系[J]. 中国青年政治学院学报，2011,30(5):35-40.

[62]黄敏儿，戴健林. 情绪智力：促进心理健康的能力[J]. 心理科学进展，1997,15(3):58-63.

[63]黄启宪. 大学生手机依赖的心理成因及对策研究[J]. 吉林广播电视大学学报，2018(8):147-148.

[64]黄乔蓉，范庆瑜，曾延风，郎杰斌:大学生手机上网依赖与心理健康状况和人格特征关系[J]. 中国健康心理学杂志,2014，22(4):634-636.

[65]黄希庭，余华，郑涌，杨家忠，王卫红. 中学生应对方式的初步研究[J]. 心理科学,2000,23(1):1-5.

[66]黄希庭. 压力、应对与幸福进取者[J]. 西南大学学报(社会科学版)，2006,32(3):1-6.

[67]黄小敏. 农村初中生自尊、社会支持与宽恕的关系研究[J]. 桂林:广西师范大学. 2018.

[68]黄园园，谌丁艳，周丽. 深圳市中学生手机依赖情况及影响因素分析[J]. 中国学校卫生，2017,38(9):1414-1416.

[69]惠秋平，陈冉，何安明. 初中生感恩与心理健康的交叉滞后分析[J]. 中国临床心理学杂志，2015,23(4):733-735.

[70]惠秋平，何安明，李倩璞. 大学生感恩与抑郁症状的关系[J]. 中国心

理卫生杂志，2018，32(11)：954-958.

[71]惠秋平，何安明，李倩璞. 感恩与交往焦虑的交叉滞后分析[J]. 教育研究与实验，2018（4）：84-87.

[72]惠秋平，石伟，何安明：中学生大五人格特质对心理健康的影响：手机成瘾倾向的中介作用和手机使用动机的调节作用[J]. 教育研究与实验，2017(1)：92-96.

[73]贾林祥，王保健. 大学生乐商和生活满意度的关系：心理韧性的中介作用. 心理与行为研究[J]，2018，16(1)：88-95.

[74]贾士昱，刘建平，叶宝娟. 正念对大学生生活满意度的影响：自尊和心理弹性的链式中介作用[J]. 中国临床心理学杂志，2018，26(1)：147-150.

[75]贾晓督，李智勇. 不同应对倾向大学生在正负性情绪状态下的注意特点[J]. 中国学校卫生，2017，38(11)：1657-1660.

[76]贾月亮，安龙，贾月明. 大学生社交能力与网络成瘾的关系：社会适应与自卑感的链式中介作用[J]. 中国临床心理学杂志，2019，27(1)：103-107.

[77]江海. 基于手机网络环境的"微时代"对中学生心理健康发展的影响及其启示[J]. 现代中小学教育，2015，31(5)：56-58.

[78]姜永杰，白蕾. 心理资本建设对大学生人际关系与主观幸福感的影响[J]. 黑龙江高教研究，2015，34(9)：130-132.

[79]姜永志，白晓丽.（2014）. 大学生手机互联网依赖对疏离感的影响：社会支持系统的作用[J]. 心理发展与教育，2014，30(5)：540-549.

[80]蒋怀滨，黄俊雄，张斌，郭宇，孙思环，王超. 人格特质、情绪调节自我效能感与手机依赖的关系[J]. 现代预防医学，2018，45(14)：98-101.

[81]蒋陆军. 心理资本理论研究述评与展望[J]. 现代管理科学，2019(3)：109-111.

[82]蒋小娟，赵利云，程灶火，刘新民，杨碧秀. 儿童和青少年心理障碍与家庭教养方式的关联研究[J]. 中国临床心理学杂志，2013，21(5)：800-803.

[83]蒋研. 大学生手机社交媒体依赖与孤独感的调查研究[D]. 石家庄：河

北师范大学.2017.

[84]解亚宁.简易应对方式量表信度和效度的初步研究[J].中国临床心理学杂志,1998,6(2):114-115.

[85]阚建辉.大学生自我控制、手机成瘾和生活满意度的关系研究[D].石家庄:河北师范大学.2015.

[86]阚晓华.(2010).大学生心理健康及其学习倦怠的关系[D].济南:山东师范大学.2010.

[87]兰杰,朱焱,焦传家,蒋红梅.贵阳市大学生抑郁现况及其与生活事件的关系[J].中国学校卫生,2017,38(10):1520-1523.

[88]雷雳.青少年"网络成瘾"探析[J].心理发展与教育,2010,26(5):554-560.

[89]李宝斌,刘英玲.智能手机时代大学生的慵懒特性及其成因分析[J].大理大学学报,2019,4(1):90-95.

[90]李斌,马红宇,郭永玉.心理资本作用机制的研究回顾与展望[J].心理研究,2014,7(6):53-63.

[91]李翠景,黄海,卢婧,周春燕.大学生手机依赖与生活事件主观幸福感的关系[J].中国学校卫生,2016,37(10):1568-1570.

[92]李董平,周月月,赵力燕,王艳辉,孙文强.累积生态风险与青少年网络成瘾:心理需要满足和积极结果预期的中介作用[J].心理学报,2016,48(12):1519-1537.

[93]李昊,张银花,李亚楠,单泓博,李晏.大学生焦虑在手机依赖与核心自我评价间的中介效应[J].中国心理卫生杂志,2018,32(8):700-704.

[94]李洁红.大学本科生学习倦怠、道德推脱与学业欺骗现状调查与对策研究[D].广州:华南理工大学.2018.

[95]李力,青年."担当"行为意愿研究:基于结构计划行为理论(DTPB[J]).中国青年研究,2018(3):113-118+96.

[96]李丽,牛志民,梅松丽,宋玉婷.医学生智能手机成瘾、冲动性与心理健康相关分析[J].现代预防医学,2016,43(3):482-485.

[97]李茂平.大学生心理健康水平与学习倦怠的关系研究[J].丽水学院学

报,2015, 37(1):113-118.

[98]李强. 社会支持与个体心理健康[J]. 天津社会科学, 1998(1):66-69.

[99]李少欣:大学生社会支持、工匠心理与职业决策困难的关系[D]. 扬州:扬州大学. 2018.

[100]李相南, 李志勇, 张丽. 青少年社会支持与攻击的关系: 自尊、自我控制的链式中介作用[J]. 心理发展与教育,2017,33(2):240-248.

[101]李雪平, 李双双. 贫困大学生公正世界信念和主观幸福感的链式中介效应[J]. 中国心理卫生杂志,2016,30(6):464-469.

[102]李燕平, 马玉娜, 文思君, 高雅娟. 社会支持理论视角下生活困难家庭青少年的帮扶需求研究[J]. 中国青年社会科学, 2019,38(2):117-125.

[103]李永兰, 蔡蓉, 陈艳,大学生网络效能感与冲动网络购物意向的关系:网络购物动机的中介作用[J]. 中国临床心理学杂志, 2019,28(1):198-200+118

[104]李永鑫,周广亚. 大学生生活事件与倦怠交叉滞后的相关分析[J]. 中国校医,2006,20(6): 567-569.

[105]李永鑫, 周广亚. 应激、倦怠与抑郁的关系研究[J]. 中国临床心理学杂志,2006,14(5):472-474.

[106]李永鑫, 周广亚. 大学新生应激、倦怠和抑郁的关系:来自纵向研究的证据[J]. 心理科学,2008,31(2): 471-474.

[107]梁宝勇, 郭倩玉, 郭良才, 杜桂芝, 刘畅. 关于应付的一些思考与实证研究Ⅱ: 应付方式的评定、分类与估价[J]. 中国临床心理学杂志, 1999, 7(4):200-203.

[108]梁晓燕, 汪岑. 留守儿童情绪智力对幸福感的影响: 情绪体验及心理健康的中介作用[J]. 中国临床心理学杂志, 2018,26(2):387-390.

[109]梁艳, 胡晓斌, 杜珊, 李雪源, 厚宇璇, 张慧慧. 兰州市大学生手机依赖症对人际关系敏感的影响[J]. 中国学校卫生, 2018,39(10):1492-1494.

[110]廖红. 中学生学习倦怠与学业压力的关系[J]. 现代预防医学,2013,40(14):2664-2667.

[111]廖友国，连榕. 近三十年国民心理健康变迁的横断历史研究[J]. 西南大学学报(社会科学版),2019, 45(02):105-116+197.

[112]廖友国. 中国人应对方式与心理健康关系的元分析[J]. 中国临床心理学杂志,2014,22(5):897-900.

[113]林崇德，伍新春，张宇迪，臧伟伟，周宵，戴艳. 汶川地震 30 个月后中小学生的身心状况研究[J]. 心理发展与教育,2013,29(6):631-640.

[114]林崇德. 心理和谐：心理健康教育的指导思想[J]. 西南大学学报(社会科学版),2012,38(3):5-11.

[115]林崇德. 发展心理学. 第 3 版[M]. 北京：人民教育出版社,2018.

[116]林丹华. 积极青少年发展视角下的心理健康预防与促进[J]. 中国学校卫生,2018,39(6)：801-804.

[117]林秋萍. 满足用户的心理需求：手机应用发展的融合方向[J]. 传媒,2017(10):47-49.

[118]刘丹，缴润凯. 我国大学生情绪智力变迁的横断历史研究：2000-2014[J]. 黑龙江高教研究,2017(9):113-116.

[119]刘凤娥，张锦涛，周楠，李晓敏，方晓义. 大学生家庭功能与网络成瘾的关系：应对方式的调节作用[J]. 中国特殊教育,2017(2):90-96.

[120]刘红，王洪礼. 大学生手机成瘾与孤独感、手机使用动机的关系[J]. 心理科学,2011,34(6):1453-1457.

[121]刘红，王洪礼. 大学生的手机依赖倾向与孤独感[J]. 中国心理卫生杂志,2012,26(1):66-69.

[122]刘华山. 心理健康概念与标准的再认识[J]. 心理科学,2001,24(4):480-481.

[123]刘建榕，刘金花. 初中生心理健康与气质、父母教养方式的关系[J]. 心理科学,2000,23(6)：659-663+760-765.

[124]刘孟超，黄希庭. 希望：心理学的研究述评[J]. 心理科学进展,2013,21(3):548-560.

[125]刘沛汝，姜永志，白晓丽. 手机互联网依赖与心理和谐的关系：网络社会支持的作用[J]. 中国临床心理学杂志,2014,22(2):277-280.

[126]刘思佳，金灿灿.大学生手机依赖与学习倦怠的关系：人格的调节作用[J]. 中国特殊教育，2018(5):86-91.
[127]刘文，张靖宇，于增艳，高爽.焦虑、抑郁与消极认知情绪调节策略关系的元分析[J]. 中国临床心理学杂志,2018,26(05):108-113.
[128]刘文俐，蔡太生.社会支持与大学生手机依赖倾向的关系：孤独的中介作用[J]. 中国临床心理学杂志,2015,23(5):926-928.
[129]刘贤臣，刘连启，杨杰，等.青少年生活事件量表的编制与信度效度测试[J]. 山东精神医学，1997,10(1):15-19.
[130]刘晓，黄希庭.社会支持及其对心理健康的作用机制[J]. 心理研究，2010,3(1):3-8.
[131]刘晓岩，张春波，王锐.论手机游戏对大学生的影响与对策[J]. 黑龙江教育(理论与实践)，2018(10):35-37.
[132]刘轩，瞿晓理.江苏中学生心理资本与幸福感的关系：生命意义感的中介效应分析[J]. 现代预防医学，2017,44(19):3564-3568+3582.
[133]刘洋，邓晨卉，吉园依，张宇，刘巧兰.农村青少年的心理健康与网络行为[J]. 中国心理卫生杂志，2018,32(2):148-154.
[134]刘媛媛，武圣君，李永奇，邵峰，苏景宽，刘旭峰.基于 SCL-90 的中国人群心理症状现况调查[J]. 中国心理卫生杂志，2018,32(5):437-441.
[135]卢家楣，陈念劬，徐雷，陈叶梓，吴洁，王荣，等.中国当代大学生情绪智力现状调查研究[J]. 心理科学，2016,39(6):1302-1309.
[136]罗杰，周瑗，陈维，潘运，赵守盈.青少年学习倦怠量表的多元概化分析[J]. 心理与行为研究，2018,16(5):665-669.
[137]罗云，陈爱红，王振宏.（2016）. 父母教养方式与中学生学业倦怠的关系：自我概念的中介作用[J]. 心理发展与教育，2016,32(1):65-72.
[138]罗云，赵鸣，王振宏.初中生感知教师自主支持对学业倦怠的影响：基本心理需要、自主动机的中介作用[J]. 心理发展与教育，2014,30(3):312-321.
[139]罗榛，金灿灿.中国背景下情绪智力与心理健康关系的元分析[J]. 心

理发展与教育,2016,32(5):623-630.

[140]罗自文. 中国电视真人秀的节目类型与研发路径:基于使用与满足理论的研究[J]. 中国广播电视学刊,2018(5):48-52.

[141]吕斯欣，李丽霞，柯斌斌，梁颖仪，麦如蓝:广州某高校大学生学习倦怠及其影响因素 Logistic 回归分析[J]. 中国学校卫生,2014,35(1):120-123.

[142]马川. “00 后”大学生心理健康水平的实证研究:基于近两万名 2018 级大一学生的数据分析[J]. 思想理论教育，2019,(3):95-99.

[143]马玲，王金祥，李昊，李艳艳. 护士职业倦怠与心理健康研究[J]. 新乡医学院学报，2016,33(8):712-715.

[144]马雪梅，范斌. 大学生手机依赖与孤独感的关系和社会支持的中介效应[J]. 锦州医科大学学报，2019,40(1):83-87+104.

[145]马云会，郭菲，陈祉妍. 网络与手机使用对中学生睡眠质量影响的调查分析[J]. 中华护理杂志,2014,49(12):1495-1499.

[146]梅自颖，史耀疆，白钰. 农村寄宿初中生心理健康影响因素分析[J]. 中国学校卫生,2018,39(4):563-565.

[147]欧阳乐. 大学生手机依赖和生活满意度的关系：心理韧性的中介作用[D]. 合肥:安徽医科大学,2017.

[148]潘莉莉. 医学生生活满意度与心理弹性和应对方式的关系[J]. 中华疾病控制杂志，2017,21(11):1161-1164.

[149]潘明军，钱兵. 大学生情绪智力与心理健康的关系[J]. 中国学校卫生，2012,33(1):43-45.

[150]潘清泉，周宗奎. 贫困大学生心理资本、应对方式与心理健康的关系[J]. 中国健康心理学杂志，2009,17(7):844-846.

[151]潘月游，梁明辉，管清华，张黎. 大学生手机使用动机及其与心理健康的关系[J]. 中国农村卫生事业管理,2015,35(3):355-357.

[152]庞海芍，郇秀红. 素质教育与大学教育改革[J]. 中国高教研究，2015(9):73-78.

[153]庞智辉，游志麒，周宗奎，范翠英，李晓军:大学生社会支持与学习倦怠的关系：应对方式的中介作用[J]. 中国临床心理学杂志，2010,18

(5)：654-656.

[154]齐晓栋，大学生气质性乐观、适应性与生活满意度的关系[J]．西南大学学报(社会科学版)，2013，39(2)：77-82+174.

[155]钱康杰，尹可丽，张丽蓉．学习倦怠对大学生积极与消极心理状况的预测作用[J]．中国心理卫生杂志，2015，29(3)：236-240.

[156]曲星羽，陆爱桃，宋萍芳，蓝伊琳，蔡润杨．手机成瘾对学习倦怠的影响：以学业拖延为中介[J]．应用心理学，2017，23(1)：49-57.

[157]任家熠．基于 ERG 理论视域下的农村小学校长培训管理思维的变革[J]．继续教育研究，2018(10)：65-70.

[158]沈勇．手机使用行为及其影响因素[D]．杭州：浙江大学，2009.

[159]师建国．手机依赖综合征[J]．临床精神医学杂志，2009，19(2)：138-139.

[160]石松．高中生中消极应对者的认知偏向的研究[D]．南昌：江西师范大学，2012.

[161]石玮，丁书姝，丁蕾，梁雅丽，左雅婷，袁慧．某医学院校大学生网络依赖与心理健康相关性分析[J]．中华疾病控制杂志，2018，22(11)：1156-1159.

[162]石文山，陈家麟．心理健康：从系统资源管理的视角来看[J]．心理科学进展，2004，12(4)：554-560.

[163]孙淑芬．高职学生情绪智力与抑郁、焦虑相关性分析[J]．现代预防医学，2013，40(24)：4520-4523.

[164]孙玮玮，胡瑜．大学生手机依赖倾向与人格特点和社会支持的关系[J]．中国心理卫生杂志，2018，32(5)：78-84.

[165]孙小云．我国青少年心理健康现状及影响因素分析[D]．沈阳：辽宁大学，2017.

[166]谭文芳．大学生网络使用动机、人格特征与网络成瘾之关系研究[J]．中国健康心理学杂志，2006，14(3)：245-247.

[167]唐爱琼．心理资本与心理健康的关系综述[J]．学术论坛，2012，35(4)：185-188.

[168]唐昕辉，李君春，耿文秀．国外工作倦怠观的理论探索[J]．心理科

学,2005,28(5):1185-1187.

[169]田国秀，于琨. 中学生学习倦怠问题的深层探讨:基于罗洛·梅的权力理论的分析框架[J]. 当代教育科学，2009(22):15-18.

[170]汪贝妮，易鹏程，敬攀，程芳，张文武:宁波市中学生睡前手机使用与睡眠质量的关系[J]. 中国学校卫生，2019,40(1):58-61.

[171]王保健. 青少年情绪智力对心理资本的影响：社会支持与自尊的多重中介效应研究[D]. 徐州:江苏师范大学,2017.

[172]王伯军，张华，曲永清，王珺. 护士的职业倦怠与抑郁焦虑情绪[J]. 中国心理卫生杂志，2013,27(4):312-313.

[173]王才康. 少年犯情绪智力及共与有关个性因素的相关研究[J]. 中国心理卫生杂志,2002,16(8):566-567.

[174]王超. 大学生积极心理资本在生活事件与抑郁关系的调节作用:基于追踪的多层线性分析[D]. 青海:青海师范大学,2018.

[175]王大慧，卫功元. 智能手机在“互联网+”教学中的应用探索与实践[J]. 微生物学通报,2018,45(3):551-556.

[176]王德芳，杨小峻. 少数民族大学生学习压力学业效能感及学习倦怠的相关性[J]. 中国学校卫生，2017,38(5):689-692.

[177]王福忠. 大学生心理资本、总体幸福感与手机依赖关系研究[J]. 太原师范学院学报(社会科学版),2017,16(6):106-108.

[178]王建坤，陈剑，郝秀娟，张平. 大学生学习倦怠对生活满意度的影响：领悟社会支持与心理资本的中介作用[J]. 中国心理卫生杂志,2018,32(6):526-530.

[179]王进. 积极心理学理念下大学生学习倦怠的缓解[J]. 教育与职业,2014,(32):97-98.

[180]王黎华. 中职生时间管理倾向与学习倦怠、心理健康的关系[J]. 中国健康心理学杂志，2015,23(4):611-614.

[181]王莉，蔡敏. 大学生情绪智力与心理健康、英语成绩的关系[J]. 中国健康心理学杂志，2015,23(3)：412-415.

[182]王玲玲. 青少年成就目标定向对学习倦怠的影响：自我妨碍的中介作用[D]. 西安:陕西师范大学,2016.

[183]王勍，俞国良.初中生心理健康的横断历史研究[J].中国特殊教育，2017(11):73-80.

[184]王秋英:网络时期中学生心理健康教育分析[J].当代教研论丛，2018(6):96.

[185]王小辉:中学生手机依赖现状及与社会支持、社会适应性的关系研究[D].福州:福建师范大学,2011.

[186]王鑫强，张大均.心理健康双因素模型述评及其研究展望[J].中国特殊教育,2011（10）:68-73.

[187]王瑜:中职学生手机依赖与无聊倾向性、社会支持的关系研究[D].大连:大连医科大学,2018.

[188]王宇中，时松和."大学生生活满意度评定量表(CSLSS)"的编制[J].中国行为医学科学,2003,12(2):199-201.

[189]王征宇.症状自评量表（SCL-90）[J].上海精神医学,1984,2(2):68-70.

[190]王重鸣.心理学研究方法[M].北京：中国教育出版社,1990.

[191]韦耀阳.大学生手机依赖与孤独感的关系研究[J].聊城大学学报(自然科学版)，2013,26(1)：83-89.

[192]魏军锋.留守儿童气质性乐观、应对方式与生活满意度的关系[J].中国特殊教育,2014(11):58-61.

[193]魏萍，唐海波，宋宝萍:大学生应对方式、情感体验与学业倦怠的关系[J].中国临床心理学杂志,2008,16(5):549-550.

[194]魏萍，杨爽，于海滨.大学生网络成瘾与学习倦怠的关系[J].中国临床心理学杂志,2007,15(6):650-651.

[195]温忠麟，刘红云，侯杰泰.调节效应和中介效应分析[M].北京：教育科学出版社,2012.

[196]温忠麟，叶宝娟.有调节的中介模型检验方法：竞争还是替补[J].心理学报，2014,46(5):714-726.

[197]温忠麟，张雷，侯杰泰，刘红云.中介效应检验程序及其应用[J].心理学报,2004,36(5)，614-620.

[198]文雅，于晨，刘璟璇，连波，王钢，孙琳,大学新生社会支持与情绪智

力的相关性[J]. 中国健康心理学杂志,2016,24(11): 1674-1678.

[199]吴胜红，眭国荣，高军. 大学生社会支持对学业倦怠的作用机制研究[J]. 中国成人教育，2018(13):60-64.

[200]吴艳，戴晓阳，张锦: 初中生学习倦怠问卷的初步编制[J]. 中国临床心理学杂志,2007, 15(2):118-120.

[201]吴忱. 大学生人格特质、情绪调节策略与心理健康的关系及干预研究[D]. 武汉:华中师范大学,2018. PH

[202]吴祖宏. 大学生手机社交媒体依赖的问卷编制及特点研究[D]. 重庆:西南大学,2014.

[203]武娇. 大学生手机依赖与无聊感的关系:自我控制的中介作用[D]. 上海:上海师范大学,2018.

[204]肖水源.《社会支持评定量表》的理论基础与研究应用[J]. 临床精神医学杂志,1994 (2): 98-100.

[205]肖雯，侯金芹: 高职生情绪智力与网络成瘾行为的关系:社会支持的中介作用. 中国特殊教育[J],2017 (10):56-62.

[206]肖祥:大学生人格特质、手机使用动机与手机依赖的关系[D]. 长沙:湖南师范大学,2014.

[207]谢华，戴海崎. (2006). SCL-90 量表评价[J]. 神经疾病与精神卫生,(2),156-159.

[208]辛自强，张梅，何琳. 大学生心理健康变迁的横断历史研究[J]. 心理学报，2012,44(5):664-679.

[209]熊婕，周宗奎，陈武，游志麒，翟紫艳. 大学生手机成瘾倾向量表的编制[J]. 中国心理卫生杂志,2012,26(3):222-225.

[210]熊猛，叶一舵,心理资本:理论、测量、影响因素及作用[J]. 华东师范大学学报(教育科学版)，2014,32(3):84-92.

[211]徐海燕，尹林涛. 大学生心理资本现状调查及提升策略[J]. 吉首大学学报(社会科学版)，2018,39(S1):138-143.

[212]徐华，毕鑫强. 中学生手机依赖及其相关因素研究[J]. 心理研究，2014,7(4):80-85.

[213]徐华，吴玄娜，兰彦婷，陈英和. 大学生手机依赖量表的编制[J]. 中

国临床心理学杂志，2008,16(1):26-27.
[214]徐寰宇，殷菲，杨淑娟，吉园依，姚强，张宇，杨洋，刘巧兰.体育锻炼对资中县农村中学生生活满意度的影响[J]. 卫生研究，2018,47(6):936-941.
[215]徐明津，杨新国，吴柑澜，黄雪雯.大学生应对方式、学习倦怠与学业拖延的关系[J]. 中国健康心理学杂志，2015 (2):243-245.
[216]徐倩倩，李嘉嘉，周斌.大学生生活满意度、人格特质与手机依赖的关系研究[J]. 现代交际，2018,32(13):129-130.
[217]徐子淇.吉林省成年人一般心理健康状况及其影响因素调查分析[D].长春：吉林大学，2015.
[218]许海元.大学生心理资本积累及其教育管理对策研究[D]. 北京：中国矿业大学，2015.
[219]许磊，丁倩，杜红芹，张春梅.大学生现实人际关系困扰、网络交往与手机依赖的关系[J]. 心理研究，2016,9(2):86-91.
[220]许远理.情绪智力三维结构理论[M]. 北京：中国社会科学出版社，2008.
[221]荀寿温，黄峥，郭菲，侯金芹，陈祉妍.中学生网络成瘾与抑郁之间的双向关系[J].中国临床心理学杂志，2013,21(4)：613-615.
[222]颜剑雄，程建伟.高职生网络成瘾倾向与社会支持、应对方式的关系[J]. 中国健康教育，2017,33(8):715-718.
[223]杨钺，刘建平.家庭氛围对农村留守儿童心理健康的影响："养""育"割裂[J].心理学探新，2017,37(4):364-368.
[224]杨红君，高明，李国强，龚跃华，胡小兰，文小辉.大学生学习倦怠与成人依恋的关系：自我模型的作用[J]. 中国临床心理学杂志，2013,21(5):829-831.
[225]杨会芹，刘晖，周宁.社会支持在城市流动儿童生活事件与心理健康关系中的调节效应[J]. 中国临床心理学杂志，2016,24(6):1120-1122.
[226]杨丽娴，连榕，张锦坤.中学生学习倦怠与人格关系[J]. 心理科学，2007,30(6):1409-1412.

[227]姚本先，石升起，方双虎. 生活满意度研究现状与展望[J]. 学术界，2011(8):218-228.

[228]姚强，徐寰宇，吉园依，张宇，王晓璇，严可，刘巧兰:四川南部农村中学生心理健康与心理弹性自尊间的关系[J]. 中国学校卫生，2017，38(10):1503-1506.

[229]叶宝娟，郑清. 压力对大学生网络成瘾的影响机制[J]. 心理科学，2016，39(3):621-627.

[230]叶悦妹，戴晓阳. 大学生社会支持评定量表的编制[J]. 中国临床心理学杂志，2008,16(5):456-458.

[231]雍那，任玉玲，王春元，杨仕龙，唐雷，丁祥洪，喻元凤. 南充市中学生心理健康状况调查[J]. 中国健康心理学杂志，2018,26(10):1592-1597.

[232]于格，任文静，李海君，卢晓灵. 学生学习倦怠影响因素研究[J]. 中国学校卫生，2016,37(3):476-480.

[233]俞国良，李森. 心理科学对心理健康问题的研究：基础研究视角[J]. 黑龙江高教研究，2018,36(12):110-113.

[234]俞国良，李天然，王勍. 高中生心理健康的横断历史研究[J]. 教育研究，2016(10):113-122.

[235]张大均，王鑫强. 心理健康与心理素质的关系：内涵结构分析[J]. 西南大学学报(社会科学版)，2012,38(3):69-74+174.

[236]张大均，朱政光，刘广增，李阳. 青少年社会支持与问题行为的关系：心理素质和自尊的链式中介作用[J]. 西南大学学报(社会科学版)，2019,45(1):99-104.

[237]张国进，姚志强. 大学生积极心理资本与手机依赖的关系[J]. 赣南师范大学学报,2018,24(2):119-122.

[238]张金健. 压力知觉、手机使用动机和大学生手机依赖的关系[J]. 中国卫生事业管理，2015,32(2):147-149.

[239]张阔，张赛，董颖红. 积极心理资本:测量及其与心理健康的关系[J]. 心理与行为研究，2010,8(1):58-64.

[240]张阔，张雯惠，杨珂，吴捷. 企业管理者心理弹性、积极情绪与工作倦

怠的关系[J]. 心理学探新,2015,35(1):45-49.

[241]张利萍. 内观认知疗法对有留守经历大学生心理健康干预效果评价[J]. 中国学校卫生,2018,39(09):135-137.

[242]张凌瑞，朱天民，张晨辰，代宇，朱鑫. 大学生手机依赖的研究进展[J]. 中国健康教育，2018,34(1):59-61.

[243]张梅，孙冬青，辛自强，黄四林. 我国贫困大学生心理健康变迁的横断历史研究：1998 ~ 2015[J]. 心理发展与教育，2018,34(5):625-632.

[244]张娜. 大学生手机依赖与时间管理倾向、学业拖延的关系[J]. 硕士学位论文，河南大学,2016.

[245]张秋艳，张卫，岳颂华，王才康. 中学生情绪智力与应对方式的关系[J]. 中国心理卫生杂志,2004,18(8):544-546.

[246]张微，张宛筑，袁章奎. 贵阳市中小学生心理健康现状[J]. 中国学校卫生,2018，39(8):1256-1259.

[247]张文新. 青少年发展心理学[J]. 济南：山东人民出版社,2002.

[248]张霞，陈丽霞，杜世正. 青少年手机依赖国内外研究进展[J]. 中国学校卫生，2016,37(11):1756-1760.

[249]张兴伟，沈绮云. 大学生手机依赖与学习倦怠的关系研究：基于高职生的一项实证分析[J]. 河北职业教育,2015,11(10):96-99.

[250]张岩，王宏丰，宁友山，杨光，张亚倩，单玲玲，张世成，代倩倩，王瑞凤，陈素芬，王佳，陶雨春，张慧颖. 中学生童年期虐待经历与心理资本的相关性[J]. 中国学校卫生，2019(1): 62-64+68.

[251]张永欣，周宗奎，丁倩，魏华. 班级同学关系与青少年外化问题行为：自尊和亲子亲合的作用[J]. 心理发展与教育，2018,34(6):732-741.

[252]张雨晴，黄海，张亚梅，周春燕，李林. 大学生手机依赖与认知失败的关系：自尊和抑郁的链式中介作用[J]. 中国心理卫生杂志,2018,32(8):710-712.

[253]张媛媛，敬攀，周东升，乔正学，王晓笳. 中学生手机使用与抑郁状况分析[J]. 中国公共卫生,2018，34(5):682-686.

[254]张玥，张冬静，熊琳，谷传华. 手机成瘾与大学生抑郁、焦虑的关系：中介与调节效应分析[J]. 中国健康心理学杂志，2018,26(6)：1086-1090.

[255]张镇，郭博达. 社会网络视角下的同伴关系与心理健康[J]. 心理科学进展,2016,24(4):591-602.

[256]张铮，于伯坤，李府桂，王可欣，周明洁. 微信运动使用对健康行为的影响:基于计划行为理论分析[J]. 新闻界，2017(6):60-67.

[257]张志龙，王世雷：压力、乐观和社会支持与心理健康的关系[J]. 中国临床心理学杂志,2011,22(2):225-227.

[258]张志荣，梁佳志，张晋昕. 中国三地区中学生心理亚健康状态及影响因素分析[J]. 中国学校卫生，2018,39(7):1030-1032.

[259]章小兰. 中学生学生手机上网行为的现状调查及分析[J]. 湖南科技学院学报，2017,38(4):85-87.

[260]赵科，李莲，杨丽宏，赖怡. 民族地区中学生心理资本与生活事件的关系[J]. 保健医学研究与实践,2015,12(3):4-7.

[261]赵雯婧，傅一笑，覃青，蒙华庆，李涛，陈品红，等. 不同版本DAWBA探讨影响双生子心理健康发育因素的效度研究[J]. 第三军医大学学报,2011,33(2):182-185.

[262]职晓燕，王传升，王长虹，郝伟. 网络成瘾青少年应对方式社会支持与父母教养方式分析[J]. 中国学校卫生，2013,34(4):426-429.

[263]周浩，龙立荣. 共同方法偏差的统计检验与控制方法[J]. 心理科学进展，2004,12(6):942-942.

[264]周树银，王智群. 大学生应对方式在情绪智力与心理健康关系中的中介作用[J]. 中国学校卫生,2013,34(8):994-995.

[265]周喜华. 大学生手机成瘾的探究[J]. 教育与教学研究，2010,24(4)：16-18+35.

[266]周郁秋，刘红. 护理心理学[M]. 北京：人民卫生出版社,2006.

[267]周宗奎，刘丽中，田媛，牛更枫. 青少年气质性乐观与心理健康的元分析[J]. 心理与行为研究,2015,13(5):655-663.

[268]朱政光，张大均，吴佳禾，刘广增，张李斌. 心理素质与学业倦怠的

关系：自尊的中介作用[J]. 西南大学学报(自然科学版),2018,40(10):58-64.

[269]朱仲敏，桑标. 中学生心理资本开发：学校教育的应为与可为[J]. 当代青年研究，2017(2):81-87.

[270]竺培梁. 重点高中生情绪智力研究[J]. 心理科学:2006,29(5):1215-1218.

[271]祝春兰，丁煊红，芦会志，方慧，黄洪基. 中国中学生手机过度使用及其与心理健康的相关性[J]. 中国学校卫生,2015,36(11):1618-1620.

[272]祖菲娅·吐尔地，李卫民. 维吾尔族大学生手机依赖与主观幸福感及生活事件的相关性分析[J]. 职业与健康,2018, 34(11):1535-1538+1543.

[273]祖静，张向葵，左恩玲，丁相玲. 大学生自尊与手机依赖的关系：应对方式的多重中介作用[J]. 中国特殊教育，2016(10):85-90.

[274] Abdel - Khalek AM., & Lester D. (2017). The association between religiosity, generalized self-efficacy.

[275] Abpeyma, S., & Keshavarz, M. (2017). Emotional intelligence and mental health prediction based on islamic lifestyle in students of payame noor university in kharameh. *Indian Journal of Positive Psychology*, 8 (4), 535-538.

[276] Ajzen I. (1991). The theory of planned behavior, organizational behavior and human decision processes. *Journal of Leisure Research*, 50 (2), 176-211.

[277] Ajzen, I. (2002). Perceived behavioral control, self - efficacy, locus of control, and the theory of planned behavior1. *Journal of Applied Social Psychology*, 32(4), 665-683.

[278] Alavi, S. S., Ferdosi, M., Jannatifard, F., Eslami, M., Alaghemandan, H., & Setare, M. (2012). Behavioral addiction versus substance addiction: Correspondence of psychiatric and psychological views. *International journal of preventive medicine*, 3(4), 290.

[279] Alavi, S. S., Mohammadi, M. R., Jannatifard F., et al. (2016).

Assessment of Semi - Structured Clinical Interview for Mobile Phone Addiction Disorder. *Iranian Journal of Psychiatry*, 11 (2), 115-119.

[280] Aleksandar, V., Vladica, V., Du, S., Miodrag, S., Kristijan, M., & Miodrag, S., et al. (2018). Relationship between the manner of mobile phone use and depression, anxiety, and stress in university students. *International Journal of Environmental Research and Public Health*, 15 (4), 697-708.

[281] Andrew L, Li Jian, & Barkley J. E. (2015). Saba SE. Exploring the relationships between college students' cell phone use, personality and leisure. *Computers in Human Behavior*, 43, 210-219.

[282] Arlinkasari, F., Akmala, S. Z., & Raufa, N. W. (2017). Should Students Engaged to Their Study? (Academic Burnout and School - Engagement among Students). *Guidena Journal*, 7 (1), 40-47.

[283] Arnett, J. J. (1999). Adolescent storm and stress, reconsidered. *American psychologist*, 54 (5), 317-326.

[284] Babadi, A. Z., Eshrat Zamani, B., Abedini, Y., Akbari, H., & Hedayati, N. (2014). The relationship between mental health and addiction to mobile phones among university students of shahrekord, iran. *Addict Health*, 6 (4), 93-99.

[285] Bakker, D., & Rickard, N. (2018). Engagement in mobile phone app for self-monitoring of emotional wellbeing predicts changes in mental health: MoodPrism. *Journal of Affective Disorders*, 227 (11), 432-442.

[286] Bandura Albert. (1977). Self - efficacy, Toward a unifying theory of behavioral change. *Psychological Review*, 84 (3), 191-215

[287] Barrera, M., Sandler, I. N., & Ramsay, T. B. (1981). Preliminary development of a scale of social support: Studies on college students. *American Journal of Community Psychology*, 9 (4), 435-447.

[288] Bask, M., & Salmela-Aro, K. (2013). Burned out to drop out: exploring the relationship between school burnout and school dropout. *European Journal of Psychology of Education*, 28 (2), 511-528.

[289] Becker, A. E. , Connor, M. , & Anderson, R. H. (1975). Tetralogy of fallot: a morphometric and geometric study. *American Journal of Cardiology*, 35(3), 402–412.

[290] Bhise, A. T. , Ghatule, A. A. , & Ghatule, A. P. (2014). Study of mobile addiction among students w. R. T. Gender and education. *Indian Journal of Research in Management, Business and Social Sciences*, 2(1), 17–21.

[291] Bianchi, A. , & Phillips, J. G. (2005). Psychological predictors of problem mobile phone use. *CyberPsychology Behavior*, 8(1), 39–51.

[292] Billieux, J. , Vander, L. M. , Acremont, M. , Cesch, G. , & Zermatten, A. (2007). Does impulsivity relate to perceived dependence on and actual use of the mobile phone? *Applied Cognitive Psychology*, 21(4), 527–537.

[293] Boase, J. , & Kobayashi, T. (2008). Kei – Tying teens: using mobile phone e – mail to bond, bridge, and break with social ties – a study of Japanese adolescents. *International Journal of Human – Computer Studies*, 66(12), 930–943.

[294] Bokhorst, C. L. , Sumter, S. R. , & Westenberg, P. M. (2010). Social support from parents, friends, classmates, and teachers in children and adolescents aged 9 to 18 years: who is perceived as most supportive? *Social Development*, 19(2), 417–426.

[295] Bragazzi, N. L. , & Del, P. G. (2014). A proposal for including nomophobia in the new DSM–V. *Psychol Res Behav Manag*, 7, 155–160.

[296] Brand, M. , Laier, C. , & Young, K. S. (2014). Internet addiction: coping styles, expectancies, and treatment implications. *Frontiers in psychology*, 5, 1256.

[297] Bronfenbrenner, U. (1979). *The ecology of human development: Experiments by nature and design*. Cambridge, MA: Harvard University Press.

[298] Castellacci F. , & Tveito V. (2018). Problematic internet and mobile phone use and clinical symptoms in college students: the role of emotional intelligence. *Research Policy*, 47, 308–325.

[299] Chang, E. , Lee, A. , Byeon, E. , & Lee, S. M. (2015). Role of motivation in the relation between perfectionism and academic burnout in korean students. *Personality & Individual Differences*, 82(7), 221–226.

[300] Charlton A. , & Bates C. (2000). Decline in teenage smoking with rise in mobile phone ownership: hypothesis. *British Medical Journal*, 321, 1155–1161.

[301] Chen, K. , Chen, J. V. , & Yen, D. C. (2011). Dimensions of self–efficacy in the study of smart phone acceptance. *Computer Standards & Interfaces*, 33(4), 422–431.

[302] Cho, H. H. , & Kang, J. M. (2018). Effect of resilience, coping, and mental health on burnout of student nurses. *Science Central Journals*, 24 (2), 199–207.

[303] Choi, H. S. , Lee, H. K. , & Ha, J. C. (2012). The influence of smart phone addiction on mental health, campus life and personal relations–Focusing on K university students. *Journal of the Korean Data and Information Science Society*, 23(5), 1005–1015.

[304] Chóliz, M. (2010). Mobile phone addiction: a point of issue. *Addiction*, 105(2), 373–374.

[305] Chóliz, M. (2012). Mobile–phone addiction in adolescence: The Test of Mobile Phone Dependence(TMD). *Prog Health Sci*, 2(1), 33–44.

[306] Cobb, S. (1976). Social support as a moderator of life stress. *Psychosomatic Medicine*, 38(5), 300–314.

[307] Conley, C. S. , Shapiro, J. B. , Kirsch, A. C. , & Durlak, J. A. (2017). A meta–analysis of indicated mental health prevention programs for at–risk higher education students. *Journal of Counseling Psychology*, 64 (2), 121–140.

[308] Cruz – Ferreira, A. , Fernandes, J. , Gomes, D. , et al. (2011). Effects of Pilates–based exercise on life satisfaction, physical self–concept and health status in adult women. Women Health, 51(51), 240–255.

[309] Csikszentmihalyi M. (1990). *Flow: The psychology of optimal experience.*

New York: Harper Perennial.

[310] Cummings, E. M., Davies, P. T., & Campbell, S. B. (2002). *Developmental psychopathology and family process: Theory, research, and clinical implications*. New York: The Guilford Press.

[311] Dehghani, F. (2018). Type D personality and life satisfaction: The mediating role of social support. *Personality and Individual Differences*, 134, 75–80.

[312] Derks, D., & Bakker, A. B. (2012). Smartphone use, work - home interference, and burnout: a diary study on the role of recovery. *Applied Psychology*, 63(3), 411 - 440.

[313] Diehl, M., Chui, H., Hay, E. L., Lumley, M. A., Grühn, Daniel, & Labouvie–Vief, G. (2014). Change in coping and defense mechanisms across adulthood: longitudinal findings in a european american sample. *Developmental Psychology*, 50(2), 634–648.

[314] Diener, E. (1996). Traits can be powerful, but are not enough: Lessons from subjective well - being. *Journal of Research in Personality*, 30, 389–399.

[315] Duru, E., Duru, S., & Balkis, M. (2014). Analysis of relationships among burnout, academic achievement, and self–regulation. *Educational Sciences Theory & Practice*, 14(4), 12–22.

[316] Dyrbye, L. N., Thomas, M. R., Huntington, J. L., Lawson, K. L., Novotny, P. J., Sloan, J. A., & Shanafelt, T. D. (2006). Personal life events and medical student burnout: a multicenter study. *Academic Medicine*, 81(4), 374–384.

[317] Eccles, J. S., Midgley, C., Wigfield, A., Buchanan, C. M., Reuman, D., Flanagan, C., & Iver, D. M. (1993). Development during adolescence: The impact of stage–environment fit on young adolescents´ experiences in schools and in families. *American Psychologist*, 48(2), 90–101.

[318] Elhai, J. D., Tiamiyu, M. F., Weeks, J. W., Levine, J. C., Picard, K. J., & Hall, B. J. (2017). Depression and emotion regulation predict objective

smartphone use measured over one week. *Personality & Individual Differences*, 133(10),21-28.

[319] Eunbi, C., Ahram, L., Eunji, B., & Sang, M. L. (2015). Role of motivation in the relation between perfectionism and academic burnout in korean students. *Personality & Individual Differences*,82(7),221-226.

[320] Feeney, B. C., & Collins, N. L. (2014). A new look at social support: a theoretical perspective on thriving through relationships. *Personality & Social Psychology Review*, 19(2),113-147.

[321] Fergus, S., & Zimmerman, M. A. (2005). Adolescent resilience: a framework for understanding healthy development in the face of risk. *Annual Review of Public Health*, 26,399-419.

[322] Fergusson, D. M., Mcleod, G. F., Horwood, L. J., et al. (2015). Life satisfaction and mental health problems(18 to 35 years). Psychol Med,45(11),2427-2436.

[323] Fernández, G. L., González, H. A., & Trianes, T. M. V. (2015). Relationships between Academic Stress, Social Support, Optimism - Pessimism and Self - Esteem in College Students. *Electronic Journal of Research in Educational Psychology*,13(1),112-130.

[324] Freud, A. (2002). The ego and the mechanisms of defence. *Australian and New Zealand Journal of Psychiatry*, 36(3),430-434.

[325] Friborg, O. (2018). An improved method for counting stressful life events when predicting mental health and wellness. *Psychology and Health*, (2), 1-20.

[326] Galán, F., Sanmartín, A., Polo, J., & Giner, L. (2011). Burnout risk in medical students in Spain using the Maslach Burnout Inventory - Student Survey. *International archives of occupational and environmental health*, 84(4),453-459.

[327] Gerber, M., Lang, C., Feldmeth, A. K., Elliot, C., Brand, S., & Holsboer-Trachsler, E., et al. (2015). Burnout and mental health in swiss vocational students: the moderating role of physical activity. *Journal of Research on*

Adolescence,25(1),63–74.

[328] Glozah, F. N., & Pevalin, D. J. (2016). Association between psychosomatic health symptoms and common mental illness in ghanaian adolescents: age and gender as potential moderators. *Journal of Health Psychology*,22(11),1376–1386.

[329] González, M. G., Rodríguez, I., & Peiró, J. M. (2010). A longitudinal study of coping and gender in a female–dominated occupation: predicting teachers' burnout. *Journal of Occupational Health Psychology*, 15 (1), 29–44.

[330] Gullone, E., Hughes, E. K., King, N. J., & Tonge, B. (2010). The normative development of emotion regulation strategy use in children and adolescents: a 2–year follow–up study. *Journal of Child Psychology and Psychiatry*, 51(5),567–574.

[331] Hakulinen, C., Pulkki–Raback, L., Jokela, M., J, E. F., Aalto, A. M., & Virtanen, M., et al. (2016). Structural and functional aspects of social support as predictors of mental and physical health trajectories: Whitehall II cohort study. *Journal of Epidemiology & Community Health*, 11 (3), 204–208.

[332] Halbesleben, J. R. B., & Buckley, M. R. (2004). Burnout in organizational life. *Journal of Management*, 30(6),859–879.

[333] Hall, J. A., & Baym, N. K. (2012). Calling and texting (too much): mobile maintenance expectations, (over) dependence, entrapment, and friendship satisfaction. *New Media & Society*, 14(2),316–331.

[334] Haug, S., Castro, R. P., Kwon, M., Filler, A., Kowatsch, T., & Schaub, M. P. (2015). Smart phone use and smart phone addiction among young people in Switzerland. *Journal of behavioral addictions*,4(4),299–307.

[335] Hobfoll, S. E. (1989). Conservation of resources: A new attempt at conceptualizing stress. *American psychologist*,44(3),513.

[336] Hobfoll, S. E. (2001). The influence of culture, community, and the nested –self in the stress process: advancing conservation of resources theory.

Applied Psychology, 50(3),337-421.

[337] Hoffner, C. A., & Lee, S. (2015). Mobile phone use, emotion regulation, and well-being. *Cyberpsychology, Behavior, and Social Networking*, 18(7),411-416.

[338] Hollister-Wagner, G. H., Foshee, V. A., & Jackson, C. (2001). Adolescent aggression: models of resiliency. *Journal of Applied Social Psychology*,31(3),445-466.

[339] Hombrados, M. I., García, M. A., & Gómez, L. (2013). The Relationship Between Social Support, Loneliness, and Subjective Well-Being in a Spanish Sample from a Multidimensional Perspective. *Social Indicators Research*,114(3),1013-1034.

[340] Howlett, M., Doody, K., Murray, J., LeBlanc-Duchin, D., Fraser, J., & Atkinson, P. R. (2015). Burnout in emergency department healthcare professionals is associated with coping style: a cross-sectional survey. *Emergency Medicine Journal*, 32(9),722-727.

[341] Hu, Q., & Schaufeli, W. B. (2009). The factorial validity of the maslach burnout inventory-student survey in china. *Psychological Reports*,105(2), 394-408.

[342] Huang Y. C., & Lin S. H. (2010). Canonical correlation analysis on life stress and learning burnout of college students in Taiwan. *International Electronic Journal of Health Education*,13,145-155.

[343] Hunsley, J. & Meyer, G. J. (2003). The incremental validity of psychological testing and assessment: conceptual, methodological, and statistical issues. *Psychological Assessment*,15(4),446-455.

[344] Hyde, L. W., Gorka, A., Manuck, S. B., & Hariri, A. R. (2011). Perceived social support moderates the link between threat-related amygdala reactivity and trait anxiety. *Neuropsychologia*,49(4),651-656.

[345] Inaba, R., & Inoue, M. (2015). Study on the relationship between burnout and internet addiction among male medical students. *Journal of Japan Health Medicine Association*,24(2),166-170.

[346] Inkyung, J., Jung - hyun, K., Yuanyuan, M., & Chanran, S. (2015). Mediating Effect of Academic Self-Efficacy on the Relationship between Academic Stress and AcademicBurnoutin Chinese Adolescents. *International Journal of Human Ecology*, 16(2), 63-77.

[347] Ito, M. (2005). Mobile Phones, Japanese Youth, and the Re-placement of Social Contact. *Mobile Communications*. 31, 131-138.

[348] Jacobs, S. R., & Dodd, D. K. (2003). Student burnout as a function of personality, social support, and workload. *Journal of College Student Development*, 44(3), 291-303.

[349] Jenaro C, Flores N, Gómez-Vela M, et al. (2007). Problematic internet and cell - phone use: Psychological, behavioral, and health correlates. *Addiction research & theory*, 15(3), 309-320.

[350] Jessor, R., & Jessor, S. L. (1987). Problem behavior and psychosocial development: A longitudinal study of youth. *British Journal of Addiction*, 84(4), 331-342.

[351] Kalivas, P. W., & Volkow, N. D. (2005). The neural basis of addiction: a pathology of motivation and choice. *Am J Psychiatry*, 162(8), 1403-1413.

[352] Kamibeppu, K., & Sugiura, H. (2005). Impact of the mobile phone on junior high-school students′ friendships in the Tokyo metropolitan area. *Cyber psychology & Behavior*, 8(2), 121-130.

[353] Karimi, Y., Bashirpur, M., Khabbaz, M., & Hedayati, A. A. (2014). Comparison between perfectionism and social support dimensions and academic burnout in students. *Procedia - Social and Behavioral Sciences*, 159, 57-63.

[354] Katariina, S. A., & Katja, U. (2017). Co - development of educational aspirations and academic burnout from adolescence to adulthood in finland. *Research in Human Development*, 14(2), 106-121.

[355] Kieling, C., Baker - Henningham, H., Belfer, M., Conti, G., Ertem, I., Omigbodun, O., Augusto Rohed, A., Srinath, S., Ulkuer, N., & Rahman, A. (2011). Child and adolescent mental health worldwide: evidence for

action. *The Lancet*,378(9801),1515–1525.

[356] Kim, B. , Jee, S. , Lee, J. , An, S. , & Lee, S. M. (2017). Relationships between social support and student burnout: a meta–analytic approach. *Stress & Health*, 34(1),127–134.

[357] Kim, B. , Kim, E. , & Lee, S. M. (2017). Examining longitudinal relationship among effort reward imbalance, coping strategies and academic burnout in Korean middle school students. *School Psychology International*, 38(1),1–19.

[358] Kim, J. H. (2018). Psychological issues and problematic use of smart phone: ADHD′s moderating role in the associations among loneliness, need for social assurance, need for immediate connection, and problematic use of smart phone. *Computers in Human Behavior*,80,390–398.

[359] Kim, J. H. , Seo, M. , & David, P. (2015). Alleviating depression only to become problematic mobile phone users: can face–to–face communication be the antidote? *Computers in Human Behavior*,51,440–447.

[360] Kim, J. , LaRose, R. , & Peng, W. (2009). Loneliness as the cause and the effect of problematic Internet use: The relationship between Internet use and psychological well–being. *CyberPsychology & Behavior*, 12(4), 451–455.

[361] Kong, F. , Zhao, J. , & You, X. (2012). Social support mediates the impact of emotional intelligence on mental distress and life satisfaction in chinese young adults. *Personality & Individual Differences*,53(4),513–517.

[362] Kosidou, K. , Dalman, C. , Fredlund, P. , Lee, B. K. , Galanti, R. , & Isacsson, G. , et al. (2014). School performance and the risk of suicide attempts in young adults: a longitudinal population – based study. *Psychological Medicine*, 44(6),1235–1243.

[363] Larry, D. Rosen, L. Mark Carrier, & Nancy A. Cheever. (2013). Facebook and texting made me do it: media–induced task–switching while studying. *Computers in Human Behavior*, 29(3),948–958.

[364] Lee, Y. K. , Chang, C. T. , Lin, Y. , & Cheng, Z. H. (2014). The dark side

of smart phone usage: Psychological traits, compulsive behavior and technostress. *Computers in human behavior*, 31, 373–383.

[365] Lepp, A., Barkley, J. E., & Karpinski, A. C. (2014). The relationship between cell phone use, academic performance, anxiety, and satisfaction with life in college students. *Computers in Human Behavior*, 31 (1), 343–350.

[366] Leung L. (2008). Linking psychological attributes to addiction and improper use of the mobile phone among adolescents in Hong Kong. *Journal of Children and Media*, 2(2), 93–113.

[367] Lin, N., Dean, A., & Ensel, W. M. (1988). Social Support, Life Events, and Depression. *Contemporary Sociology*, 17(2), 237.

[368] Lin, S. H., & Huang, Y. C. (2014). Life stress and academic burnout. *Active Learning in Higher Education*, 15(1), 77–90.

[369] Lloyd, C., Alexander, A. A., Rice, D. G., & Greenfield, N. S. (1980). Life events as predictors of academic performance. *Journal of Human Stress*, 6(3), 15–25.

[370] Lopez, F. O., Honrubia, S. L., Freixa, B. M., & Gibson, W. (2014). Prevalence of problematic mobile phone use in British adolescents. *Cyberpsychol Behav Soc Netw*, 17(2), 91–98.

[371] Loton, D., Borkoles, E., Dan, L., & Polman, R. (2016). Video game addiction, engagement and symptoms of stress, depression and anxiety: the mediating role of coping. *International Journal of Mental Health & Addiction*, 14(4), 565–578.

[372] Louis Leung. (2008). Linking psychological attributes to addiction and improper use of the mobile phone among adolescents in Hong Kong. *Journal of Children and Media*, 2(2), 93–113.

[373] Lu, M. H., Wang, G. H., Lei, H., Shi, M. L., Zhu, R., & Jiang, F. (2018). Social support as mediator and moderator of the relationship between parenting stress and life sa– tisfaction among the Chinese parents of children with ASD. *Journal of Autism and Developmental Disorders*, 48

(4),1181 - 1188.

[374]Luthans,F.,Avolio,B. J.,Avey,J. B.,& Norman,S. M. (2007). Positive psychological capital: measurement and relationship with performance and satisfaction. *Personnel Psychology*, 60(3),541–572.

[375] Luthans,F.,Youssef,& C. M. (2007). Emerging positive organizational behavior. *Journal of Management*,33(3),321 - 349.

[376] Mahmoodi,H.,Nadrian,H.,Shaghaghi,A.,Jafarabadi,M. A.,Ahmadi, A.,& Saqqezi,G. S. (2018). Factors associated with mental health among high school students in iran: does mobile phone overuse associate with poor mental health? *Journal of Child & Adolescent Psychiatric Nursing Official Publication of the Association of Child & Adolescent Psychiatric Nurses Inc*,31(1),6–13.

[377]Mai,Y.,Zhang,Z.,& Wen,Z. (2018). Comparing exploratory structural equation modeling and existing approaches for multiple regression with latent variables. *Structural Equation Modeling: A Multidisciplinary Journal*, 5,737–749.

[378] Malach Pines, A. (2002). A psychoanalytic – existential approach to burnout: Demonstrated in the cases of a nurse,a teacher,and a manager. *Psychotherapy: Theory,Research,Practice,Training*, 39(1),103.

[379]Martins,A.,Ramalho,N.,& Morin,E. (2010). A comprehensive meta–analysis of the relationship between Emotional Intelligence and health. *Personality and Individual Differences*,49,554–564.

[380]Maslach,C.,& Jackson,S. E. (1984). Burnout in organizational settings. *Appl Soc Psychol Annu*, 5,133–153.

[381] Matthews, G., Zeidner, M., & Roberts, R. D. (2017). *Emotional Intelligence, Health, and Stress. The Handbook of Stress and Health: A Guide to Research and Practice*. John Wiley & Sons,Ltd.

[382]Mavroveli,S.,Petrides,K. V.,Rieffe,C.,& Bakker,F. (2011). Chapter 3: trait emotional intelligence,psychological well–being,and peer–rated social competence in adolescence. *British Journal of Developmental*

Psychology, 25(2),263-275.

[383] Metaj - Macula, A. (2017). The Relationship between Emotional Intelligence and Perceived Social Support. *Journal of Educational and Social Research*,7(1),168-172.

[384] Monroe, S. M., & Simons, A. D. (1991). Diathesis-stress theories in the context of life stress research: implication for the depressive disorders. *Psychological Bulletin*, 110(3),406-425.

[385] Morteza, M., Mahnaz, S., & Zohreh, A, (2014). Relationship between dependence to mobile phone with lonel iness and social support in University students. *Razi J Med Sci*,120(21),1-8.

[386] Mulder, S., & de Rooy, D. (2018). Pilot mental health, negative life events, and improving safety with peer support and a just culture. *Aerospace medicine and human performance*,89(1),41-51.

[387] Nikhita, C. S., Jadhav, P. R., & Ajinkya, S. A. (2015). Prevalence of mobile phone dependence in secondary school adolescents. *Journal of Clinical & Diagnostic Research*,9(11),6-9.

[388] Notani, A. S. (1998). Moderators of perceived behavioral control′ s predictiveness in the theory of planned behavior: A meta - analysis. *Journal of consumer psychology*,7(3),247-271.

[389] Oh, H. J., Ozkaya, E., & Larose, R. (2014). How does online social networking enhance life satisfaction? The relationships among online supportive interaction, affect, perceived social support, sense of community, and life satisfaction. *Computers in Human Behavior*,30(1), 69-78.

[390] Panova, T., & Lleras, A. (2016). Avoidance or boredom: negative mental health outcomes associated with use of information and communication technologies depend on users' motivations. *Computers in Human Behavior*, 58(2),249-258.

[391] Parasuraman, S., Sam, A. T., Yee, S. W. K., Chuon, B. L. C., & Ren, L. Y. (2017). Smartphone usage and increased risk of mobile phone addiction: a concurrent study. *International Journal of Pharmaceutical In-*

vestigation,7(3),125–131.

[392] Peterson,S. J. ,Luthans,F. ,Avolio,B. J. ,Walumbwa,F. O. ,& Zhang,Z. (2011).Psychological capital and employee performance: A latent growth modeling approach. *Personnel Psychology*,64(2),427–450.

[393] Puig,A. ,Baggs,A. ,Mixon,K. ,Park,Y. M. ,Kim,B. Y. ,& Lee,S. M. (2012). Relationship between job burnout and personal wellness in mental health professionals. *Journal of Employment Counseling*,49(3),98–109.

[394] Rankin,J. H. & Wells,L. E. (1990). The effect of parental attachments and direct controls on delinquency. *J Res Crime Delinq*,27(2),140–165.

[395] Riolli,L. ,& Savicki,V. (2003). Optimism and Coping as Moderators of the Relation Between Work Resources and Burnout in Information Service Workers. *International Journal of Stress Management*, 10(3),235.

[396] Ríos–Risquez,M. I. ,García–Izquierdo,M. ,Sabuco–Tebar,E. D. L. A. , Carrillo–Garcia,C. ,& Martinez–Roche,M. E. (2016). An exploratory study of the relationship between resilience, academic burnout and psychological health in nursing students. *Contemporary Nurse*, 52(4), 1–22.

[397] Roberts,J. A. ,Yaya,L. H. P. ,& Manolis,C. (2014). The invisible addiction: cell–phone activities and addiction among male and female college students. *Journal of Behavioral Addictions*,3(4),254–265.

[398] Roser,K. ,Schoeni,A. ,Foerster,M. ,& Röösli,M. (2016). Problematic mobile phone use of Swiss adolescents: is it linked with mental health or behaviour? *International journal of public health*,61(3),307–315.

[399] Ryan,R. M. ,& Deci,E. L. (2000). Self–determination theory and the facilitation of intrinsic motivation, social development, and wellbeing. *American Psychologist*,55(1),68–78.

[400] Sailaxmi Gandhi,& Maya Sahu. (2017). Perceived stress,resilience and mobile phone use among nursing students, *Int J Emerg Ment Health*, 19(2),70.

[401] Salehan,M. ,& Negahban,A. (2013). Social networking on smartphones:

when mobile phones become addictive. *Computers in Human Behavior*, 29 (6), 2632–2639.

[402] Salmela, A. K., & Upadyaya, K. (2017). Co-development of educational aspirations and academic burnout from adolescence to adulthood in finland. *Research in Human Development*, 14(2), 106–121.

[403] Sayers, J. (2001). The world health report 2001 — mental health: new understanding, new hope. *Bulletin of the World Health Organization*, 79 (11), 1085.

[404] Schaefer, J. D., Caspi, A., Belsky, D. W., Harrington, H., Houts, R., & Horwood, L. J., et al. (2017). Enduring mental health: Prevalence and prediction. *Journal of Abnormal Psychology*, 126(2), 212–224.

[405] Schick, R. S., Kelsey, T. W., Marston, J., Samson, K., & Humphris, G. W. (2018). Mapmysmoke: feasibility of a new quit cigarette smoking mobile phone application using integrated geo-positioning technology, and motivational messaging within a primary care setting. *Pilot & Feasibility Studies*, 4(1), 19–29.

[406] Seligman, M. E. P. (2000). Csikszentmihalyi M. Positive psychology: An introduction. *American Psychologist*, 55(1), 5–14.

[407] Selye, H. (1976). Stress without distress. *Bruxelles médical*, 56(5), 205–210.

[408] Senol-Durak, E., & Durak, M. (2017). Cognition about problematic internet use: The importance of negative cognitive stress appraisals and maladaptive coping strategies. *Current Psychology*, 36(2), 350–357.

[409] Seo, D. G., Park, Y., Kim, M. K., & Park, J. (2016). Mobile phone dependency and its impacts on adolescents' social and academic behaviors. *Computers in Human Behavior*, 63, 282–292.

[410] Shin, D. C., & Johnson, D. M. (1978). Avowed happiness as an overall assessment of the quality of life. *Social Indicators Research*, 5 (1–4), 475–492.

[411] Shumaker, S. A., & Brownell, A. (1984). Toward a Theory of Social

Support: Closing Conceptual Gaps. *Journal of Sociat Issues*, 40 (4), 11-36.

[412] Siedlecki, K. L., Salthouse, T. A., Shigehiro, O., & Jeswani, S. (2014). The relationship between social support and subjective well-being across age. Social Indicators Research, 117(2), 561-576.

[413] Singh, S., Prakash, J., Das, R. C., & Srivastava, K. (2016). A cross-sectional assessment of stress, coping, and burnout in the final-year medical undergraduate students. *Industrial Psychiatry Journal*, 25 (2), 179-183.

[414] Stacy, A. W., & Wiers, R. W. (2010). Implicit cognition and addiction: a tool for explaining paradoxical behavior. *Annu Rev Clin Psychol*, 6 (6), 551-575.

[415] Steinberg, L., Dahl, R., Keating, D., Kupfer, D. J., Masten, A. S., & Pine, D. S. (2015). The study of developmental psychopathology in adolescence: Integrating affective neuroscience with the study of context. *Developmental Psychopathology*, 2, 710-741.

[416] Stoliker, B. E., & Lafreniere, K. D. (2015). The influence of perceived stress, loneliness, and learning burnout on university students′ educational experience. *College Student Journal*, 49 (1), 146-160.

[417] Swann WB Jr, SteinSeroussi A, & Giesler RB. (1992). Why people self-verify. *Journal of Personality and Social Psychology*, 62(3), 392-401

[418] Tan, C., Pamuk, M., & Donder, A. (2013). Loneliness and mobile phone. *Procedia-Social and Behavioral Sciences*, 103, 606-611.

[419] Taylor, D. J., Bramoweth, A. D., Grieser, E. A., Tatum, J. I., & Roane, B. M. (2013). Epidemiology of insomnia in college students: relationship with mental health, quality of life, and substance use difficulties. *Behavior Therapy*, 44(3), 339-348.

[420] Thoits, P. A. (2011). Mechanisms linking social ties and support to physical and mental health. *Journal of Health and Social Behavior*, 52(2), 145-161.

[421] Thomas, L. I., Fuchs, R., & Klaperski, S. (2018). High trait emotional intelligence in men: beneficial for perceived stress levels but disadvantageous for the physiological response to acute stressors?. *Journal of Applied Biobehavioral Research*, 23(3).

[422] Thomée, S. (2018). 328 mobile phone use and mental health – a review. *Occupational and Environmental Medicine*, 75(2), A582–A583.

[423] Tiffany, S. T., & Conklin, C. A. (2000). A cognitive processing model of alcohol craving and compulsive alcohol use. *Addiction*, 95, 145–153.

[424] Tjong, S., Weber, I., & Sternberg, J. (2003). Mobile, youth culture, shaping telephone use in Australia and Singapore. Paper presented at the ANZCA03 Conference.

[425] Toda, M., Monden, K., Kubo, K., & Morimoto, K. (2006). Mobile phone dependence and health – related lifestyle of university students. *Social Behavior and Personality: an international journal*, 34(10), 1277–1284.

[426] Toshiyuki, W., Haruo, N., Yoshihide, S., & Yoshiaki, Y. (2012). Emotional intelligence as a moderator of stressor – mental health relations in adolescence: evidence for specificity. *Personality & Individual Differences*, 52(1), 100–105.

[427] Tuominensoini, H., & Salmelaaro, K. (2014). Schoolwork engagement and burnout among finnish high school students and young adults: profiles, progressions, and educational outcomes. *Dev Psychol*, 50(3), 649–662.

[428] Uchino, B. N., Bowen, K., Kent de Grey, R., Mikel, J., & Fisher, E. B. (2018). Social Support and Physical Health: Models, Mechanisms, and Opportunities. *Principles and Concepts of Behavioral Medicine*, 12, 341–372.

[429] Vaish, P. S., Dey, B., & Pathak, A. (2014). Internet use pattern, coping styles and quality of life: Is there a relationship? *Indian Journal of Health and Wellbeing*, 5(12), 1463–1467.

[430] Walsh, S. P., White, K. M., & Young, R. M. (2011). Needing to connect: the effect of self and others on young people′s involvement with their

mobile phones. Australian Journal of Psychology, 62(4),194–203.

[431] Walsh,S. P. ,White,K. M. ,Cox,S. ,& Young,R. M. (2011). Keeping in constant touch: the predictors of young australians' mobile phone involvement. *Computers in Human Behavior*, 27(1),333–342.

[432] Wang,M. T. ,Chow,A. ,Hofkens,T. ,& Salmela–Aro,K. (2015). The trajectories of student emotional engagement and school burnout with academic and psychological development: findings from finish adolescents. *Learning and Instruction*, 36,57–65.

[433] Wei,R. ,& Lo,V. (2006). Staying connected while on the move: Cell phone use and social connectedness. *New Media & Society*,8(1),53–72.

[434] Williams A W,Ware J E,& Donald C. (1981). A model of mental health, life events,and social supports applicable to general populations. *Journal of Health and Social Behavior*,22(4),324–336.

[435] Wills,T. A. ,Sandy,J. M. ,& Yaeger,A. M. (2001). Time perspective and early–onset substance use: a model based on stress–coping theory. *Psychology of Addictive Behaviors*, 15(2),118–125.

[436] Yamashita,K. ,Saito,M. ,& Takao,T. (2012). Stress and coping styles in japanese nursing students. *International Journal of Nursing Practice*, 18(5),489–496.

[437] Yen,C. F. ,Tang,T. C. ,Yen,J. Y. ,Lin,H. C. ,Huang,C. F. ,& Liu,S. C. ,et al. (2009). Symptoms of problematic cellular phone use,functional impairment and its association with depression among adolescents in southern Taiwan. *Journal of adolescence*, 32(4),863–873.

[438] Zeidner,M. ,& Matthews,G. (2016). Ability emotional intelligence and mental health: social support as a mediator. *Personality and Individual Differences*, 99(9),196–199.

[439] Zeidner,M. ,Matthews,G. ,& Roberts,R. D. (2009). What we know about emotional intelligence: how it affects learning,work,relationships, and our mental health. *Mit Press*, 27(1),161–166.

[440] Zhang,D. ,Wang,J. L. ,& Yu,L. (2011). Methods and implementary

strategies on cultivating students´ psychological suzhi. *Nova Science Publishers.*

[441] Zubin J., & Spring B. (1977). Vulnerability - - a new view of schizophrenia. Journal of Abnormal Psychology, 86(2), 103-126.